U0851497

广西特色高校立项建设成果之实践教学项目标准化方案

城市轨道交通车辆技术专业实训项目标准化指导书

王杰华◎主　编
丁金玲　谭广忠　邝　东◎副主编

中国铁道出版社有限公司
2021年·北　京

内 容 简 介

本书为广西特色高校立项建设成果——实践教学项目标准化方案系列之一，是高等职业教育城市轨道交通车辆技术专业的实训教材。全书分城市轨道交通车辆技术专业实训项目简介(包含课程实训项目简介和整周实训项目简介)及实训项目指导书(包含4个课程的课程实训指导书和11个整周实训指导书)两大部分。其中，课程实训项目指导书采用与现场工作相结合的工艺卡的形式编写。主要课程包括机械基础、机械制图、电工电子基础和电力电子技术；整周实训包括钳工技能实训、电工作业考证实训、城市轨道交通车辆总体认识实训、城市轨道交通车辆机械构造实训、城市轨道交通车辆电气实训、城市轨道交通车辆制动实训、城市轨道交通车辆空调实训、城市轨道交通车辆机械检修实训、城市轨道交通车辆电气检修实训、城市轨道交通车辆模拟驾驶实训、城市轨道交通车辆检查综合实训。

本书主要适合高职城市轨道交通车辆技术专业师生实训教学使用，也可作为铁路职业教育培训教材和相关岗位员工职业技能实训教材，并可供各级管理人员、相关技术人员参考使用。

图书在版编目(CIP)数据

城市轨道交通车辆技术专业实训项目标准化指导书/王杰华主编.—北京：中国铁道出版社有限公司，2021.2（2021.12 重印）

广西特色高校立项建设成果之实践教学项目标准化方案

ISBN 978-7-113-27540-2

Ⅰ.①城… Ⅱ.①王… Ⅲ.①城市铁路－铁路车辆－高等职业教育－教材 Ⅳ.①U239.5

中国版本图书馆 CIP 数据核字(2020)第 270374 号

书　　名：**城市轨道交通车辆技术专业实训项目标准化指导书**
作　　者：王杰华

责任编辑：尹　娜　　　**编辑部电话**：(010)83527746
编辑助理：吴佳宁
封面设计：时代澄宇
责任校对：苗　丹
责任印制：樊启鹏

出版发行：中国铁道出版社有限公司（100054，北京市西城区右安门西街8号）
网　　址：http://www.tdpress.com/51eds/
印　　刷：三河市兴达印务有限公司
版　　次：2021年2月第1版　2021年12月第3次印刷
开　　本：787 mm×1 092 mm 1/16　**印张**：16.5　**字数**：391千
书　　号：ISBN 978-7-113-27540-2
定　　价：55.00元

提高高职人才培养质量必须始终围绕实践教学创新（代序）

新世纪以来，高等职业教育的改革发展大致经历了三个阶段。

一是1999～2005年争先恐后升格后的爆发性成长阶段。这个阶段高职人才培养基本处在自由发展状态，对培养什么规格的人才，怎样培养适应生产、建设、管理和服务一线的应用技术人才以及高职办学特色等问题，都没有足够清醒的认识。2000年，教育部下发了《关于加强高职高专教育人才培养工作的意见》（教高〔2000〕2号），提出“今后一段时期，高职高专教育人才培养工作的基本思路是：以教育思想、观念改革为先导，以教学改革为核心，以教学基本建设为重点，注重提高质量，努力办出特色。力争经过几年的努力，形成能主动适应经济社会发展需要、特色鲜明、高水平的高职高专教育人才培养模式”。为了加强对高职高专教育人才培养工作的宏观管理，提高教学管理水平、教学质量和办学效益，保证人才培养目标的实现，教育部在文件中附加了《关于制订高职高专教育专业教学计划的原则意见》《高等职业学校、高等专科学校和成人高等学校教学管理要点》两个附件，此后又连续下发了学校办学标准、师资队伍建设、课程建设等一系列文件，要求高职教育以适应社会需求为目标、以培养技术应用能力为主线制订专业教学计划。这对高职院校摆正办学航向、摆脱本科压缩型的课程体系和教学观、走出一条“以服务为宗旨、就业为导向，走产学结合发展之路”起到了廓清、引导作用。

二是2005～2011年办学水平评估与示范引领、规范人才培养工作阶段。由于高职院校升格过多过快，难免良莠不齐，人才培养质量参差不齐，社会上对高职教育仍然存在不小分歧与偏见。高职教育要办出自己的特色和水平，真正被社会广泛认可，成为一种独立的、无法替代的高等教育类型，还必须从根本上切实转变办学理念、明确办学方向，努力进行人才培养模式的创新。为引导高职院校进一步明确高职教育办学指导思想，提高人才培养质量，2006年教育部颁布了《关于全面提高高等职业教育教学质量的若干意见》（教高〔2006〕16号），要求高职院校把工学结合作为人才培养模式改革的重要切入点，带动专业调整与建设，引导课程设置、教学内容和教学方法改革。强调人才培养模式改革的重点是教学过程的实践性、开放性和职业性，实验、实训、实习是三个关键环节，加强实训、实习基地建设是彰显办学特色、提高教学质量的重点。教育部要求高职院校重视学生校内学习与实际工作的一致性，积极探索校内生产性实训基地建设的校企组合新模式，引导企业进校组织实训，同时要保证在校生至少有半年时间到企业等用人单位顶岗实习，提高学生的实际动手能力。同年，教育部与财政部联合下发了《关于实施国家示范性高等职业院校建设计划，加快高等职业教育改革与发展的意见》（教高〔2006〕14号），选择一批人才培养工作开始凸显、办学实力强劲、发展后劲足、具有“地方性、行业性”办学特色的高职院校进行重点建设，使之成为改革、管理、建设、发展的示范，引领全国高职院校提高高技能人才培养质量。

三是2011年以后后示范时期内涵建设寻求人才培养质量突破阶段。可以讲，在示范建设阶段，我国基本上遴选了约三分之一的高职院校进入国家层面和省级层面进行重点建设，但并未能全面解决高职人才培养本质问题。为解决部分高职院校在产教融合、校企合作培养人才方面依然抓不住合作本质、找不到有效载体，部分高职院校在通过示范或骨干院校建设计划后对高职往何处去的问题认识不足、经受不住升本诱惑等盲动问题，国家提出要构建现代职业教育体系，要求高职教育发挥职业教育体系的引领作用，强化集团化办学的成效，探索中高、高本联合培养应用型技能人才的有效途径与方法、提升专业服务产业发展的能力，深化产教融合和校企合作改革，举办全国职业院校学生职业技能大赛，提高学生实际工作动手能力和创新能力，发布高职教育年度质量报告，引导高职院校更加重视人才培养质量和社会服务能力提升。

梳理高职教育的发展脉络，可以清醒地认识到高职院校在培养什么样的人才、怎样培养人才等方面的努力方向。人才培养质量取决于社会对学生技术技能水平和职业素养的评价，而这需要经过科学和反复的训练，需要依靠项目完整、设施完备、组织高效、过程规范的实践教学，这也是高职教育区别于本科教育的根本所在。

经过一轮人才培养工作评估，广西高职出现的问题不容小觑，专业重复率高、资源浪费严重、人才培养质量不高、“马太效应”越来越明显。部分高职院校未能处理好规模、结构、质量和效益的合理关系，专业建设低水平徘徊，社会服务能力不足；部分行业举办的院校优势特色未能得到有效彰显，一些有特色的专业规模小、招生困难。为推动高校内涵式发展，实行高等教育分类管理，深化高等教育教学改革，提高人才培养质量和办学水平，促进学校在教学质量、社会服务能力、管理水平、办学效益等方面有较大提高，2013年广西实施特色高校建设项目。特色高校立项建设的核心是专业，只有专业建设有特色，那么与之关联的人才培养质量、社会服务能力、学校管理水平和办学效益等方面就会发生正向变化。我校入选2013年广西特色高校建设项目立项建设单位。

特色是一个事物或一类事物显著区别于其他事物的风格、形式，是由事物赖以产生和发展的特定的具体的环境因素所决定的，是其所属事物独有的。对一所高职院校来说，特色就是历久弥新的独有品格的凝聚，是高职办学质量的集中体现，也是高职院校持续发展的竞争力；它根植于这所高职学校教育模式的创新、与众不同的专业结构与体系。专业是高职院校的基础，它不仅代表着学校的办学水平，更决定着学校的发展特点和优势。一般来说，特色所在必是优势所在，一所高职院校的特色就在于其专业优势特色，特色专业集中反映了专业的市场性、行业性，彰显了教学团队、实训基地的建设水平，体现了教学特色和人才培养质量水平，其最具有活力的就是区别其他学校的实践教学特色，它依托学校质量文化，以及科学的训练方法和规范的操作标准，能解决高校发展同质化、专业建设同质化、人才培养千人一面的严峻问题。

2008年在迎接教育部高职高专人才培养水平评估时，我们系统总结出了升格高职以来的人才培养工作的特色，即“依托行业、校企合作、以岗导学、服务基层”，以“学”(职业技能与职业素养传习)为核心，对照“岗”(岗位工作能力、职业技能标准)，校企合作以DUCAM方式开发专业课程体系课程教学内容，规范实践教学过程，人才培养质量受到铁路基层站段高度肯定。学校入选广西特色高校立项建设单位，正处于由行业管理向政府管理、行业支撑的体制特色深化阶段，处在办学扩能增量、强化特色专业建设的实践阶段，处在行业大发展和区域经济跨界合作的经济发展新常态阶段，学校从顶层设计入手，狠抓专业结构体系调整、特色品牌专业改革发展、实践教学标准化建设和实践教学环节优化，逐步形成了由单一型铁路专业结构向服务社会的"铁路专业＋"特色结构体系转变，人才培养模式和质量评价也呈现出多元化结构态势。

一是构建了区别于其他高职院校的"铁路专业＋"的行星状专业结构体系。学校由铁路行业企业移交给地方政府管理后，为适应管理体制变革，强化服务社会功能和面向社会培养人才，实施了办学模式创新。其重要意义在于，以整体性的制度设计，确立以铁路行业为核心，以主干铁路专业为支撑点，以铁路专业技术为延伸链，形成多个同类技术专业群的结构体系，主干专业具有雄厚的师资、设施和企业合作资源，可以为延伸专业提供强大的发展支持，主干专业与延伸专业可以互相倚靠、互为补充，突破既有的专业壁垒和学科专业边界，实现跨界融合、资源共享，达到同频共振、同步发展的功效。目前除轨道交通传统专业群外，电子信息、汽车与机械制造、土木建筑、商贸物流专业群也形成较强专业优势。

二是推行产教融合、校企合作的"一院一品"特色专业建设，制定专业改革发展路线图。紧紧围绕"四个合作"，各学院对接一个或多个大企业，企业全过程参与人才培养方案设计、课程体系研究、课程内容开发、实训基地建设、技能项目探讨以及生产实习、顶岗实习指导，并对人才培养质量进行评价，打造具有企业特质的专业品牌。以主干专业制定改革发展路线图，摸清主干专业现有办学基础，对专业发展目标、教学条件与设施配套建设、课程体系与课程资源化建设进行优化设计，精心设计每年应完成的任务和应达成的发展目标，形成清晰的专业发展路径。

三是强化以质量文化、职业健康理念和标准流程为核心的实践教学三个标准化内涵建设，即实验实训项目标准化、实训室建设标准化、实训行为标准化。实验实训项目标准化是提高人才培养质量的基本要素，是规范教学内容、完善教学环节的重要文件，它是一所学校教学管理水平的具体表现，它也是企业参与教学过程，校企合作共同培养人才的具体抓手，更是平凡中见教学特色的载体，全面优质地完成这项工作困难很多、过程较长。实验实训项目标准化要求综合各特色专业所有课题的实验和实训项目，分别制定实验指导书和整周实训大纲、计划书与指导书等标准文件，标注适用专业、所属课程、课时、学分等通用数据。其中实验指导书内容包括：实验目的、实验准备、实验仪器仪表使用注意事项、实验内容简介、实验步骤及注意事项、实验报告、实验思考题等六个方面；学校把整周实训作为一门课程来建设，要求制定课程大纲，其内容包括：实训目标、实训内容、实训基本要求（包含实训学时安排表和技能考试要求）、本实训与其他课程的联系等四个方面。实训计划书主要包括使用的实训设备、实训耗材、实训授课进度计划表（周一至周五每半天的实训内容及考核安排）。实训指导书包括：实训目的与实训任务、实训预备知识、实训仪器仪表使用、实训操作安全注意事项、实训的组织管理（含实训进程安排）、实训项目简介、实训步骤指导与注意事项、考核标准和实训报告、附件等方面。在实训项目内容标准化制定中，学校要求融合企业真实生产过程、国家职业技能竞赛项目、职业技能标准，对课程体系进行重新梳理，优化整合各门课程中重叠训练内容，对碎片化的能力训练内容重新组合优化，特别重视设计能让学生参与一个完整的技术技能训练过程项目，在实训的组织管理中指导学生养成良好的职业素养和安全生产、职业健康意识。三个标准化分别从制度文件、硬件条件和人的行为角度，对学校实践教学质量进行诠释，是对质量文化和质量标准的一次有效实践，也是人才培养工作内涵的创新。

四是优化"学、训、赛、节、评"实践教学载体。实践教学无处不在，也无处不是。它既可以在课堂上、实训室中，也可以在校园、在企业，既可以体现为理论学习与操作训练结合，也可以蕴含在技能节与技能大赛当中，但归根结底，实践教学要最终体现社会需要，体现在学生的技术技能水平上，体现在毕业生能否在企业中用得上、留得住、有发展。可以说"学、训、赛、节、评"五位一体，是学校近年来实践教学创新的重要载体。

特色高校立项建设以来，学校通过狠抓特色专业建设和实践教学创新，共获得 7 个自治区级特色专业，4 个中央财政支持的实训基地，2 个中央财政支持的企业服务能力提升专业，7 个自治区级示范性实训基地和示范建设实训基地，4 个重点专业与实训基地建设项目，校企合作开发 30 门课程。学生参与国家、自治区及行业职业技能大赛，获得丰硕的竞赛成果，其中获得国家技能大赛一等奖 6 项，二等奖 16 项，三等奖 27 项，是自治区参赛队伍最多、选手最多、成绩最好的高职学校。近年来，学校新生报到率名列全区同类高职院校首位，毕业生就业率、学校社会服务能力、美誉度和影响力均名列全区前茅。

最近学校要结集出版相关专业的实验实训标准化项目，希望我来写序言，我考虑再三，并认真反思了新世纪以来我国高职教育改革发展的阶段性特点、广西特色高校建设的背景和我校近年来特色建设的过程，归纳了我校狠抓专业建设和实践教学创新的特点与举措，谨以此代序。

柳州铁道职业技术学院　周群

二〇一六年八月一日于柳州

前　言

现代高等职业教育需要培养具备相应岗位职业能力、较强学习能力和适应能力的技能型专门人才。实训环节的教学在整个人才培养过程中起到非常重要的作用。本书把城市轨道交通车辆技术专业三年培养方案中涉及的实验及实训项目的内容进行汇总,为学生开展各项实训活动提供资料。本书是高职高专城市轨道交通车辆类的专业技能实训教材,由一批专业教学经验丰富的教师编写。

全书共分两个部分:第一部分是专业实训项目简介;第二部分是专业实训项目指导书,详细介绍各实训的实训目的、实训任务、实训预备知识、实训仪器仪表使用、实训操作安全注意事项、实训的组织管理、实训步骤指导、考核标准等内容。

本书由柳州铁道职业技术学院组织编写,由王杰华任主编,丁金玲、谭广忠和邝东任副主编,马汉林、魏秀琴、陈桂平、覃莉莉、黄绘、于燕平、方林、曾开实参与了本书的编写工作。其中覃莉莉负责机械制图和机械基础课程,于燕平负责电工电子基础课程,马汉林负责电力电子技术课程和城市轨道交通车辆电气检修实训,黄绘负责钳工技能考证实训课程,方林负责电工作业考证实训课程,陈桂平负责城市轨道交通车辆总体认识实训课程,王杰华负责城市轨道交通车辆机械构造实训课程,谭广忠负责城市轨道交通车辆电气实训课程,魏秀琴负责城市轨道交通车辆制动实训课程,丁金玲负责城市轨道交通车辆空调实训课程,王杰华和曾开实负责城市轨道交通车辆机械检修实训课程,陈桂平负责城市轨道交通车辆模拟驾驶实训课程,陈桂平和魏秀琴负责城市轨道交通车辆检查综合实训课程。感谢南宁轨道交通集团有限责任公司、深圳市地铁集团有限公司在本指导书编写过程中给予的帮助。

由于编者的水平有限,加之时间仓促,疏漏及不妥之处在所难免,恳请各位读者批评指正。

编　者

2020 年 10 月

目　录

第一部分　专业实训项目简介

第二部分　专业实训项目指导书

第一部分

专业实训项目简介

课程实训项目简介

课程一　机械基础

课程名称	实训名称	课时数	实训目的	实训内容	主要使用的仪器设备
机械基础	认识公差与配合	2	1. 识别公差带代号及配合代号 2. 理解基准制和配合种类的选用	1. 通过极限与配合代号的识别，完成配合种类、基准制的判断 2. 完成公差带图解的画法 3. 完成有关公差、偏差尺寸的计算	
	专业实训场参观	2	1. 识别城市轨道交通车辆机械构件 2. 理解城市轨道交通车辆机械构件在具体工位上的作用及特点	1. 通过观察城市轨道车辆找出本课程所学过的构件及零件，并能说出其名称 2. 画出构件（零件）草图，能够说出其特点及主要应用场合	转向架、电机、受电弓等

课程二　机械制图

课程名称	实训名称	课时数	实训目的	实训内容	主要使用的仪器设备
机械制图	三视图的绘制	2	1. 了解三视图的基本概念，熟悉剖视图的画法 2. 进一步提高对形体的分析及对机件形状结构的表达能力	绘制三视图	4号的图板、丁字尺、图纸、三角板、铅笔、圆规、橡皮擦等绘图工具和仪器、透明胶
	零件测绘	2	1. 了解零件测量的方式方法和常用的技能技巧 2. 熟悉测量仪器的使用方法 3. 进一步提高零件的表达能力，能正确绘制轴类零件图	测绘零件	4号的图板、丁字尺、图纸、三角板、铅笔、圆规、橡皮擦等绘图工具和仪器、透明胶、游标卡尺、千分尺等

课程三　电工电子基础

课程名称	实训名称	课时数	实训目的	实训内容	主要使用的仪器设备
电工电子基础	直流电路认识实验	2	1. 学会使用电工原理实验箱 2. 掌握直流稳压电源的使用方法 3. 掌握万用表的使用方法 4. 学习电路中电流、电压的测量方法	1. 电工原理实验箱的使用 2. 晶体管直流稳压电源的使用 3. 万用表的使用 4. 电流、电压的测量	晶体管直流稳压电源1台、电路分析实验箱1台、万用表1台
	基尔霍夫定律验证	2	1. 验证基尔霍夫定律，加深对基尔霍夫定律的理解 2. 掌握电压表、电流表、万用表的使用	1. 验证基尔霍夫电流定律 2. 验证基尔霍夫电压定律	电路分析实验箱1套、晶体管直流稳压电源1台
	日光灯电路及功率因数的提高	2	1. 掌握日光灯的工作原理，学会日光灯电路的安装方法 2. 通过实验了解功率因数的提高的意义	1. 日光灯电路 2. 功率因数的计算	电工原理实验箱1台、万用表1台
	三相交流电路电压、电流的测量	2	1. 学会三相交流负载的星形和三角形的连接方法 2. 掌握三相交流负载电路中线电压和相电压，线电流和相电流的测量方法 3. 了解三相四线制交流电路中中线的作用 4. 验证三相交流负载电路中线电压和相电压，线电流和相电流的关系	1. 三相负载星形连接 2. 三相负载三角形连接	电工原理实验箱1台、灯泡若干、交流电压表、交流电流表各1台
	单管共射极放大电路（选做）	2	1. 掌握单管共射极放大器静态工作点的测试与调试方法 2. 掌握测量电压放大倍数的方法 3. 了解电路参数改变对静态工作点及放大电路性能的影响	1. 共射极单管放大器静态工作点测量 2. 共射极单管放大器电压放大倍数测量	函数信号发生器1台、双踪示波器1台、数字万用表1台、模拟电路实验箱1台

课程四　电力电子技术

课程名称	实训名称	课时数	实训目的	实训内容	主要使用的仪器设备
电力电子技术	IGBT 器件特性、驱动与保护电路实验	2	1. 了解 IGBT 器件的结构原理及工作特性 2. 分析 IGBT 器件驱动与保护电路的实验原理图并完成实验接线，掌握 IGBT 器件的特性数据测试及不同占空比时负载平均电压的测试	1. IGBT 特性测试 2. IGBT 驱动与保护电路测试	实验箱 1 台、存储数字双踪示波器 1 台、数字万用表 1 台

整周实训项目简介

课程五 钳工技能考证实训

课程名称	项目名称	课时数	实训目的	实训内容	主要使用的仪器设备
钳工技能实训	錾削	12	1. 掌握錾子和手锤的握法及锤击动作要领 2. 掌握砂轮机的使用	1. 錾子和手锤的握法及锤击动作要领 2. 砂轮机使用	錾子、手锤、砂轮机
	锯割	6	1. 掌握手锯握法和锯割姿势 2. 掌握起锯的方法、压力及速度 3. 掌握工件的夹持方法	1. 手锯握法、锯割姿势 2. 起锯的方法、压力及速度 3. 工件的夹持方法	手锯
	锉削	10	1. 掌握平面锉削的姿势 2. 掌握锉削时两手用力的方法 3. 掌握正确的锉削速度	1. 平面锉削的姿势 2. 锉削时两手用力的方法 3. 正确的锉削速度	锉刀

课程六 电工作业考证实训

课程名称	项目名称	课时数	实训目的	实训内容	主要使用的仪器设备
电工考证实训	单相配电盘及照明线路安装	6	1. 熟练掌握单相电度表的读数及安装方法 2. 熟练掌握照明线路安装及故障检修方法 3. 掌握电工布线的工艺要求	安装单相配电盘及照明线路	单相电度表、单相漏电保护器、单相闸刀开关、熔断器、三眼插座、双联开关、白炽灯泡、灯座

续上表

课程名称	项目名称	课时数	实训目的	实训内容	主要使用的仪器设备
电工考证实训	三相配电及照明电路的安装	6	1. 掌握三相电度表的读数和安装方法 2. 掌握电流互感器的安装和使用方法	安装三相配电盘电路	三相电度表、三相闸刀开关、电流互感器、三相漏电断路器
	三相异步电动机降压启动电路的安装	4	1. 熟练掌握三相异步电动机降压启动电路的安装及电动机线头线尾的识别方法 2. 掌握三相异步电动机绝缘电阻的测量方法	三相异步电动机Y—△降压启动电路的连接	三相异步电动机、三相闸刀开关、三相双向闸刀开关
	三相异步电动机接触器联锁正反转控制线路安装	16	1. 通过对三相异步电动机接触器联锁正反转控制线路的接线，掌握将电路原理图接成实际操作电路的方法 2. 掌握三相异步电动机正反转的原理和方法	三相异步电动机正反转启动电路的连接	三相异步电动机、三相闸刀开关、交流接触器、热继电器、自复式按钮开关、熔断器
	三相异步电动机按钮联锁正反转控制线路安装	16	1. 通过对三相异步电动机按钮联锁正反转控制线路的接线，掌握由电路原理图接成实际操作电路的方法 2. 掌握三相异步电动机正反转的原理和方法	三相异步电动机正反转启动电路的连接	三相异步电动机、三相闸刀开关、交流接触器、热继电器、自复式按钮开关、熔断器
	三相异步电动机按钮和接触器双重联锁正反转控制线路安装	16	1. 通过对三相异步电动机按钮和接触器双重联锁正反转控制线路的接线，掌握由电路原理图接成实际操作电路的方法 2. 掌握三相异步电动机正反转的原理和方法	三相异步电动机多重联锁正反转启动电路的连接	三相异步电动机、三相闸刀开关、交流接触器、热继电器、自复式按钮开关、熔断器
	触电急救	8	1. 掌握触电急救知识和操作方法 2. 了解FSR-Ⅲ模拟人的结构和实施急救的操作方法	触电急救实训	FSR-Ⅲ模拟人

课程七　城市轨道交通车辆总体认识实训

课程名称	项目名称	课时数	实训目的	实训内容	主要使用的仪器设备
城市轨道交通车辆总体认识实训	安全教育	2	对现场作业的安全知识和相关的规章制度进行学习，掌握现场作业的规章制度	1. 现场作业的安全知识讲解 2. 现场作业相关的规章制度讲解	多媒体教室
	城市轨道交通车辆总体布置认知	4	认识城市轨道交通车辆总体布置、编组方式、内饰环境、车底设备	1. 列车编组方式 2. 车体内装 3. 车底设备	地铁车辆 Tc 车
	城市轨道交通车辆主要组成部件认识	6	认识城市轨道交通车辆的主要组成部件及设备	1. 转向架认识 2. 车钩认识 3. 车门认识 4. 制动风源系统认识 5. 空调认识 6. 受电弓认识	转向架、车钩、车门、制动风源系统、空调、受电弓
	城市轨道交通车站认识	4	认识城市轨道交通车站的组成及主要设备	1. 站厅区域认识 2. 站台区域认识 3. 站台类型认识 4. 车站设备认识	城市轨道交通车站
	城市轨道交通车辆模拟驾驶体验	2	城市轨道交通车辆的模拟驾驶体验	地铁车辆模拟驾驶	地铁车辆模拟驾驶器
	城市轨道交通供电系统认识	2	城市轨道交通供电系统认识	地铁供电系统认识	刚性接触网
	实训汇报	4	检验实训效果，加深印象	实训汇报	多媒体教室

课程八　城市轨道交通车辆机械构造实训

课程名称	项目名称	课时数	实训目的	实训内容	主要使用的仪器设备
城市轨道交通车辆机械构造实训	自动车钩机械钩头部分的检修	20	1. 认知自动车钩缓冲装置的构成部件 2. 识读自动车钩机械钩头检修指导书 3. 训练使用常用工具与量具的技能 4. 训练自动车钩机械钩头的分解和安装技能 5. 训练处理自动车钩机械钩头一般故障的技能	1. 自动车钩缓冲装置的构造 2. 自动车钩机械钩头检修工艺卡 3. 自动车钩机械钩头分解、清洗、检查与组装	城轨车辆自动车钩缓冲器装置 2 台、实训台 2 台、润滑油、锤子、尖嘴钳、开口销、手套、手电、内六角扳手、棉纱、自制工具等铁鞋、禁动牌
	电动塞拉门的检修	36	1. 训练使用常用工具与量具的技能 2. 识读电动塞拉门检修指导书 3. 认知电动塞拉门各组成部件 4. 训练电动塞拉门的分解和安装技能 5. 训练处理电动塞拉门一般故障的技能 6. 训练电动塞拉门测量与调试的技能	1. 识读电动塞拉门工艺卡 2. 分解电动塞拉门 3. 组装电动塞拉门 4. 调试电动塞拉门 5. 电动塞拉门功能演示 6. 电动塞拉门故障处理	开口扳手或套筒(10,13,14,24,27,30)、内六角扳手、塞尺、直尺、卷尺、开口钳、闭口钳、尖嘴钳、专用丝杆螺母扳手、解锁钥匙、螺丝刀

课程九　城市轨道交通车辆电气实训

课程名称	项目名称	课时数	实训目的	实训内容	主要使用的仪器设备
城市轨道交通车辆电气实训	安全知识教育	2	1. 熟悉电气操作的安全知识 2. 熟悉电气实训室的操作规程及要求 3. 增强学生安全操作的作业意识	1. 电气操作安全知识讲座 2. 电气实训室实训守则解读	

续上表

课程名称	项目名称	课时数	实训目的	实训内容	主要使用的仪器设备
城市轨道交通车辆电气实训	实训室设备布置及功能认知	2	1. 熟悉实训室内设备布置 2. 了解各个设备的基本功能及用途 3. 熟悉城轨车辆电气实训系统布置及组成	1. 对照实训室平面布置图对室内设备布置进行认知学习 2. 对照设备介绍了解各个设备的基本功能及用途 3. 对照电气实训系统平面布置图熟悉城轨车辆电气实训系统组成及布置	城轨车辆电气系统、司机控制台、集电靴及导电轨、牵引电机及变速箱模型、实训工作台等
	电气检修常用工具及仪表的认知及使用	2	1. 初步认识城轨车辆电气检修中常用工具仪表的名称、外观结构和用途 2. 了解使用方法及使用注意事项，并结合各个项目操作训练，熟练掌握正确的使用方法	1. 通过图片、说明书与实物认知常用工具仪表的名称、结构及用途 2. 熟悉各检修工具、仪表的基本操作方法及使用注意事项	螺丝刀、扳手、钳子、万用表、兆欧表、直流电桥等
	城轨车辆电气系统电路图识读及电路认知训练	8	1. 通过识读城轨车辆电气系统的电路图，使学生掌握电路图的读图方法 2. 通过电路图与实际电气电路的联系，进一步熟悉城轨车辆控制电路的基本控制原理，为今后分析电路、查找电路故障夯实基础	1. 电路图的基本识读 2. 识读电气系统的主电路 3. 识读电气系统的控制电路 4. 电气电路故障分析及查找	城轨车辆电气控制系统、电气系统电路图册
	高速断路器控制电路组装及调试训练	16	1. 提高学生电路图读图能力，并能够根据电路图编制安装接线表，具备电路安装及施工的基本能力 2. 通过对电路的调试检查，使学生熟悉电路工作原理，掌握电路故障检查的基本程序和分析方法，为今后对城市轨道交通电动车辆控制电路的检修实践奠定基础	1. 安装图识图、器件认识及性能检查训练 2. 安装接线表的编制训练 3. 器件安装训练 4. 电路连接导线线号、接线头制作训练 5. 控制电路的安装及调试训练 6. 高速断路器控制电路组装及调试考核	螺丝刀、53件组合工具、常用电工工具1套、万用表、电缆号码打印机1台

续上表

课程名称	项目名称	课时数	实训目的	实训内容	主要使用的仪器设备
城市轨道交通车辆电气实训	三相交流异步电动机的分解及检查训练	6	1. 对三相交流异步电动机进行分解和检查。通过训练进一步熟悉三相交流异步电动机的结构及接法 2. 掌握三相交流异步电动机的拆装方法及技巧，掌握绕组直流电阻测量、绝缘电阻检测的方法	1. 三相异步电动机的分解组装及除尘 2. 三相异步电动机的绕组直流电阻测量 3. 三相异步电动机的绝缘电阻测量 4. 三相异步电动机的性能检测考核	扭力扳手、螺丝刀、53件组合工具、万用表、直流电阻测试仪(直流电桥)、绝缘电阻测试仪、三相交流异步电动机
	城轨车辆常用电气设备的检查训练	12	1. 了解城轨车辆典型电气设备的基本功能及用途 2. 熟悉城轨车辆典型电气设备的结构及工作原理 3. 掌握城轨车辆典型电气设备的分解拆装方法及技巧 4. 掌握城轨车辆典型电气设备的性能检查、检测方法	1. 高速断路器的分解及检查 2. 直流主接触器的分解及检查 3. 司机控制器检查维护 4. 接地装置检查 5. 制动电阻检查	高速断路器、直流主接触器、司机控制器、接地装置、制动电阻

课程十　城市轨道交通车辆制动实训

课程名称	项目名称	课时数	实训目的	实训内容	主要使用的仪器设备
城市轨道交通车辆制动实训	安全教育	2	1. 掌握实训室安全注意事项 2. 掌握操作过程中安全注意事项	讲解现场安全规定，并考核(考核合格方可参加实训操作)	
	认知城轨车辆制动系统部件	4	1. 认知供风系统各部件 2. 认知制动控制系统各部件 3. 认知基础制动装置各部件的结构 4. 认知城轨车辆制动系统部件工艺卡	1. 认知供风系统、制动控制系统各部件 2. 识别基础制动装置各部件	城轨车辆制动系统1套、“禁止动车”牌、强光手电筒

续上表

课程名称	项目名称	课时数	实训目的	实训内容	主要使用的仪器设备
城市轨道交通列车制动实训	城轨车辆制动系统日检	10	制动系统日检	制动系统日检	城轨车辆制动系统 1 套、“禁止动车”牌、强光手电筒
	电客车闸瓦更换	12	1. 掌握电客车闸瓦更换的条件 2. 熟悉电客车更换闸瓦的流程 3. 常用检修工具的使用	1. 学习电客车闸瓦更换的条件 2. 电客车闸瓦的更换 3. 常用检修工具的使用	城轨车辆制动系统 1 套、禁动牌、强光手电筒

课程十一 城市轨道交通车辆空调实训

课程名称	项目名称	课时数	实训目的	实训内容	主要使用的仪器设备
城市轨道交通车辆空调实训	安全教育	2	1. 掌握《实训室安全注意事项》 2. 须知操作过程中安全注意事项	讲解现场安全规定，并考核（考核合格方可参加实训操作）	PPT 课件
	空调机组部件认识	4	熟悉空调装置的结构和部件	1. 会选用工具正确拆装空调机组 2. 结合制冷原理认识机组组成部件	38 件套、手电筒、8 号方孔钥匙、T 形 6 号内六角、活动扳手、棉纱手套等
	空调机组检查	6	掌握机组基本检修流程和内容	机组检测与维护	38 件套、手电筒、8 号方孔钥匙、T 形 6 号内六角、斜口钳、尖角钳、活动扳手、空调控制柜、万用表、500 兆欧表、棉纱手套、酒精等
	铜管连接口制作	4	会手动制作铜管杯形口	1. 正确使用扩管器 2. 制作杯形口和喇叭口	扩孔器(套)、铜管、割管刀、砂纸、弯管器等
	空调电路认知及故障检测训练	10	1. 能结合电路图准确认知空调控制柜内部件 2. 能对主要部件进行检测 3. 掌握一般故障检修方法	学习空调控制电路图，并结合图纸进行线路的故障排查（掌握方法）（电路图单独下发）	万用表、电笔、螺丝刀等

课程十二　城市轨道交通车辆机械检修实训

课程名称	项目名称	课时数	实训目的	实训内容	主要使用的仪器设备
城市轨道交通车辆机械检修实训	城轨车辆轮对参数的测量	22	1. 认知轮对的结构 2. 识读城轨车辆轮对测量工艺卡 3. 训练使用常用工具与量具的技能 4. 掌握量具的测量方法 5. 掌握量具的读数与取值方法	1. 用第四种检查器测量轮对踏面和轮缘的尺寸 2. 用轮径尺测量轮对外径 3. 用内距尺测量轮对的内距 4. 处理测量数据	城轨车辆转向架、车辆第四种检查器、轮对内距尺、车辆外径测量仪、禁动牌、铁鞋
	拆装油压减振器	16	1. 学会使用扭力扳手 2. 通过拆装油压减振器，熟悉部件的拆解、组装过程	1. 正确使用扭力扳手 2. 用扭力扳手组装油压减振器	城轨车辆转向架、扭力扳手组件、开口扳手
	转向架日检	10	1. 训练学生认知转向架部件的能力 2. 识读转向架指导书 3. 查找转向架故障的能力 4. 处理转向架日检故障的能力	1. 识读转向架日检工艺卡 2."眼看、手到、嘴到"检查转向架的日检项目	转向架、手电筒、反光镜

课程十三　城市轨道交通车辆电气检修实训

课程名称	项目名称	课时数	实训目的	实训内容	主要使用的仪器设备
城市轨道交通车辆电气检修实训	司机室作业	10	1. 熟悉司机室无电作业检修流程 2. 认知司机室主要设备部件 3. 掌握司机台按钮与相关器件的操作	1. 司机室无电作业 2. 司机室有电作业	主控钥匙、抹布、禁动牌等

续上表

课程名称	项目名称	课时数	实训目的	实训内容	主要使用的仪器设备
城市轨道交通车辆电气检修实训	受电弓作业	16	1. 熟悉受电弓无电作业检修流程 2. 认知受电弓主要部件 3. 分析受电弓故障并掌握处理措施	1. 受电弓无电作业 2. 受电弓故障分析与处理	主控钥匙、抹布、禁动牌等
	高压箱作业	14	1. 熟悉高压箱作业检修流程 2. 认知高压箱主要部件 3. 分析高压箱故障并掌握处理措施	1. 高压箱作业 2. 高压箱故障分析与处理	主控钥匙、抹布、禁动牌等
	车辆屏柜作业	8	1. 熟悉车辆屏柜检修作业流程 2. 认知车辆屏柜内主要电器元件 3. 掌握元件故障的处理措施。	1. Tc1 车继电器柜与低压柜 2. Mp1 车继电器柜与低压柜 3. M1 车继电器柜与低压柜	螺丝刀、抹布等

课程十四　城市轨道交通车辆模拟驾驶实训

课程名称	项目名称	课时数	实训目的	实训内容	主要使用的仪器设备
城市轨道交通车辆模拟驾驶实训	电客车司机通用服务标准	2	规范电客车司机的着装、动作与行为	1. 仪容仪表 2. 服装服饰 3. 体态礼仪	立镜
	出乘前检查作业	22	1. 熟悉掌握车辆出乘前的检查作业的内容及规范 2. 掌握车辆动车试验	1. 走行部检查 2. 司机室检查 3. 客室检查 4. 动车试验	捷安 JT-MDCS-Ⅲ 地铁车辆模拟器
	出入库作业	8	掌握出、入库作业标准流程	1. 出库作业 2. 入库作业	捷安 JT-MDCS-Ⅲ 地铁车辆模拟器
	正线作业	12	掌握正线作业注意要点及规范	1. 正线驾驶 2. 上下客监护	捷安 JT-MDCS-Ⅲ 地铁车辆模拟器
	折返及交接班作业	4	1. 掌握折返作业流程 2. 掌握交接班作业注意要点	1. 折返作业 2. 交接班作业	捷安 JT-MDCS-Ⅲ 地铁车辆模拟器
	救援连挂作业	8	掌握车辆救援连挂作业的方法	救援连挂作业	捷安 JT-MDCS-Ⅲ 地铁车辆模拟器

课程十五　城市轨道交通车辆检查综合实训

课程名称	项目名称	课时数	实训目的	实训内容	主要使用的仪器设备
城市轨道交通车辆检查综合实训	安全教育	2	1. 掌握实训室安全注意事项 2. 掌握操作过程中安全注意事项	讲解现场安全规定，并考核（考核合格方可参加实训操作）	多媒体
	车体外观及车钩检查	8	熟悉车体及三种车钩的常见故障	1. 车体检查 2. 全自动车钩、半自动车钩、半永久牵引杆的检查	禁动牌、强光手电筒
	司机室内检查	12	1. 熟悉司机室内检查的流程及内容 2. 掌握司机室内常见故障 3. 能够对车辆进行功能测试	司机室内检查	禁动牌、方孔钥匙、强光手电筒
	客室内检查	10	1. 熟悉客室内检查的流程及内容 2. 掌握转向架常见故障	客室内检查	禁动牌、方孔钥匙、强光手电筒
	转向架检查	8	1. 熟悉转向架检查的流程及内容 2. 掌握转向架常见故障及处理方法	转向架的检查	禁动牌、强光手电筒
	车底设备检查	16	1. 熟悉车底设备的检查内容 2. 掌握车底设备常见故障	车底设备检查	禁动牌、方孔钥匙、强光手电筒

第二部分

专业实训项目指导书

课程实训项目指导书

课程一　机械基础

实训一　认识公差与配合

一、实训目的

(1)识别公差带代号及配合代号。
(2)理解基准制和配合种类的选用。

二、实训准备

1. 实训类型
验证型。
2. 预习内容
(1)偏差和公差。
(2)公差带图解。
(3)配合制及基准制。
3. 实训前要思考的问题
公差带代号、配合代号如何表示?
4. 实训所需的仪器、设备、元器件、材料、工具等
无。

三、实训内容简介、实训步骤、注意事项

(一)实训内容

(1)通过极限与配合代号的识别,完成配合种类、基准制的判断。
(2)完成公差带图解的画法。
(3)完成有关公差、偏差尺寸的计算。

(二)实训步骤指导

1. 识别公差带代号
公差带代号由基本偏差代号及公差等级代号组成。根据相关知识识读下列尺寸的基本

尺寸、基本偏差、公差等级和基准制：

$$\phi50H7(^{+0.025}_{0})\qquad \phi50H7\qquad \phi50^{+0.025}_{0}$$

2. 识别配合代号

配合代号由孔、轴公差带组合表示成分数。根据相关知识识读下列尺寸的基本尺寸、基准制、公差等级、配合性质：

$\phi55\dfrac{H7}{h6}$ 或 $\phi55H7/h6$；$\phi55\dfrac{H7(^{+0.030}_{0})}{h6(^{0}_{-0.019})}$ 或 $\phi55H7(^{+0.030}_{0})/h6(^{0}_{-0.019})$；$\phi55\dfrac{(^{+0.030}_{0})}{(^{0}_{-0.019})}$ 或 $\phi55(^{+0.030}_{0})/(^{0}_{-0.019})$。

以上三种表示方法中，第一种应用最广，后两种一般分别用于批量生产和单件小批生产。

3. 基准制的选用

从制造加工方面考虑，优先选用基孔制。

4. 配合种类的选择

选择配合种类时应优先选用优先公差带及优先配合，基准选用常用公差带及常用配合，再次选用一般公差带。

(三)注意事项

查表时，应注意基本尺寸的区间，不得超出范围，否则会影响结果。

四、实训报告

按要求填写实训报告。

五、思考题

公差与配合在生产中有何意义？

实训二　专业实训场参观

一、实训目的

(1)识别城市轨道交通车辆上的机械构件。

(2)理解城市轨道交通车辆上的机械构件在具体工位上的作用及特点。

二、实训准备

(一)实训类型

综合型。

(二)预习内容

(1)常用的四杆机构有哪些？

(2)机器由哪几个部分组成？

(三)实训前要思考的问题

(1)城市轨道交通车辆上有哪些构件?

(2)这些构件的主要特点有哪些?

(四)实训所需的仪器、设备、元器件、材料、工具等

城市轨道交通车辆转向架、电机、受电弓等。

三、实训内容简介、实训步骤、注意事项

(一)实训内容

(1)通过观察城市轨道交通车辆找出本课程所学过的构件及零件,并能说出零件的名称。

(2)画出构件(零件)草图,能够说出其特点及主要应用场合。

(二)实训步骤指导

(1)观察总体,找到认识的构件及零件,并记录下相应的位置,画出草图。

(2)观察电机的定子及转子,找到认识的构件及零件,并记录下相应的位置,画出草图。

(3)观察转向架,找到认识的构件及零件,并记录下相应的位置,画出草图。

(三)注意事项

观察车辆底部的时候,注意安全,不要撞到头,不要试图拆卸零件;搬动零件的时候要小心不要砸到手脚,搬不动需请同学帮忙,不能逞强。

四、实训报告

按要求填写实践报告。

五、思考题

1. 请指出城市轨道交通车辆上所用5种构件(零件),并写出其主要特点。
2. 画出零件草图,并标注必要的尺寸。
3. 想一想这些零件是否能用其他零件代替,为什么?

课程二　机械制图

实训一　三视图的绘制

一、实训目的

(1)了解三视图的基本概念,熟悉三视图的画法。

(2)进一步提高对机件的分析形状结构表达能力。

二、实训准备

(一)实训类型

设计型。

(二)预习内容

(1)三视图的绘制方法。

(2)剖视图的种类以及剖切面的选择。

(三)实训前要思考的问题

(1)该机件主要有那些结构。

(2)该采用什么样的表达方式,既保留了机件外形,又能展示出它的内部结构。

(四)实训所需的仪器、设备、元器件、材料、工具等

4号的图板、丁字尺、图纸、三角板、铅笔、圆规、橡皮擦等绘图工具和仪器、透明胶带。

三、实训内容简介、实训步骤、注意事项

(一)实训内容

绘制轴承座三视图:根据立体图,看清结构,采用适当的表达方法,画出剖视图。比例:1∶1,图纸:A4。

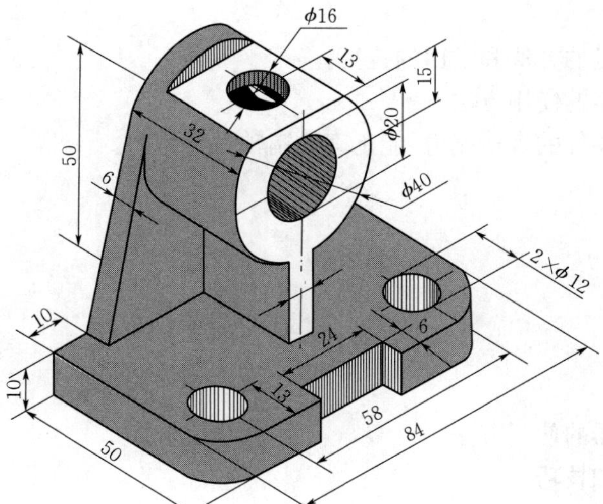

图 2-1　轴承座(单位:mm)

(二)实训步骤

(1)根据图幅,选择比例,合理布图。

(2)分析机件的内外结构,采用适当的剖切方法,画出剖视图。

(3)检查底稿,修正错误。

(4)加粗描深底图。

(5)填写标题栏。

(三)注意事项

(1)合理布图,留出标注尺寸的位置。

(2)采用的表达方法应能够将机件内外结构表达清楚尽量简单明了。有些局部结构可以在全剖的基础上再采用局部剖切,这样可以节约视图的数量,使表达简单。

(3)底稿图线应轻而准确。

(4)加粗顺序:先粗后细,先曲后直,先水平后垂直、倾斜。

(5)同类图线规格一致、均匀,箭头大小一致。

(6)应保持图面清洁,擦去多余图线,中心线超过图形 5 mm 左右。

(7)数字和文字字体均采用长仿宋体。

四、实训报告

一张绘制好的 4 号图纸。

五、实训思考题

课后继续完成本图纸(即实训报告)。

实训二 零件测绘

一、实训目的

(1)了解零件测量的方法和常用的技巧。

(2)熟悉测量仪器的使用方法。

(3)进一步提高零件的表达能力,能正确绘制轴类零件图。

二、实训准备

(一)实训类型

综合型。

(二)预习内容

(1)常用测量仪器的使用方法。

(2)测量的方法和技巧。

(三)实训前要思考的问题

(1)该零件应采用怎样的方式进行测量。

(2)该采用什么样的表达方式,表达这个轴类零件。

(3)该如何对这个轴类零件进行技术要求和尺寸的标注。

(四)实训所需的仪器、设备、元器件、材料、工具等

4 号的图板、丁字尺、图纸、三角板、铅笔、圆规、橡皮擦等绘图工具和仪器、透明胶、游标卡尺、直钢尺、内、外卡钳等。

三、实训内容简介、实训步骤、注意事项

(一)实训内容

(1)使用测量仪器,采用一定的方法测量该零件(图 2-2)各部位的尺寸。

(2)绘制阶梯轴的零件图,将测量所得的尺寸表达在图纸上,并进行技术要求的标注(老师给出),比例:1∶1,图纸:A4。

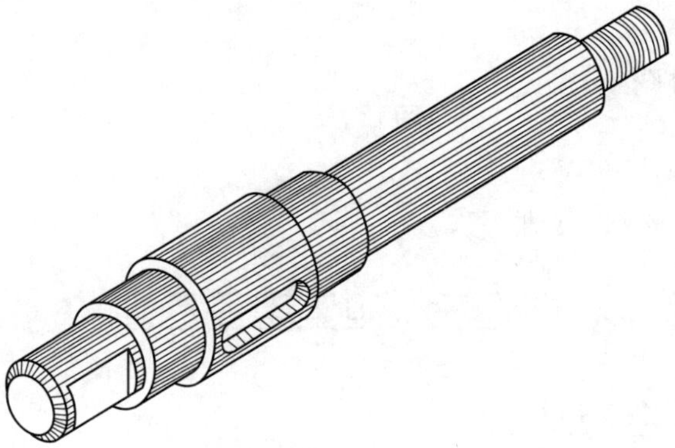

图 2-2　阶梯轴

(二)实训步骤指导

(1)分析零件,确定表达方案(主视图,键槽和平面部分采用移出断面图表达)。

(2)画零件草图。

(3)在草图上将应该标注的尺寸的尺寸界线、尺寸线全部画出,然后集中测量,注写各个尺寸。

(4)采用游标卡尺和直钢尺测量该零件各部位的尺寸,注意螺纹部分的测量方法,并将测量所得的尺寸标注在零件草图上。

(5)标注精度要求,根据零件的情况确定表面粗糙度,确定零件的材料、尺寸公差、形位公差及热处理等要求(这个由老师给出)。

(6)最后检查、修改全图并填写标题栏,完成草图。

(7)绘制零件图。

(三)注意事项

(1)测量尺寸时,应正确选择测量基准,以减少测量误差。

(2)零件上的非配合尺寸,如果测得为小数,应圆整为整数标出。

(3)在零件图的主视图中,键槽结构可采用简化画法,不用画出相贯线和截交线。

(4)在测得键槽结构的尺寸后,应参照相应的标准查出其标准值,再注写在图纸上。

(5)注意螺纹部分的测量方法。要采用螺纹轨或者拓印法测量螺距,然后查表圆整。

(6)在绘制零件草图、尺寸线和尺寸界线时,最好不要“画一个、量一个、注写一个”。这样不但费时,而且容易将某些尺寸遗漏或注错。

(7)对于零件上的缺陷,如铸造缩孔、砂眼、加工的疵点、磨损等,不要在图上画出。

(8)画零件图时,要合理布图,留有标注尺寸的位置。

(9)画底稿图线应轻而准确。
(10)加粗顺序:先粗后细,先曲后直,先水平后垂直、倾斜。
(11)同类图线规格一致、均匀,箭头大小一致。
(12)应保持图面清洁,擦去多余图线,中心线超过图形 5 mm 左右。
(13)数字和文字字体均采用长仿宋体。
(14)技术要求和尺寸的标注方法都要符合国家标准的要求

四、实训报告

一张绘制好的 4 号图纸。

五、实训思考题

课后继续完成本图纸(即实训报告)。

课程三　电工电子基础

实训一　直流电路认识

一、实训目的

(1)学会使用电路分析实验箱。
(2)掌握直流稳压电源的使用方法。
(3)掌握万用表的使用方法。
(4)学习电路电流、电压的测量方法。

二、实训准备

(一)实训类型

综合型。

(二)预习内容

(1)预习实训指导书。
(2)查阅教材,弄清电压和电位的概念。

(三)实训前要思考的问题

(1)直流稳压电源与一般的电池有何不同?
(2)在电路中测量电压、电流时,怎样接入电压表和电流表?
(3)电源输出端能短路吗?

(四)实训所需的仪器、设备、元器件、材料、工具等

晶体管直流稳压电源 1 台、电路分析实验箱 1 台、万用表 1 台等。其中电路分析实验箱实物如图 3-1 所示。电路分析实验箱是完成电工实验的主要设备,由电压表、电流表、万能接线卡、万能接线座及箱内元件几部分组成。

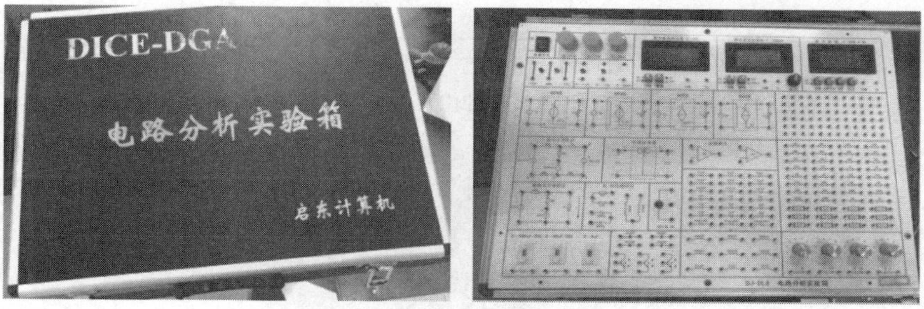

图 3-1　电路分析实验箱

三、实训内容简介、实训步骤、注意事项

直流电路认识实训是后续实训开展的基础，主要包括对电工原理实验箱、晶体管直流稳压电源、万用表等设备的基本认识和使用。

实训项目简介	电路分析实验箱是完成电工实训的主要设备，由电压表、电流表、万能接线卡、万能接线座及箱内元件几部分组成。 晶体管直流稳压电源是供给电路电源的主要设备，它能提供出 40V 以下可以连续可调的直流安全电压。 万用表用途非常广泛，可以用来测量电阻、直流电压、交流电压、直流电流、有的还可以测量电感、电容及三极管放大倍数。
实训注意事项	(1)使用直流稳压电源时不允许电源输出端短路。 (2)使用万用表要注意测量内容及量限选择合适的挡位。
实训步骤指导	1. 电工原理实验箱的使用 (1)打开实验箱，找到如图 1 所示电路。 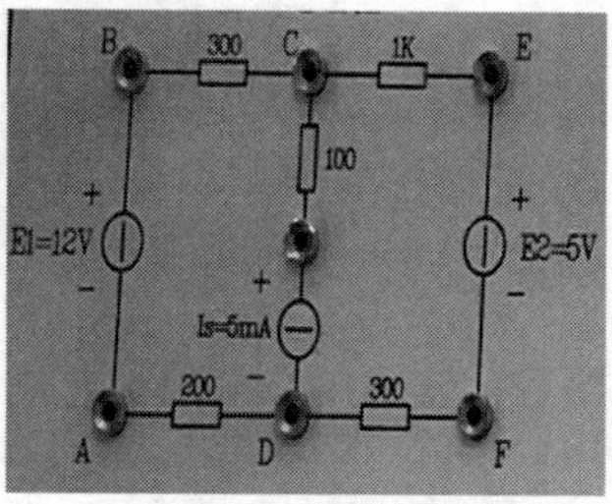 图 1　实验箱电路图 (2)按图 2 中电路连接元件和电源。 其中，$R_1=300\ \Omega$，$R_2=300\ \Omega$，$R_3=100\ \Omega$，$U_{S1}=12\ V$，$U_{S2}=5\ V$。 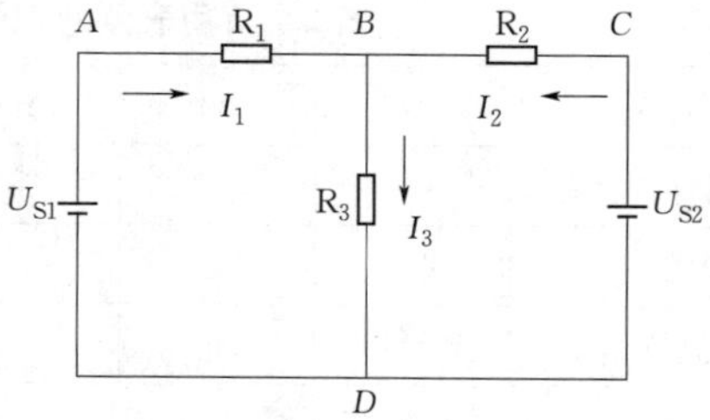 图 2　实训电路原理图

续上表

实训步骤指导

2. 直流稳压电源的使用

(1)熟悉直流稳压电源面板上各开关、旋钮的位置,了解其使用方法,其实物图如图 3 所示。

图 3　直流稳压电源实物图

(2)将直流稳压电源的电源插头插入 220 V 插座,合上电源开关,指示灯亮。

(3)调节“粗调旋钮”到合适位置,将电流、电压指示置于电压位置,将“细调旋钮”从最小位置调到最大位置,观察直流稳压电源所配置的电压表的指示情况。

(4)按表 1 给出的电压值确定“粗调旋钮”挡位,调出该电压值。

表 1　直流稳压电流使用记录表

输出电压值(V)	2.0	8.0	12.0	16.0	27.0	32.0
“粗调旋钮”挡位						

3. 万用表(图 4)的使用

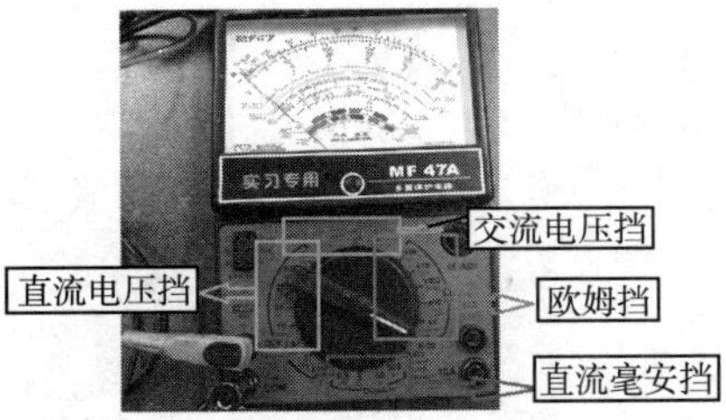

图 4　万用表实物图

(1)确定被测量是电阻、直流电压(或交流电压)还是直流电流,将转换开关置于对应的功能区。

(2)估计被测量的大小范围,选择合适量程,如果无法知道被测量大小范围,应先选用最大量程,后根据被测量的大小,改变合适量程。

(3)分辨表盘刻度,读出测量值大小。测量值=(指针指示数/满偏示数)×量程。

(4)按表 2 给出的条件,用万用表完成各项测量。

表 2　万用表测量记录表

被测电阻(Ω)	10		100		51.0		1 k		7.5 k		15 k	
欧姆挡位及指针指示值												
被测电压设置(V)	2.0		8.5		12.0		16.8		27.3		32.0	
电压测量值(V)												

续上表

实训步骤指导

4. 电流、电压和电位的测量

(1)按图 2 所示原理图,连接电路。

(2)分别以 A、D 两点为参考点,测量 I_1、I_2、I_3、U_{AB}、U_{AD}、U_{BC}、U_{BD}、U_{CD}、U_A、U_B、U_C、U_D 的值,将所测数值填入表 3 中。注意测量时若电压表或电流表指针反偏,请将两表棒对调,测量值记负值(说明电压或电流参考方向与实际方向相反)。

表 3 电流电压和电位的测量记录数据

参考点	电流(mA)			电压(V)					电位(V)			
	I_1	I_2	I_3	U_{AB}	U_{AD}	U_{BC}	U_{BD}	U_{CD}	U_A	U_B	U_C	U_D
A												
D												

5. 实训完毕

将实训中用到的插线等物品放回原处并摆放整齐,并清理桌面杂物,摆放好桌面仪器仪表,凳子放入桌子下。

四、实训报告

(1)完成实训步骤和对应表格数据的填写,整理实训数据,并与理论计算值进行比较,分析产生误差的原因。

(2)根据测量结果,说明电压与电位有何区别和联系。

(3)写出心得体会。

五、实训思考题

(1)晶体管直流稳压电源输出电压的调节有哪些步骤?晶体管直流稳压电源输出端为什么不允许短路?

(2)使用万用表时有什么注意事项?用万用表的电流挡或欧姆挡测量电压会有什么不良后果?为什么?

实训二 基尔霍夫定律的验证

一、实训目的

(1)验证基尔霍夫定律,加深对基尔霍夫定律的理解。

(2)掌握电压表、电流表、万用表的使用方法。

二、实训准备

(一)实训类型

验证型。

(二)预习内容

(1)复习基尔霍夫定律内容,加深对基尔霍夫定律的理解。

(2)了解电压表、电流表、万用表的使用方法。

(3)预习实训指导书。

(三)实训前要思考的问题

(1)实训有哪些内容和步骤?

(2)直流稳压电源、电压表、电流表如何使用、如何读数?

(3)直流稳压电源、电压表、电流表使用时应注意哪些问题?

(四)实训所需的仪器、设备、元器件、材料、工具等

晶体管直流稳压电源 1 台、电路分析实验箱 1 台、万用表 1 台等。

电路分析实验箱内部电压表和电流表如图 3-2 所示。

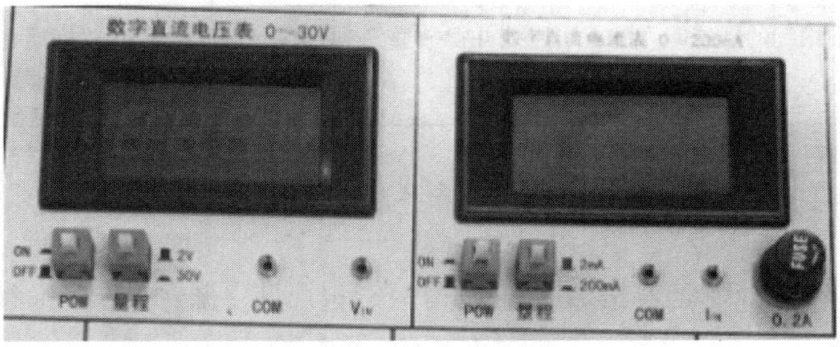

图 3-2　实验箱内电压表和电流表

(1)实验箱内电压表的使用

选择合适的量程,将电压表与被测电路并联。测直流电压时,正笔(红笔)应接高电位端。测量时若电压表指针反偏,应将电压表两表棒对调,再进行测量。

测量值=(量程/满偏示数)×指针指示数

(2)实验箱内电流表的使用

选择合适的量程,将电流表与被测电路串联(电流插头一边插在电流表下的插口内,一边插在电路的相应插口内)。测直流时,正笔应接电流的流入端。改变量限前应先断开电源开关。若电流表指针反偏应立即将"极性"开关换向。

测量值=(量程/满偏示数)×指针指示数

三、实训内容简介、实训步骤、注意事项

实训项目简介	基尔霍夫定律是德国物理学家基尔霍夫(Kirchhoff)提出的。基尔霍夫定律是电路理论中最基本也是最重要的定律之一。它概括了电路中电流和电压分别遵循的基本规律,是分析和计算复杂电路的基础。基尔霍夫定律包括基尔霍夫电流定律(KCL)和基尔霍夫电压定律(KVL)。
实训注意事项	(1)实训前要在电路分析实验箱中合理选择电路模块,实现所做实训的电路连接。 (2)使用直流稳压电源时要分清输出电压正负极性,不允许电源输出端短路。 (3)使用电压表、电流表时要注意接法和量限选择。测量时若电压表或电流表指针反偏,将两表棒对调,测量值记负值(说明电压或电流参考方向与实际方向相反)。

续上表

实训步骤指导

1. 验证基尔霍夫电流定律

(1)打开实验箱，找到能实现电路连接的电路模块，实物图如图 1 所示。按图 2 所示电路图完成电路的连接。$R_1=300\ \Omega$，$R_2=200\ \Omega$，$R_3=100\ \Omega$，$U_{S1}=12\ V$，$U_{S1}=9\ V$。

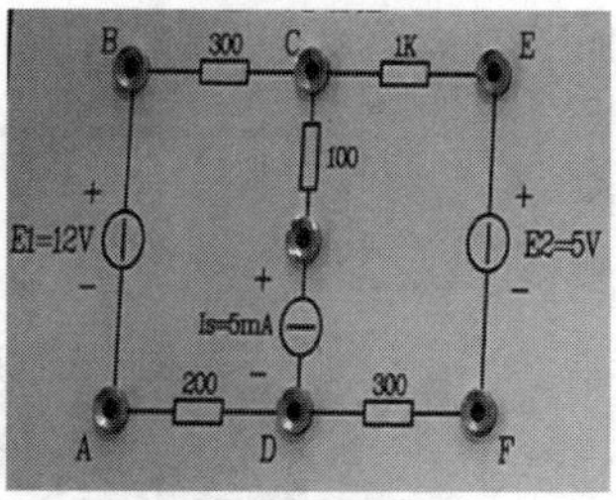

图 1　基尔霍夫电流定律实验图

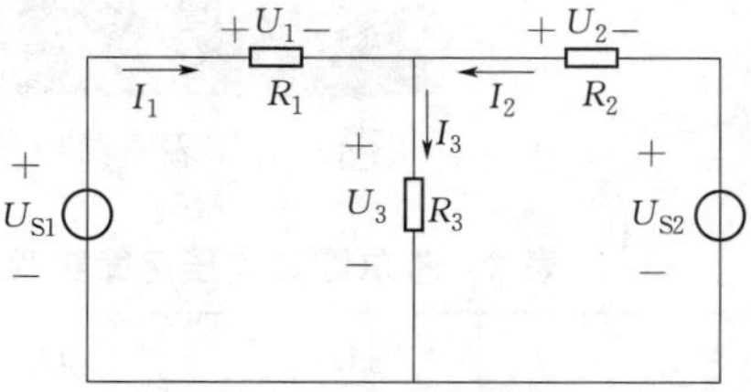

图 2　验证基尔霍夫电流定律电路图

(2)调节稳压电源左路输出 U_{S1} 为 12 V，右路输出 U_{S2} 为 0 V(电压值以箱内电压表为准，U_{S2} 为 0 V 表示电路中 U_{S2} 处用短路线代替)。

(3)万用表直流电流挡(图 3)量限选择为直流 50 mA，将电流表的插头依次插入电路板的三个电流插口中，测量各支路电流，记入表 1 中。

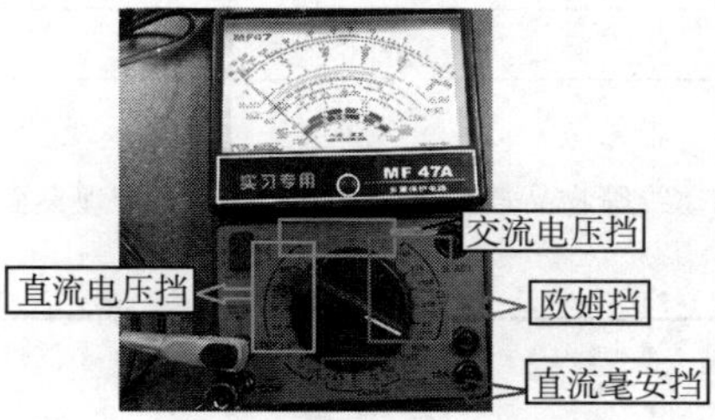

图 3　万用表直流电流档和欧姆档

(4)分别改变 U_{S2} 为 3 V 和 6 V，测各支路电流，记入表 1 中。

(5)计算 $I_1+I_2+I_3$，验证 $I_1+I_2+I_3$ 是否为 0。

表 1　基尔霍夫电流定律实验数据记录表

U_{S1}	U_{S2}	I_1		I_2		I_3		$I_1+I_2+I_3$	
		计算值	测量值	计算值	测量值	计算值	测量值	计算值	测量值
12 V	0 V								
	3 V								
	6 V								

续上表

实训步骤指导

2. 验证基尔霍夫电压定律

(1)实训线路如图 2。

(2)万用表直流电压挡(图 4)量限选择为直流 15 V,用电压表依次测量 U_1、U_2、U_3,记入表 2,验证 $U_1+U_3=U_{S1}$,$U_2+U_3=U_{S2}$ 即 $\sum U=0$。

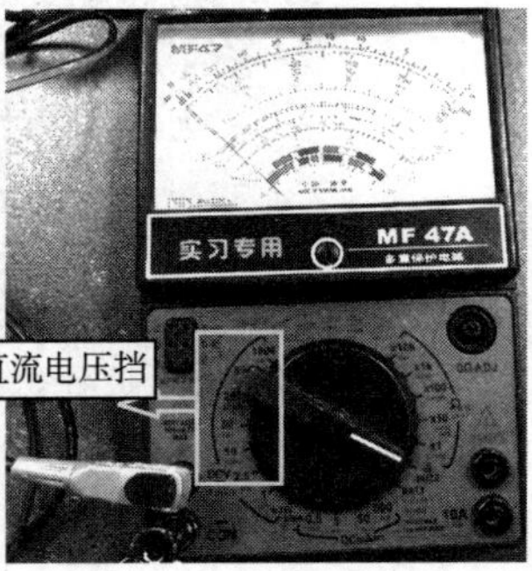

图 4　万用表直流电压挡

表 2　基尔霍夫电压定律实验数据记录表

U_{S1}	U_{S2}	U_1		U_2		U_3		$U_1+U_2+U_3$	
		计算值	测量值	计算值	测量值	计算值	测量值	计算值	测量值
12 V	0 V								
	3 V								
	6 V								

3. 实训完毕

将实训中用到的插线等物品放回原处并摆放整齐,清理桌面杂物,摆放好桌面仪器仪表,凳子放入桌子下。

四、实训报告

(1)完成实训步骤和对应表格数据的填写,整理实训数据,并与理论计算值进行比较,分析产生误差的原因。

(2)根据测量结果,验证基尔霍夫电压与电流定律。

(3)写出心得体会。

五、实训思考题

使用直流电压表、电流表时是如何读取测量值的?测量值在数值上一定等于指针所指示的数值吗?为什么?

实训三　日光灯电路及功率因数的提高

一、实训目的

(1)掌握日光灯的工作原理,学会日光灯电路的安装方法。
(2)通过实训了解功率因数提高的意义。
(3)学会功率表的使用方法。

二、实训准备

(一)实训类型

验证型。

(二)预习内容

(1)预习教材中功率因数提高的相关内容。
(2)预习日光灯电路及功率因数提高方法。

(三)实训前要思考的问题

(1)提高功率因数的意义是什么?
(2)如何提高功率因数?

(四)实训所需的仪器、设备、元器件、材料、工具等

电工分析实验箱 1 台、单相功率表 1 块、万用表 1 台等。其中电工分析实验箱及相关元件如图 3-3 和图 3-4 所示。电工分析实验箱由模块单元和元件库相结合的板面构成,全部采用安全插座和安全实验导线,连线方便,接触可靠,而且寿命长、效率高,有效预防触电隐患。实验箱面板上印有元件符号及主要参数便于学生识别。

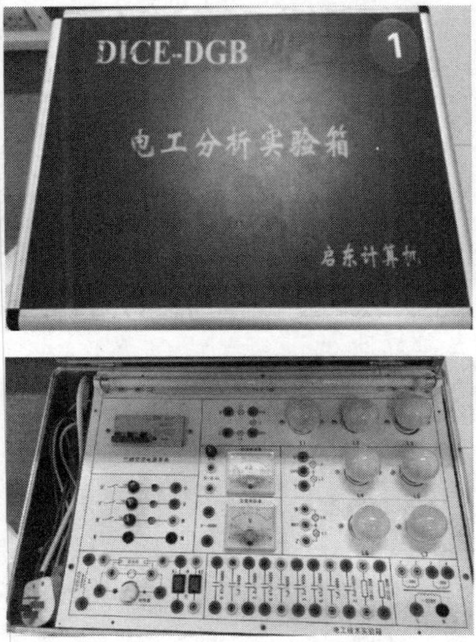

图 3-3　电工分析实验箱

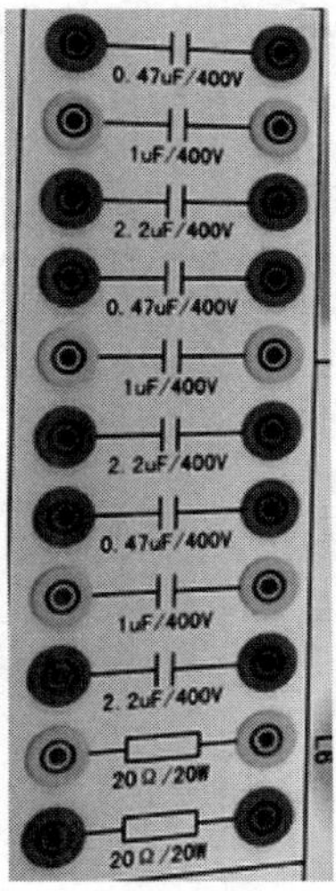

图 3-4　实验箱中的元件库

三、实训内容简介、实训步骤、注意事项

<table>
<tr>
<td>实训项目
简介</td>
<td>
日光灯电路由日光灯管(A)、镇流器(L)和启辉器(S)三部分组成。如图1所示，当电路接通电源时，220 V电源加在启辉器两端，使得启辉器内发生辉光放电，双金属片受热弯曲，动静触点接通，电源经镇流器、灯丝、启辉器构成电流通路使日光灯灯丝预热发射电子。启辉器接通经1～3 s后辉光放电结束，双金属片冷却，又把触点断开。在触点断开的瞬间，电流被突然切断，于是在镇流器L上感应出400～600 V的高电压与电源电压一起加在灯管A两端，使灯管内气体电离而放电产生大量的紫外线，因为灯管A的内壁涂有荧光粉，荧光粉吸收紫外线后发射出近似日光的光线来，日光灯就开始正常工作了。

启辉器相当于一只自动开关，能自动接通电路(加热灯丝)或开断电路(使镇流器工产生高压，使管内气体击穿放电)。镇流器的作用除了感应出高压使灯管A放电外，还能在日光灯正常工作时起限制电流的作用，镇流器的名称也由此而来。由于电路中串联了镇流器，它是电感量较大的线圈，因此电路的功率因数较低。

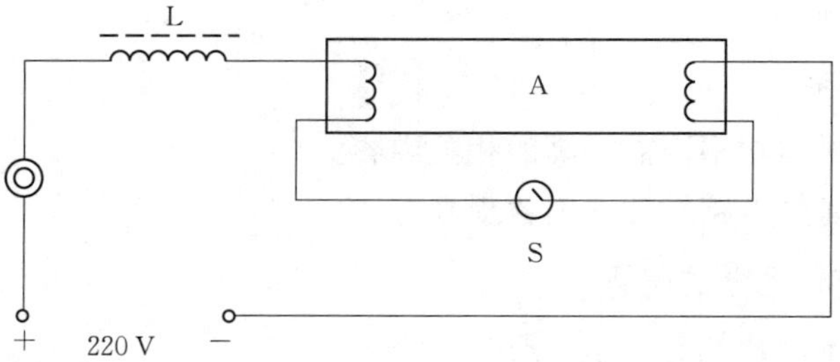

图1　日光灯电路原理图

负载功率因数过低，一方面由于不能充分利用电源的容量，另一方面又在输电线路中增加了损耗。为了提高功率因数，一般最常用的方法是在负载两端并联一个大小合适的电容器，抵消负载电流的一部分无功分量。实训中在日光灯接电源两端并联一个电容箱，当电容器的容量逐步增加时，电容支路的电流 $\dot{I}_C$ 也随之增加。由于电路的总电流 $\dot{I}=\dot{I}_C+\dot{I}_L$，所以，随着 $\dot{I}_C$ 的增加，电路的总电流反而逐渐减小。
</td>
</tr>
<tr>
<td>实训
注意事项</td>
<td>
(1)使用功率表时，必须注意选择合适的量程。
(2)调压变压器输入、输出不能接反，接通和断开电源时都必须回零。
(3)使用电工原理实验箱内电压表和电流表时，要注意测量内容及量限。
(4)实训线路连接完毕必须经过老师检查，无误后方能接通电源。本次实训使用电源电压较高，实训过程中一定要注意人身安全。
(5)功率表的电压、电流线圈接线应符合要求。
</td>
</tr>
<tr>
<td>实训步骤
指导</td>
<td>
1. 日光灯电路连接
按图2所示的实训线路连接电路。

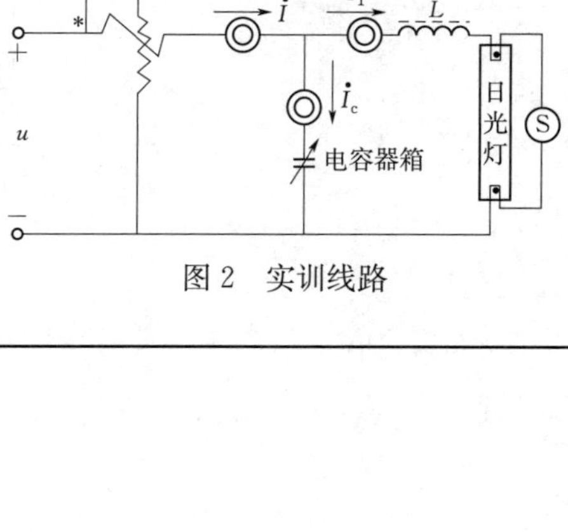

图2　实训线路
</td>
</tr>
</table>

续上表

<table>
<tr>
<td rowspan="2">实训步骤
指导</td>
<td>2. 功率因数的计算
按表 1 的要求改变可变电容箱的电容数值，测出各支路的电流、电压及功率并填入表中。

表 1　数据记录表
<table>
<tr><th>$C(\mu F)$</th><th>$U(V)$</th><th>$U_L(V)$</th><th>$U_R(V)$</th><th>$I(mA)$</th><th>$I_L(mA)$</th><th>$I_C(mA)$</th><th>$P(W)$</th></tr>
<tr><td>0</td><td></td><td></td><td></td><td></td><td></td><td></td><td></td></tr>
<tr><td>1</td><td></td><td></td><td></td><td></td><td></td><td></td><td></td></tr>
<tr><td>2</td><td></td><td></td><td></td><td></td><td></td><td></td><td></td></tr>
<tr><td>3</td><td></td><td></td><td></td><td></td><td></td><td></td><td></td></tr>
<tr><td>4</td><td></td><td></td><td></td><td></td><td></td><td></td><td></td></tr>
<tr><td>5</td><td></td><td></td><td></td><td></td><td></td><td></td><td></td></tr>
<tr><td>6</td><td></td><td></td><td></td><td></td><td></td><td></td><td></td></tr>
</table>
</td>
</tr>
<tr>
<td>3. 实训完毕
将实训中用到的插线等物品放回原处并摆放整齐，清理桌面杂物，摆放好桌面仪器仪表，凳子放入桌子下。</td>
</tr>
</table>

四、实训报告

(1)完成实训步骤和对应表格数据的填写，整理实训数据，并与理论计算值进行比较。

(2)根据测量结果，填写表 1。

(3)写出心得体会。

五、实训思考题

完成表 1 的数据，分析电路中各电压间的关系。

实训四　三相交流电路电压、电流的测量

一、实训目的

(1)学会三相交流负载的星形和三角形的连接方法。

(2)掌握三相交流负载电路中线电压和相电压，线电流和相电流的测量方法。

(3)了解三相四线制交流电路中中线的作用。

(4)验证三相交流负载电路中线电压和相电压，线电流和相电流的关系。

二、实训准备

(一)实训类型

验证型。

(二)预习内容

(1)预习三相交流电路电压、电流的测量实训指导书。

(2)查阅三相交流电路电压、电流的测量教材内容。

(三)实训前要思考的问题

(1)三相交流电路中相电流与线电流有何区别?

(2)三相四线制交流电路中,中线有何作用?

(四)实训所需的仪器、设备、元器件、材料、工具等

电工分析实验箱 1 台、万用表 1 台等。

三、实训内容简介、实训步骤、注意事项

实训项目简介	当负载对称时(灯泡均为 25 W)线电压与相电压之间的关系为 $U_L=\sqrt{3}U_P$,线电流与相电流之间的关系为 $I_L=I_P$,电源中点与负载中点间的电压为零,中线电流 $I_N=0$。若电源电压(指线电压)为 380 V,则各相的相电压为 220 V。 当负载不对称时,由于中线的存在,各相电压依然相等,线电压与相电压的关系、线电流与相电流的关系依然符合 $U_L=\sqrt{3}U_P$,$I_L=I_P$,但此时的中线电流 I_N 不再等于零,其相量关系应为 $\dot{I}_N=\dot{I}_U+\dot{I}_V+\dot{I}_W$。 若负载不对称,同时中线断开,则电源中点与负载中点之间的电压不再为零,而是有一定的数值,各相灯泡将出现亮暗不一的现象,这就是中点位移引起的各相电压不等的结果。若某相电压升高超过负载电压额定值时,将使该相负载因电压过高而烧坏。 将灯泡箱(图 1)各相灯组的 U_2 与 V_1、V_2 与 W_1、W_2 与 U_1 分别首尾相连,再将 U_1、V_1 和 W_1 端引出的导线与三相电源相连,这种接线方法称为三角形连接。显然,在负载作三角形连接时 $U_L=U_P$,$I_L=\sqrt{3}I_P$。由于三相线电压与相电压相等均为 380 V,所以在实训中每相负载应用两只灯泡串联,以保证灯泡端电压不超过 220 V。 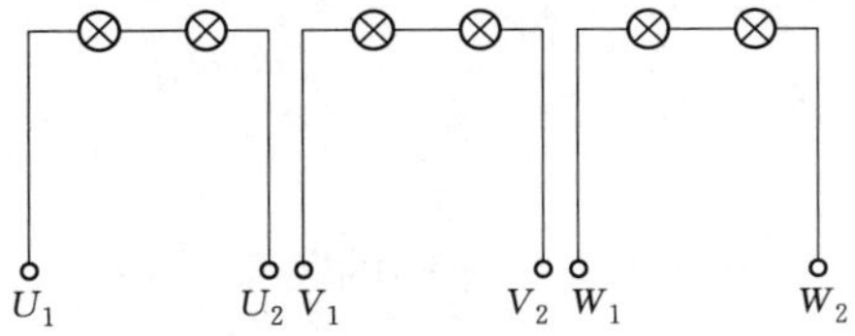 图 1　灯泡箱电路
实训注意事项	(1)实训中应根据电路情况,在测量电压、电流时选择合适的量限。 (2)本次实训中,电路换接次数较多,要十分注意正确接线,在做负载三角形连接时,一定要记得拆除零线,以免发生电源短路。在换接电路时,应先断开电源。实训时间较长时,灯泡过热,要注意防止烫伤。 (3)本次实训使用的电源电压较高,实训过程中要注意安全,防止触电事故。
实训步骤指导	1. 三相负载星形连接 (1)按图 2 所示的实训线路接线,经检查无误后,合上电源开关。分别测出对称负载有中线和无中线时的线电压、相电压、相(线)电流及中线电流、中线电压的值并填入表 1 中。 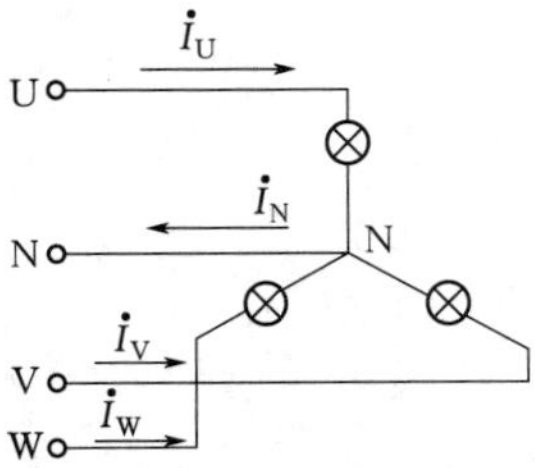 图 2　三相四线制负载星形连接

续上表

实训步骤指导

(2)将 W 相负载换成 2 只 40 W 的灯泡，如图 3 所示，合上电源开关。分别测出不对称负载有中线和无中线时的线电压、相电压、相(线)电流及中线电流、中线电压的值，并填入表 1 中。

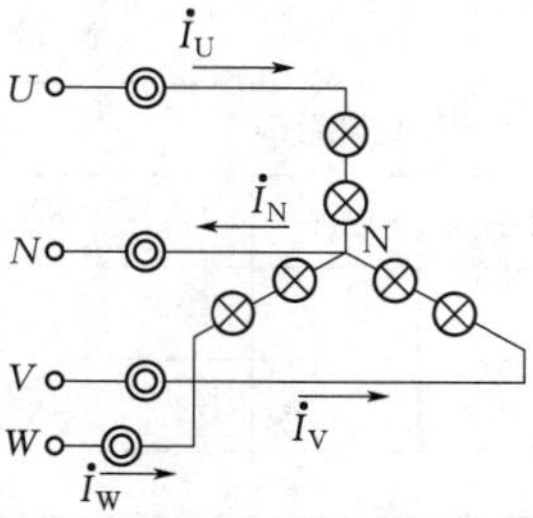

图 3　三相负载星形连接的实训线路

(3)观察负载不对称有中线和无中线时，各相灯泡的亮暗变化情况。

表 1　线电压、相电压、相(线)电流及中线电流、中线电压测量值

项目＼测量值		线电压(V)			相电压(V)			相(线)电流(mA)			中线电流	中线电压
		U_{UV}	U_{VW}	U_{WU}	U_U	U_V	U_W	I_U	I_V	I_W	I_N	$U_{NN'}$
负载对称	有中线											
	无中线											
负载不对称	有中线											
	无中线											

负载不对称有中线和无中线时，各相灯泡的亮暗变化情况(对比)：

2. 三相负载三角形连接(图 4)

(1)按图 5 所示的实训线路接线，经检查无误后，合上电源开关。分别测出对称负载相(线)电压、线电流、相电流的值并填入表 2 中。

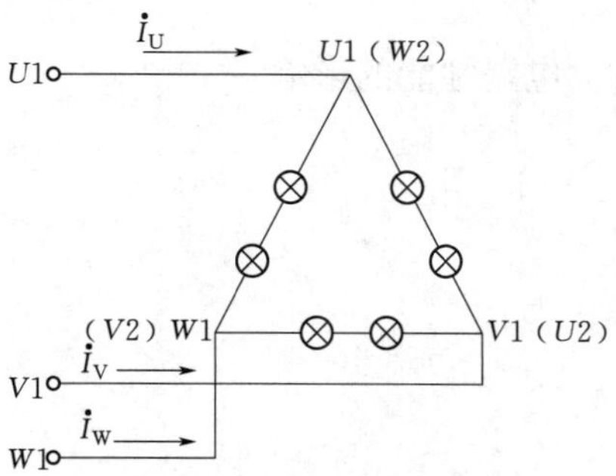

图 4　三相负载三角形连接

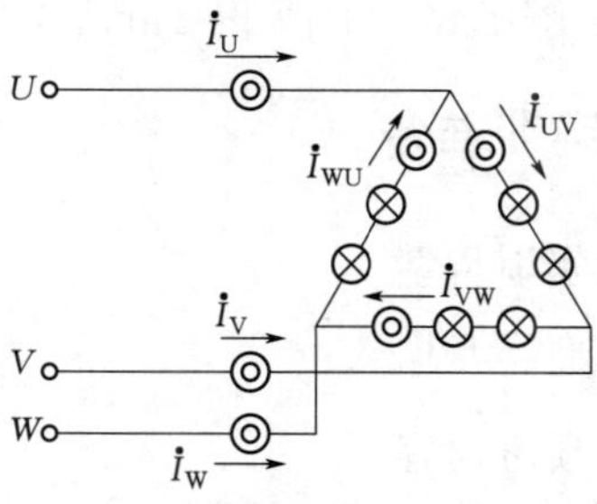

图 5　三相负载三角形连接的实训线路

续上表

实训步骤指导

(2)将 W 相负载换成 2 只 40 W 的灯泡，合上电源开关。分别测出不对称负载相(线)电压、线电流、相电流的值并填入表 2 中。

表 2

测量值 项目	相(线)电压(V)			相电流(mA)			线电流(mA)		
	U_{UV}	U_{VW}	U_{WU}	I_{UV}	I_{WU}	I_{WU}	I_U	I_V	I_W
负载对称									
负载不对称									

3. 实训完毕

将实训中用到的插线等物品放回原处并摆放整齐，清理桌面杂物，摆放好桌面仪器仪表，凳子放入桌子下。

四、实训报告

(1)完成实训步骤和对应表格数据的填写，整理实训数据，并与理论计算值进行比较，分析产生误差的原因。

(2)根据测量结果，填写表 1 和表 2。

(3)写出心得体会。

五、实训思考题

根据测量结果，你得出什么结论？

实训五　单管共射极放大电路(选做)

一、实训目的

(1)掌握单管共射极放大器静态工作点的测试与调试方法。

(2)掌握测量电压放大倍数的方法。

(3)了解电路参数改变对静态工作点及放大电路性能的影响。

二、实训准备

(一)实训类型

验证型。

(二)预习内容

(1)单管共射极放大器实训指导书有关内容，了解实训内容与步骤。

(2)静态工作点位置高低对输出波形的影响，如何调节？

(3)负载变化对电压放大倍数的影响。

(三)实训前要思考的问题

(1)放大电路中直流电压、电流和交流电压、电流的测量方法。

(2)静态工作点包含哪些参数?

(四)实训所需的仪器、设备、元器件、材料、工具等

函数信号发生器1台、双踪示波器1台、数字万用表1台、模拟电路实验箱1台等。模拟电路实验箱实物如图3-5所示。

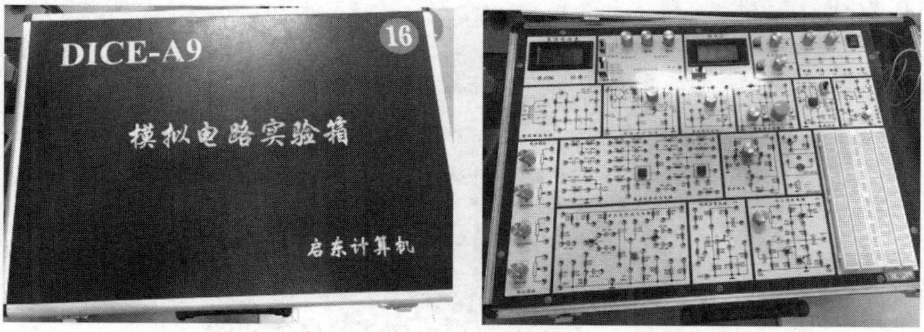

图3-5　模拟电路实验箱

三、实训内容简介、实训步骤、注意事项

<table>
<tr>
<td>实训项目简介</td>
<td>
图1为电阻分压式单管共射极放大电路的实训原理图。它的偏置电路采用 R_{b1} 和 R_{b2} 组成的分压电路，并在发射极中接有电阻 R_{e1} 和 R_{e2}，以稳定放大电路的静态工作点。当在放大电路的输入端加入输入信号 u_i 后，在放大电路的输出端便可得到一个与 u_i 相位相反、幅值被放大了的输出信号 u_o，从而实现了电压放大。
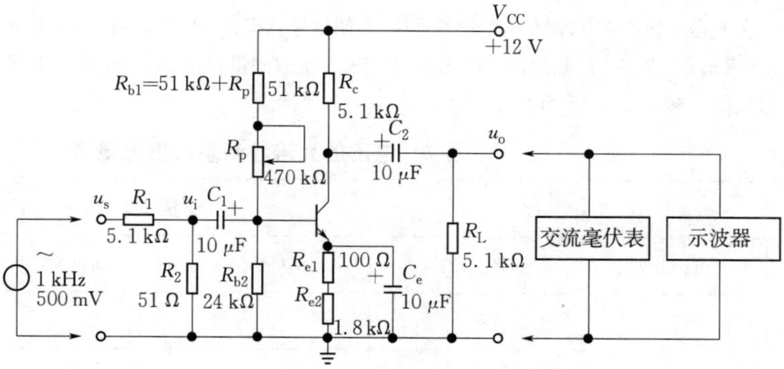

图1　共射极单管放大器实训电路
放大电路为了获得最大不失真输出信号，必须合理设置静态工作点。如果静态工作点太高或太低，或者输入信号过大，会使输出波形对应产生饱和、截止和非线性失真，如图2所示。对于小信号放大电路，由于信号比较弱，工作点都选择在交流负载线的中点附近。改变电路参数 V_{CC}、R_c、R_{b1}、R_{b2} 都会引起静态工作点的变化，但通常多采用调节偏置电阻 R_{b1} 的方法来改变静态工作点，如减小 R_{b1}，则可使静态工作点提高。
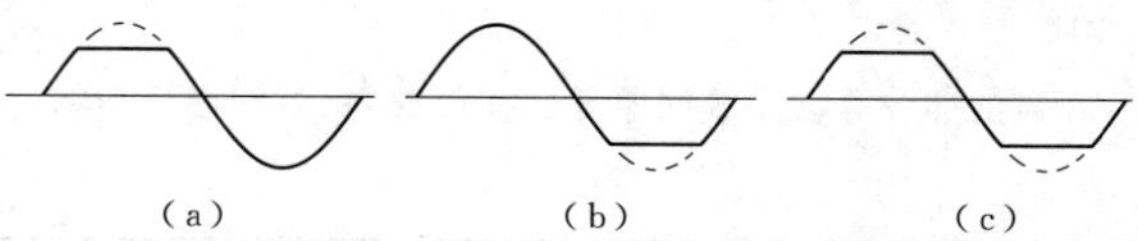

</td>
</tr>
</table>

图2　饱和、截止和非线性失真波形

续上表

实训注意事项

(1)实训电路在使用过程中，要防止输出端短路。

(2)实训完毕，必须关闭各种仪器设备的电源，恢复原样。

实训步骤指导

1. 共射极单管放大器静态工作点测量

如图 3 所示为模拟电路实验箱中共射极单管放大电路的实物图。在输入信号 $U_i=0$ 的情况下，调整 R_P，使发射极对地的电压 $V_E=2.2$ V，用数字万用表的直流电压挡分别测量 U_{BE}、U_{CE}，用直流电流挡分别测量 I_B、I_C，将测量结果填入表 1。

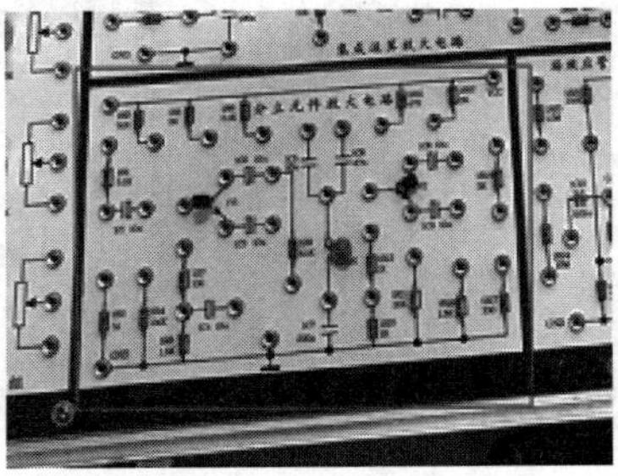

图 3　共射极单管放大电路实训电路图

表 1　静态工作点测量数据记录表

U_{BE}(V)	U_{CE}(V)	I_B(μA)	I_C(mA)

2. 共射极单管放大器电压放大倍数测量

在上述静态条件下，调节函数信号发生器，使信号频率 $f=1$ kHz，幅度为 500 mV，经过 100∶1 衰减器使 $u_i=5$ mV。在表 2 所列的四种情况下，用交流毫伏表测量 U_o的值，并记录表中，计算 A_u。同时用双踪示波器观察 u_i和 u_o端波形，并比较相位。

表 2　电压放大倍数测量数据记录表

给定参数		测量值		计算值
R_C(kΩ)	R_L(kΩ)	u_i(mV)	u_o(V)	A_u
5.1	∞	5		
2	∞	5		
5.1	5.1	5		
5.1	2	5		

3. 实训完毕

将实训中用到的插线等物品放回原处并摆放整齐，清理桌面杂物，摆放好桌面仪器仪表，凳子放入桌子下。

四、实训报告

(1)完成训练步骤和对应表格数据的填写,整理实验数据,并与理论计算值进行比较。

(2)根据测量结果,填写表 1 和表 2。

(3)写出心得体会。

五、实训思考题

(1)讨论静态工作点变化对放大器输出波形的影响。

(2)分析讨论在调试过程中出现的问题。

课程四　电力电子技术

一、实训目的

(1)了解 IGBT 器件的结构原理及工作特性。

(2)分析 IGBT 器件驱动与保护电路的实验原理图并完成实验接线,掌握 IGBT 器件的特性数据测试及不同占空比时负载平均电压的测试。

二、实训准备

(一)实验类型

验证型。

(二)预习内容

(1)IGBT 器件特性。

(2)IGBT 驱动与保护电路的知识。

(三)实训前要思考的问题

占空比的含义及其影响因素。

(四)所需的仪器、设备、元器件、材料、工具等

IGBT 实验台、实验箱 1 台、存储数字双踪示波器 1 台、数字万用表 1 台。

三、实训内容简介、实训步骤、注意事项

(一)实训内容

(1)IGBT 特性测试。

(2)IGBT 驱动与保护。

(二)实训步骤指导

1. 实验箱简介

(1)稳压电源

提供±5 V、±15 V、+20 V 低压电源(供各个驱动电路使用)和+220 V 高压电源。电

源总开关控制低压电源，高压电源开关控制高压电源。

(2)主面板

主面板上包括直流电压表(0～250 V)、直流电流表(0～1 A)、电力电子器件(场效应晶体管 MOSFET、可关断晶闸管 GTO、绝缘栅双极型晶体管 IGBT、大功率晶体管 GTR)以及作为电阻性负载的灯泡。

(3)PWM 信号发生器

PWM 信号发生器为各器件驱动电路提供 PWM 波形，实验时，把 PWM 信号发生器的输出接至各驱动电路的输入，用开关进行切换高频和低频的 PWM 波形。高频挡用于 MOSFET 和 IGBT 驱动电路，低频挡用于 GTR 和 GTO 驱动电路，通过频率调节电位器对频率进行调节，PWM 波的占空比可由占空比调节电位器进行调节。

(4)IGBT 驱动与保护电路

IGBT 的驱动与保护电路如图 4-1 所示，该电路采用 IGBT 专用集成触发芯片 EXB841。它由信号隔离电路、驱动放大器、过流检测器、低速过流切断电路和栅极关断电源等部分组成。EXB841 的"6"脚接一高压快恢复二极管 VD1 至 IGBT 的集电极，以完成 IGBT 的过流保护。正常工作时，RS 触发器输出高电平，与输入的 PWM 信号相与后送入 EXB841 的输入端"15"脚。出现过流时，驱动电路的保护线路通过 VD1 检测到集射极电压升高，一方面逐步降低栅极电压，使 IGBT 进入软关断；另一方面通过"5"脚输出过流信号，使 RS 触发器动作，从而封锁与门，使输入封锁。

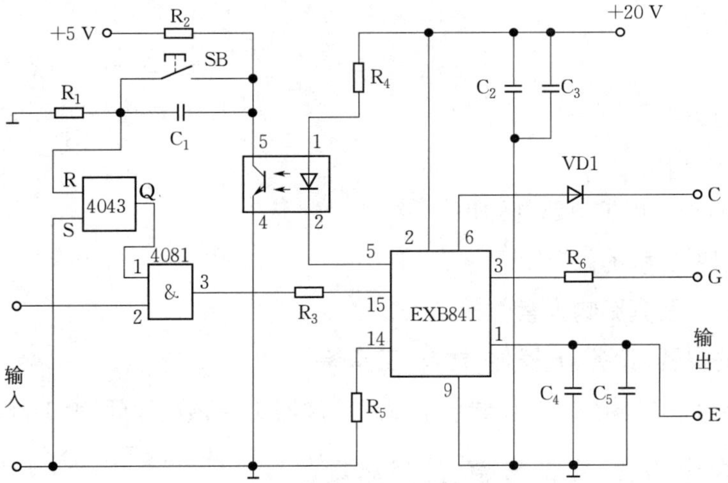

图 4-1　IGBT 驱动与保护电路

2. IGBT 器件实验接线

IGBT 器件实验接线如图 4-2 所示，将电力电子器件 IGBT 和负载灯泡串联后接至直流电源的两端。由 PWM 信号发生器和 IGBT 器件对应的驱动电路提供驱动信号，调节 PWM 信号发生器中的占空比调节电位器，直至器件导通。

3. IGBT 特性测试

按图 4-2 接线，选择绝缘栅双极型晶体管 IGBT 及其驱动电路，驱动电路接+20 V，并将+5 V 开关拨至"开"，PWM 信号发生器的频率选择开关拨至"高频挡"，调节频率旋钮使输出频率为 10 kHz 左右，调节占空比调节旋钮，给定 IGBT 两端电压，测试负载两端的电压及主电路的电流并记录在表 4-1 中。

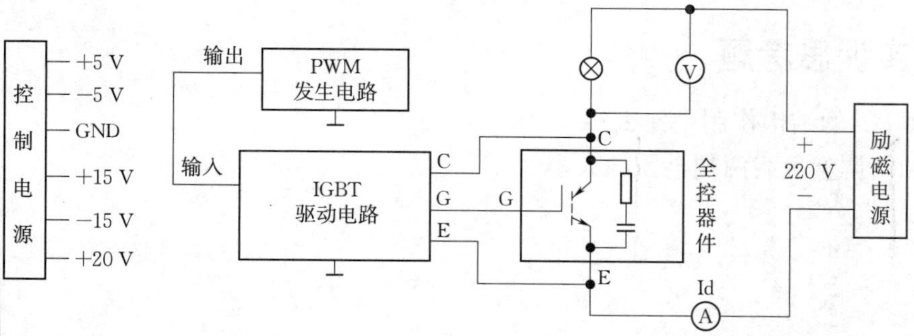

图 4-2　IGBT 器件实验原理图

表 4-1　绝缘栅双极型晶体管 IGBT 特性测试数据

U_{CE}(IGBT)	220 V	200 V	150 V	50 V	0 V
U_d(负载)					
I_d					

4. IGBT 驱动与保护电路测试

(1)观测 PWM 波形的变化规律

调节 PWM 信号发生器的频率及占空比，用示波器观测 PWM 信号发生器输出波形的变化规律。

(2)IGBT 的驱动与保护电路

按图 4-2 接线，将绝缘栅双极型晶体管 IGBT 接入主电路，PWM 信号发生器频率选择开关拨至“高频挡”，调节频率旋钮使输出频率为 10 kHz 左右。

用双踪示波器观测、记录不同占空比时基极的驱动电压、IGBT 压降及负载上的波形，测 IGBT 压降和负载波形时，示波器探棒衰减置“×10”挡，并注意正确连接地端。测定占空比 k 不同时负载的电压平均值 U_d 记录在表 4-2 中。

表 4-2　不同占空比 k 时负载的电压平均值 U_d 数据

k	0.2	0.4	0.6	0.8	0.9
U_d(V)					

(三)注意事项

(1)将示波器探头衰减置“×10”挡。示波器两个探头的地线端应接在电路的同电位点，以防通过两探头的地线造成被测量电路短路事故。

(2)示波器探头地线与外壳相连，使用时应注意安全。

四、实训报告

画出 IGBT 器件驱动电压、管压降的波形及 $U_d = f(\alpha)$ 的曲线。

五、实训思考题

(1)IGBT 的结构作用是什么?

(2)如何调整负载两端电压的大小?

整周实训项目指导书

课程五　钳工技能考证实训

一、实训目的

钳工技能考证实训是高等职业技术院校相关各专业的专业必修课程之一。开设这门课程目的是使学生通过实训操作，加强对学生基本技能的训练，通过理论联系实际，培养学生分析问题和解决问题的能力，使学生具备按零件图熟练进行锯、锉等钳工操作，加工简单零件的能力，掌握钳工操作基本技能，掌握常用量具的使用方法。为学生进一步学习后续课程和专业知识，奠定坚实的基础，为今后就业上岗提供了又一途径。

1. 掌握钳工錾削、锯削、锉削工具及常用量具的构造和正确的使用方法。
2. 掌握钳工錾削、锯削、锉削的基本操作。
3. 熟悉并严格遵守钳工安全操作规程。

二、实训任务

(一)錾削

(1)正确掌握錾子和手锤的握法及锤击动作要领。

(2)正确使用砂轮机。

(二)锯割

(1)正确掌握手锯握法，锯割姿势和正确起锯的方法。

(2)能控制好压力、速度及工件的夹持方法。

(三)锉削

(1)正确掌握锉刀柄的装拆方法以及平面锉削的姿势。

(2)了解锉削时两手用力的方法，掌握正确的锉削速度，能正确使用游标卡尺。

三、实训预备知识

(1)机械制图零件的几何精度，如形状和位置公差、表面粗糙度等的识读方法。

(2)零件图的识读方法。

(3)碳素结构钢、优质碳素结构钢等常用金属材料的性质。

四、实训仪器仪表使用、实训操作安全注意事项

1. 工作前按要求穿戴好防护用品。

2. 不准擅自使用不熟悉的机床、工具和量具。

3. 使用锉刀、手锤等钳工工具前应仔细检查是否牢固可靠,有无损裂,不合格的不准使用。

4. 使用手锤时,禁止戴手套。不准用扳手、锉刀等工具代替手锤敲打物件,不准用嘴吹或手摸铁屑,以防伤眼、伤手。

5. 用台虎钳夹持工件时,钳口不允许张得过大(不超过最大行程的 2/3)。夹持圆工件或精密工件时应用铜垫,防工件坠落或损伤工件。

6. 使用砂轮机前,必须仔细检查砂轮片是否有裂纹,防护罩是否完好,电线是否磨损,是否漏电,运转是否良好。砂轮机启动后应运转平稳,若跳动明显应及时停止修整。砂轮机旋转方向要正确,磨屑只能向下飞离砂轮。砂轮机托架和砂轮之间应保持在 3 mm 以内,以防工件扎人造成事故。

7. 使用手锯要防止锯条突然折断,造成割伤事故。

8. 离开使用的机床、工作台,应关灯,切断电源。电器设备损坏应由专职电工进行修理,其他人员不得擅自拆动。

五、实训的组织管理

(一)实训分组安排

分 10 个小组,每个小组 4～6 人。

(二)实训管理

1. 进入实习场地必须穿好工作服和工作鞋,女同学要戴好工作帽,操作机床时严禁戴手套。

2. 学生在实训中要注意自身安全及设备安全。

3. 学生要遵守实验室制度,严禁违章操作。

4. 爱护设备及工量刃具,实训场地要保持清洁整齐,每天下课后应清理好个人工具并把场内打扫干净。

六、实训项目简介、实训步骤指导与注意事项

项目一　錾削

(一)实训项目简介

用手锤打击錾子对金属工件进行切削加工的操作叫錾削。本项目主要通过錾削训练,使学生熟悉錾削工具,掌握錾削姿势、工件的夹持、錾削的方法及錾削质量的检验方法。

(二)实训步骤指导

1. 熟悉錾削工具

錾削工具包括錾子和手锤。

錾子是錾削工件的刀具，由头部、切削部分及錾身三部分组成。头部有一定的锥度，顶端略带球形，便于锤击时作用力通过錾子中心线，錾身多呈八棱形，以防止錾子转动。切削部分的材料比工件硬，形状必须呈楔形。錾子一般用碳素工具钢（T7A 或 T8A）锻成，然后将切削部分刃磨成楔形，经热处理后其硬度达到 HRC56～62。钳工常用的錾子有阔錾（扁錾）、狭錾（尖錾）、油槽錾和扁冲錾四种。阔錾用于錾切平面，切割和去毛刺；狭錾用于开槽；油槽錾用于切油槽；扁冲錾用于打通两个钻孔之间的间隔。

手锤是钳工常用的敲击工具，由锤头、木柄和楔子组成。手锤的规格以锤头的重量来表示，有 0.46 kg、0.69 kg、0.92 kg 等。锤头用 T7 钢制成，并经热处理淬硬。木柄用比较坚韧的木材制成，常用 0.69 kg 手锤，柄长约 350 mm，木柄装在锤头中，必须稳固可靠，要防止脱落造成事故。为此，装木柄的孔做成椭圆形，且两端大中间小。木柄敲紧在孔中后，端部再打入楔子可防松动。木柄做成椭圆形防止锤头孔发生转动或握在手中时发生转动，同时便于进行准确敲击。

2. 錾削姿势练习

（1）手锤的握法

紧握法：用右手五指紧握锤柄，大拇指合在食指上，虎口对准锤头方向，木柄尾端漏出约 15～30 mm。在挥锤和锤击过程中，五指始终紧握。

松握法：只用大拇指和食指始终握紧锤柄。在挥锤时，小指、无名指、中指则依次放松；在锤击时，又以相反的次序收拢握紧。这种握法手不易疲劳，且锤击力大。

（2）錾子的握法

正握法：手心向下，腕部伸直，中指、无名指、小指自然合拢，食指和大拇指自然伸直地松靠，錾子头部伸出 20 mm。

反握法：手心向上，手指自然捏住錾子，手掌悬空。

（3）站立姿势

操作时身体与台虎钳中心线大致成 45°且略向前倾，左脚跨前半步，膝盖处稍有弯曲，保持自然，右脚要站稳伸直，不要过于用力。

（4）挥锤方法

挥锤有腕挥、肘挥、臂挥三种方法。

①腕挥是仅用手腕的动作来进行锤击运动，采用紧握法握锤，一般仅用于錾削余量较少及錾削开始或结尾。

②肘挥是用手腕与肘部一起挥动作锤击运动，采用松握法握锤，挥动幅度较大，锤击力大，应用最广。

③臂挥是手腕、肘和全臂一起挥动，其锤击力最大，用于需大力錾削的工件。

（5）锤击速度

錾削时的锤击稳、准、狠，其动作要一下一下有节奏地进行，一般肘挥时约 40 次/min，腕挥 50 次/min。

（6）锤击要领

挥锤：肘收臂提，举锤过肩；手腕后弓，三指微松；锤面朝天，稍停瞬间。

锤击：目视錾刃，臂肘齐下；收紧三指，手腕加劲；锤錾一线，锤走弧形；左脚着力，右腿伸直。

要求：稳——速度节奏 40 次/min；准——命中率高；狠——锤击有力。

3. 錾削步骤

(1)工件划线

按图样尺寸(28 mm×28 mm×18 mm 长方体)，将ϕ 40 mm×20 mm 钢坯料划线，錾削二面，清除毛刺涂色，利用钢直尺、划针、圆规等划出平面加工线，按各面编号顺序依次錾削，达到图样要求，且錾痕整齐。

(2)工件夹紧

将划好线的工件夹持在虎钳上，使工件高出钳口 10～15 mm。下边顶木块，既防止工件松动又可以减少振动。

(3)工件錾削

錾削第一面分两步：粗加工，起錾以腕挥法，中间加工以肘挥法，錾削量控制 1～2 mm 左右；精加工，当錾削到接近尺寸 2 mm 时以腕挥法，錾削量控制 0.5～1 mm 左右，注意錾削近尽头调头錾削，以免工件塌角或断裂。

以第一面为基准，按线錾削加工其对面，达到平面度、垂直度及尺寸公差要求。

(三)注意事项

(1)将练习件用台虎钳夹紧，伸出高度一般以离钳口 10～15 mm 为宜，且其下方须加木衬垫。

(2)发现手锤木柄有松动或损坏时，要立即装牢或更换；木柄上不应沾有油，以免使用时滑出。

(3)錾子头部有明显的毛刺时，应及时磨去。

(4)手锤应放置在台虎钳右边，木柄不可露在钳台外面，以免掉下伤脚；錾子应放在台虎钳左边。

(5)要正确使用台虎钳，夹紧时不应在台虎钳的手柄上加套管子或用手锤敲击台虎钳手柄，工件要夹紧在钳口中央。

(6)要仔细认真地观察教师的每一个示范动作，使整个操作在自己的意识中形成正确、具体的形象，这样进行实际练习时，就容易掌握。

(7)应自然地将錾子握正、握稳，其倾斜角始终保持在 35°左右。眼睛的视线应对准工件的錾削部位，而非錾子的捶击部位。

(8)左手握錾子时前臂要平行于钳口，肘部不要下垂或抬高过多。

项目二　锯削

(一)实训项目简介

用手锯对材料或工件进行切断或切槽的操作叫锯削。本项目主要通过锯削训练，使学生能对各种材料进行正确的锯削，操作姿势正确，并能达到一定的锯削精度；使学生能根据不同材料正确选用锯条，并能正确装夹；使学生熟悉锯条折断的原因和防止折断方法，了解锯缝产生歪斜的几种原因。

(二)实训步骤指导

1. 熟悉锯削工具

手锯由锯弓和锯条构成。锯弓是用来安装锯条的,它有可调式和固定式两种。固定式锯弓只能安装一种长度的锯条;可调式锯弓通过调整可以安装几种长度的锯条,并且可调式锯弓的锯柄形状便于用力,所以目前被广泛应用。

锯条一般用工具钢或合金钢制成,并经淬火和低温回火处理。锯条规格用锯条两端安装孔之间距离表示,常用手工锯条长 300 mm、宽 12 mm、厚 0.8 mm ,并按锯齿齿距分为粗齿、中齿、细齿三种。粗齿锯条适用锯削软材料和截面较大的零件。细齿锯条适用于锯削硬材料和薄壁零件。

锯齿在制造时按一定的规律左右错开,排列成一定形状形成锯路,其作用是使锯缝宽度大于锯背的厚度,目的是防止锯割时锯条卡在锯缝中,这样可以减少锯条与锯缝之间的摩擦阻力,并使排屑顺畅,提高工作效率。

2. 锯削姿势练习

(1)手锯的握法:右手满握锯柄,左手轻扶在锯弓前端。

(2)锯削姿势:与锉削基本相似,摆动要自然。

(3)锯削压力:锯削时压力和推力由右手控制,左手配合右手扶正锯弓,压力不要过大。推出为切削行程,回程不切削。

(4)锯削运动和速度:采用小幅度的上下摆动式运动,手锯推动时身体略向前,左手上翘,右手下压,回程右手上抬,左手跟回。速度一般为 40 次/min 左右,硬材料慢些,软材料快些。

(二)锯削步骤

1. 工件划线

该步骤与錾削时工件划线的要求相同。

2. 工件夹持

工件应夹在台虎钳的左侧,要稳当、牢固,工件伸出钳口不应过长。锯缝离开钳口侧面约 20 mm,以防止振动,并要求锯缝划线与钳口侧面平行。

3. 锯条安装

手锯是在向前推时才起切削作用,所以应将齿尖的方向朝前,如果方向相反,则锯齿的前角为负值,不能正常锯割。调节锯条松紧时,蝶形母不宜旋得太紧或太松,否则,太紧锯条会因受力过大或发生扭曲而使锯条折断,太松锯条易扭曲,易断,锯缝易歪斜。一般用手扳动锯条,感觉硬实不会发生弯曲即可。

4. 起锯

有远起锯和近起锯两种。起锯时,左手拇指靠住锯条,使锯条能正确地锯在需要的位置上,行程要短,压力要小,速度要慢。起锯角约为 15°左右,过大会使锯齿钩住工件棱边,锯齿易崩裂。角过小,则同时锯前齿数较多,不易切入。一般多选用远起锯,这样锯齿不易卡住,起锯较方便。当起锯后,锯到槽深 2～3 mm 锯条不会滑出槽外时,锯弓渐成水平时,则可开始正常锯削。

(三)注意事项

1. 锯条折断的原因

(1)工件未夹紧,锯削时有松动。

(2)锯条装得过松或过紧。

(3)锯削压力过大或锯削方向突然偏离锯缝方向。

(4)强行纠正歪斜锯缝。

(5)因锯条中间磨损而被卡住引起折断。

(6)中途停止使用时,手锯未从工件中取出而折断。

2. 锯齿崩断的原因

(1)锯条选择不当。

(2)起锯角太大。

(3)锯削运动摆动过大及锯齿有过猛的撞击。

3. 锯缝产生歪斜的原因

(1)工件安装时,锯缝线未与地面垂直。

(2)锯条安装太松或相对锯弓平面扭曲。

(3)锯齿两面磨损不均。

(4)锯削压力过大使锯条左右偏摆。

(5)锯弓未扶正或用力歪斜,偏离锯缝中心。

项目三　锉削

(一)实训项目简介

用锉刀对工件表面进行切削加工使其达到所要求的尺寸、形状、位置和表面粗糙度的操作叫锉削。本项目通过锉削训练,使学生熟悉锉削工具,掌握锉削姿势及平面锉削的方法要领,了解锉刀的保养和锉削时的安全知识。

(二)实训步骤指导

1. 熟悉锉削工具

(1)锉刀的种类

锉刀按锉齿的大小分为粗齿锉、中齿锉、细齿锉和油光锉;按齿纹分为单齿纹和双齿纹;按断面形状可分成板锉、方锉、三角锉、圆锉和半圆锉。板锉(平锉),用于锉平面;方锉,用于锉平面和方孔;三角锉,用于锉平面、方孔及60°以上的锐角;圆锉,用于锉圆孔和内弧面;半圆锉,用于锉平面、内弧面和大的圆孔。

(2)锉刀的规格

锉刀的规格分为尺寸规格和锉齿的粗细规格。锉刀的尺寸规格除圆锉刀用直径表示、方锉刀用方形尺寸表示外,其他锉刀都是用锉身的长度来表示尺寸规格的。常用的锉刀规格有100 mm、125 mm、250 mm、300 mm、350 mm、400 mm等。锉纹号是锉齿粗细的参数,以每10 mm轴向长度内主锉条数来划分,有五种,分别为1～5号,锉纹号越小,锉齿越粗。

(3)锉刀的正确使用和保养

①新锉刀要先用一面,用钝后再用另一面。因为用过的锉刀面容易锈蚀,两面同时使用时会缩短使用寿命。

② 锉刀不可以沾水或油,以防锈蚀,使锉削时出现锉刀打滑的现象。

③锉刀不可锉削经过淬硬的工件或毛坯件硬皮表面。

④粗锉时,要充分使用锉刀的有效长度,以提高效率,同时避免锉齿局部磨损。

⑤要及时用钢丝刷顺齿纹方向去除齿槽内的金属切屑,以免刮伤加工面。锉刀用完后,也应及时用锉刷刷去锉齿中的残留切屑,以免生锈。

⑥ 锉刀放置时避免与其他金属硬物相碰,也不能重叠放置,以免锉纹损伤。

⑦ 不能把锉刀当拆装、敲击或撬物的工具,防止锉刀折断造成损伤。

(4)锉削的方法

锉削的方法有平面锉、滚锉和圆弧锉三种,其中平面锉可分为顺向锉、交叉锉和推锉三种。

顺向锉,即锉刀运动方向与工件夹持方向一致。锉宽平面时,锉刀应在横向作适当的移动。锉纹整齐一致,比较美观,这是最基本的一种锉削方法。顺向锉适用于小平面和粗锉后以及工件锉光、锉平或锉顺锉纹等场合。

交叉锉,锉刀运动方向与工件夹持方向约成 30°～40°角,且锉纹交叉。交叉锉可增大锉刀与工件的接触面积,锉刀易掌握平稳。交叉锉一般适用于平面的粗锉和精锉。

推锉,两手横握锉刀,沿工件表面平稳地推拉锉刀,即可得到平整光洁的表面。推锉仅用于修光,尤其适宜狭长条平面、面积较小平面或用顺向锉受阻的情况。

2. 锉削姿势练习

(1)锉刀握法

对于较大锉刀(250 mm 以上),右手紧握锉刀柄,柄端抵在手掌心,大拇指放在锉刀柄上部,其余手指由下而上地握着锉刀柄;左手的基本握法是将左手拇指根部的肌肉压在锉刀头上,拇指自然伸直,其余四指弯向手心,用中指、无名指捏住锉刀前端;也可用左手掌斜压在锉刀前端,各指自然放平。

对于中型锉刀(200 mm),右手握锉方法同较大锉刀,左手只需用大拇指和食指、中指轻轻扶住即可,不必像较大锉刀那样施加很大的压力。

对于小型锉刀(150 mm),右手与中型锉刀的握法相似,右手食指平扶在手柄外侧面,左手手指压在锉刀的中部。

对于 125 mm 以下规格的锉刀,只需一只手握住即可。

(2)锉削姿势

锉削时人的站立位置与錾削相似,锉削时要充分利用锉刀的全长,用全部锉齿进行工作。

开始时身体要前倾斜 10°左右,右肘尽可能收缩到后方。最初三分之一行程时,身体逐渐前倾到 15°左右,使左膝稍弯曲;其次三分之一行程,右肘向前推进,同时身体也逐渐前倾到 18°左右;最后三分之一行程,用右手腕将锉刀推进,身体随锉刀的反作用力退回到 15°位置。锉削行程结束后,把锉刀略提起一些,身体恢复到起始位置姿势。

锉削时为了锉出平直的表面，第一，必须正确掌握锉削力的平衡，使锉刀平稳。锉削时的力量有水平推力和垂直压力两种，水平推力主要由右手控制，大小必须大于切削阻力，这样才能锉去切屑；垂直压力是由两手共同控制，作用是使锉齿深入金属表面。由于锉刀两端伸出工件的长度随时都在变化，因此两手的压力大小必须随之变化，保持力矩平衡，使两手在锉削过程中始终保持水平。第二，必须使锉刀保持直线运动。锉削时右手的压力要随锉刀推动而逐渐增加，左手的压力要随锉刀推动而逐渐减小，回程不加压，以减小锉齿的磨损。

锉前速度一般应在 30～60 次/min，速度太快，容易疲劳和加快锉齿的磨损。推出时稍慢，回程稍快，动作自然协调。

3. 锉削步骤

(1)工件夹持

①工件应尽量夹在台虎钳中间。

②工件夹持要牢固，但不能使工件变形。

③工件(特别是薄形工件)伸出钳口不要太高，以免锉削时工件产生振动。

④对于几何形状不规则的工件，夹持时要加衬垫。

⑤夹持已加工表面或精密工件要加软钳口，以免夹伤工件，同时保持钳口清洁。

(2)锉削工件

工件来料尺寸：28 mm×28 mm×21 mm，其中四个面不加工，即錾、锯面保持原样。只加工 21 尺寸，将其加工至(18±0.8)mm。

粗加工时从两个交叉的方向对工件进行锉削，即使用交叉锉削的方法。这种方法可以判断锉削面的高低情况，以便把高处锉平。精加工时用锉刀顺着长度方向对工件进行锉削，锉削后可得到正直的锉痕，比较整齐美观。修正平面或修正尺寸可用推锉，以提高精度或降低表面粗糙度。

4. 平面锉削检查

(1)平面度检查方法

在锉削平面时，要经常检查工件的锉削表面是否平整。一般用钢皮尺或直角尺通过透光法检查，将尺紧贴工面，沿纵向、横向、两对角线方向进行多处检查，如果尺与工件平面间透光强弱不一，说明该方向不直；透光微弱而均匀，说明该方向是直的。检查角度时，可用直角尺、量角器或样板尺把角度对好，用透光法检查。

(2)锉不平的原因

①平面中凸

a. 锉削时双手的力不能使锉刀保持平衡。

b. 锉刀在开始推出时，右手压力太大，锉刀被压下，锉刀推到前面，左手压力太大，锉刀被压下，形成前、后多锉。

c. 锉削姿势不正确。

d. 锉刀本身中凹。

②对角扭曲或塌角

a. 左手或右手加压时重心偏在锉刀一侧。

b. 工件夹持不正确。

c. 锉刀本身扭曲。

③平面横向中凹或中凸

锉刀在锉削时左右移动不均匀。

(三)实训注意事项

(1)锉刀是右手工具,应放在台虎钳右边,锉刀柄不可露在钳桌外,以免掉落砸伤脚或损坏锉刀。

(2)没有装手柄的锉刀、锉刀柄已裂开或没有锉刀柄箍的锉刀不可用。

(3)锉削时锉柄不能撞击到工件。

(4)不能用嘴吹锉屑,也不可用手擦摸锉屑表面。

(5)锉刀不可作撬棒或手锤用。

七、考核标准

1. 由指导教师根据实训的情况,以及学生在实训过程中的表现、实训项目完成质量、实训报告书以及考勤等综合评定。

2. 实训总成绩中,项目考核占 70%、实训报告占 10%、课堂纪律、考勤占 20%,由此确定优、良、中、及格、不及格五等。

项目考核评分标准如下。

项目一　錾削考核评分标准

班级：　　　　　　　　　　　　姓名：　　　　　　　　　　　　学号：

项目及配分	考核内容及评分标准	扣分因素及扣分	得分
质量 70 分	(1)站立位置、身体姿势正确、自然,得 5 分		
	(2)工件夹持正确,得 10 分		
	(3)握錾正确自然,得 5 分		
	(4)錾削时视线方向正确,錾削角度稳定,得 10 分		
	(5)握锤与挥锤动作正确,锤击速度正确,锤击落点准确,得 20 分		
	(6)尺寸精度(±1 mm)达到要求,得 20 分		
工具使用 10 分	(1)工、量具安放位置正确,排列整齐,得 5 分		
	(2)使用工具正确,得 5 分		
安全及其他 20 分	(1)出现伤害事故,则失格		
	(2)未按规定穿戴齐个人劳保用品,每少 1 件扣 10 分		
	(3)发生皮外伤扣 5 分		
合计			

项目二　锯削考核评分标准

班级：　　　　　　　　　　　　姓名：　　　　　　　　　　　　学号：

项目及配分	考核内容及评分标准	扣分因素及扣分	得分
质量 70分	(1)锯条安装方向正确,得5分		
	(2)工件装夹正确,得5分		
	(3)锯削姿势正确,锯削速度平稳,得10分		
	(4)工件无损伤,锯条无折断,得10分		
	(5)锯纹整齐,得10分		
	(6)平面度达到要求,得10分		
	(7)尺寸精度(±0.8 mm)达到要求,得20分		
工具使用 10分	(1)工、量具安放位置正确,排列整齐,得5分		
	(2)使用工具正确,得5分		
安全及其他 20分	(1)出现伤害事故,则失格		
	(2)未按规定穿戴齐个人劳保用品,每少1件扣10分		
	(3)发生皮外伤扣5分		
合计			

项目三　锉削考核评分标准

班级：　　　　　　　　　　　　姓名：　　　　　　　　　　　　学号：

项目及配分	考核内容及评分标准	扣分因素及扣分	得分
质量 70分	(1)锉削姿势正确,得5分		
	(2)锉纹整齐、一致,得5分		
	(3)尺寸精度达到要求,得15分		
	(4)平面度达到要求,得15分		
	(5)垂直度达到要求,得15分		
	(6)粗糙度达到要求,得15分		
工具使用 10分	(1)工、量具安放位置正确,排列整齐,得5分		
	(2)使用工具正确,得5分		
安全及其他 20分	(1)出现伤害事故,则失格		
	(2)未按规定穿戴齐个人劳保用品,每少1件扣10分		
	(3)发生皮外伤扣5分		
合计			

课程六　电工作业考证实训

一、实训目的

电工作业考证实训是高等职业技术院校相关各专业的专业必修课程之一。开设这门课程目的是使学生通过实训操作，加强对学生基本技能的训练，通过理论联系实际，培养学生分析问题和解决问题的能力，使学生具备综合运用电路基本知识的能力，掌握安全用电知识和安全操作技能，掌握电工上岗证的理论知识和动手技能。为学生进一步学习后续课程和专业知识，奠定坚实的基础，为今后就业上岗提供了又一途径。

1. 掌握线路安装及故障检修方法。
2. 掌握电工布线的工艺。
3. 掌握电工工具的使用。
4. 熟悉电工仪表的使用。
5. 熟悉触电急救的操作。

二、实训任务

(一)单相配电盘及照明线路安装

1. 掌握单相电度表的读数及安装方法。
2. 熟悉照明线路安装及故障检修方法。
3. 掌握电工布线工艺方法。

(二)三相配电及照明电路的安装

1. 掌握三相电度表的读数和安装方法。
2. 掌握电流互感器的安装和使用方法。

(三)三相异步电动机降压启动电路的安装

1. 掌握三相异步电动机降压启动电路的安装方法。
2. 熟悉电动机线头线尾的识别方法。
3. 熟悉三相异步电动机绝缘电阻的测量方法。

(四)三相异步电动机接触器联锁正反转控制线路安装

1. 掌握三相异步电动机接触器联锁正反转控制线路的接线。
2. 掌握由电路原理图接成实际操作电路的方法。
3. 掌握三相异步电动机正反转的原理和方法。

(五)三相异步电动机按钮联锁正反转控制线路安装

掌握三相异步电动机接触器按钮正反转控制线路的接线。

(六)三相异步电动机按钮和接触器双重联锁正反转控制线路安装

掌握三相异步电动机按钮和接触器双重联锁正反转控制线路的接线。

(七)触电急救

(1)掌握触电急救知识和操作方法。

(2)了解 FSR－Ⅲ模拟人的结构和实施操作方法。

三、实训预备知识

(1)单相电度表、单相漏电保护器的作用、结构及工作原理。

(2)电工常用工具的使用方法及布线的工艺要求。

(3)三相电度表的组成及工作原理，常用互感器的结构及工作原理。

(4)三相异步电动机的结构及工作原理，兆欧表的结构、使用方法及工作原理。

(5)交流接触器、热继电器的结构、作用及工作原理。

(6)触电急救知识，CPR 工作原理。

四、实训仪器仪表使用、实训操作及安全注意事项

1. 实训仪器仪表使用

项目一：单相电度表、单相漏电保护器、单相闸刀开关、熔断器、三眼插座、双联开、白炽灯泡、灯座。

项目二：三相电度表、三相闸刀开关、电流互感器、三相漏电断路器。

项目三：三相异步电动机、三相闸刀开关、三相双向闸刀开关。

项目四～六：三相异步电动机、三相闸刀开关、交流接触器、热继电器、自复式按钮开关、熔断器。

项目七：FSR-Ⅲ模拟人。

仪表：万用表、兆欧表、钳形电流表。

2. 注意事项

(1)学生在实训中要注意自身安全及设备安全。

(2)学生要遵守实验室制度，严禁违章操作。

(3)妥善保管好工具，节约用料，认真细心地安装、调试。

(4)实训中应保持桌面整洁，实训完毕马上将桌面清理干净。

五、实习的组织管理

实习分组安排：4 个大组，9 个小组，每个小组 4～6 人(具体人数可根据班级人数细分)。

六、实训项目简介与实训步骤指导

项目一　单相配电盘及照明线路安装

实训项目简介	照明电路是日常生活中接触最为频繁的电路，它是由电度表、断路器(漏电保护器)、连接导线、开关、插座、电器控制器、照明灯具等组成的。单相配电盘及照明线路安装是最基本的电工操作技能，通过实践训练，可以让学生熟悉普通家用照明电路的安装及布线方法，对电工平时作业的基本技能有一个初步了解。

续上表

<table>
<tr><td>条件、设备</td><td colspan="2">单相电度表(1个)、单相漏电保护器(1个)、单相漏电断路器(1个)、三眼插座(1个)、双联开(1个)、白炽灯泡，灯座(1套)、电工实训操作台(1台)。</td></tr>
<tr><td>工具、计量工器具、材料</td><td colspan="2">安装工具一套(十字螺丝批，一字螺丝批，尖嘴钳，斜口钳，克丝钳，剥线钳)、2.5 mm^2 铝芯线(若干)、0.3 mm^2 铜芯软线(若干)。</td></tr>
<tr><td>主要技术参数</td><td colspan="2">(1)电源进线方向：按上进下出，左进右出布置。
(2)导线安装：按左零右相，上相下零布置。
(3)导线预制：导线裸露小于 1 mm。</td></tr>
<tr><td rowspan="2">安全、注意要点</td><td colspan="2">(1)学生在实训中要注意自身用电安全及设备安全，严禁带电作业。
(2)学生要遵守实训室制度，严禁违章操作。
(3)妥善保管好工具，节约用料，认真细心地安装、调试。
(4)实训中应保持桌面整洁，实训完毕马上将桌面清理干净。</td></tr>
<tr><td colspan="2">作业时间 20 min，每超时 1 min 扣 1 分，超时 5 min 停止作业，按失格处理。</td></tr>
<tr><td rowspan="2">电路原理图</td><td colspan="2">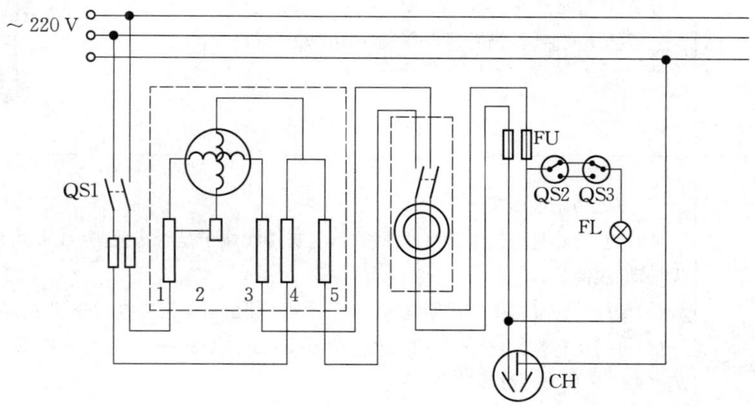
</td></tr>
<tr><td colspan="2">如图所示：QS1 闭合交流 220 V 电源经过 QS1 由 1、4 端进入单相电度表后由 3、5 端输出，然后进入漏电保护器的入端，再由输出端输出经 FU 熔断器接入电源插座。电源相线经 QS2、QS3、EL 接到零线构成回路，由 QS2、QS3 控制 EF 灯的亮或熄。</td></tr>
<tr><td>步骤</td><td>作业内容</td><td>实物操作图片</td></tr>
<tr><td rowspan="2">操作
步骤</td><td>1. 单相电度表的安装
电度表接线遵循“1 进 3 出，4 进 5 接出线”，即电度表的 1 端子接火线进线，火线从 1 号端子接火线进从 3 号端子出，零线从 4 号端子进从 5 号端子出。</td><td>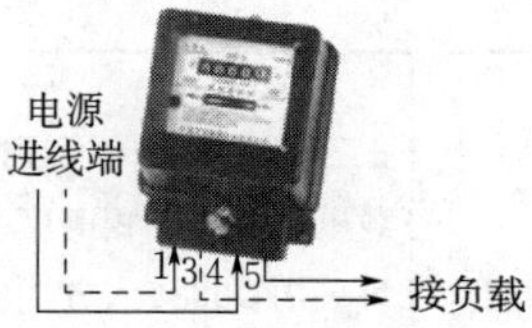
</td></tr>
<tr><td>2. 单相漏电保护器的安装
单相漏电保护器安装时，遵循“上进下出”的原则，即主电源上进，负荷侧下出，同时遵循“左零右相(火)”原则。</td><td>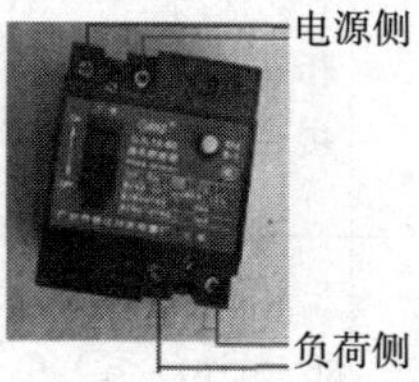
</td></tr>
</table>

续上表

步骤	作业内容	实物操作图片
操作步骤	3. 双联开关的连接 双联开关在电路中需要两个配套使用才能控制电路的通断。连接时，“火线进开关，零线进灯头”。开关再使用中，要将火线接入开关中，以达到控制负载通断的目的。	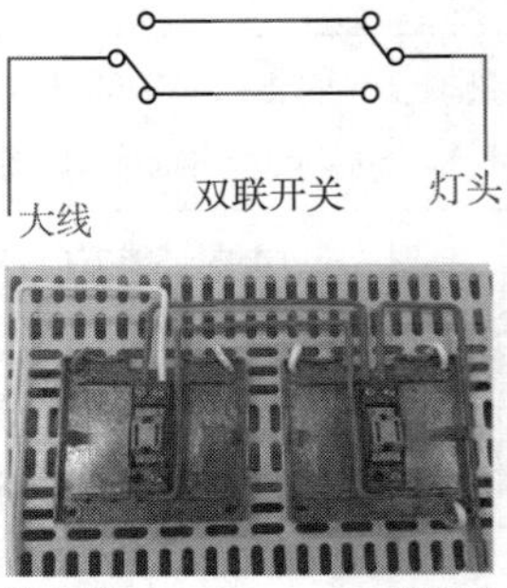
	4. 眼插座的安装 三眼插座安装时，仍需遵守“左零右相(火)”原则。	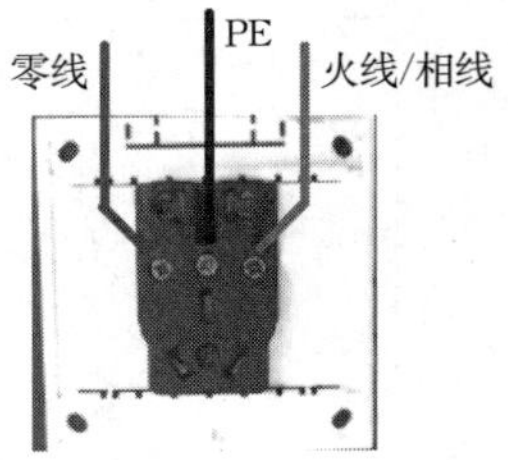
实训项目运行与调试	(1)按电路原理图接线。 (2)检查线路是否按电路原理图接线，复查接线端子是否牢固，接线方式是否准确无误，接线端子有无松动、脱落等。 (3)做好一切准备工作后通电试验，实验时不得触碰电路带电部分，以防触电事故发生。 (4)电路运行调试：合上单相漏电保护器，a. 闭合 QS2→EL 灯亮→按下 QS3→EL 灯灭。b. 用试电笔触碰三眼插座右接线端子，是否有电。 (5)故障分析与处理： a. 灯泡不亮，检查电源连接是否牢固，双联开关是否连接正确，灯头有无连接牢靠等。 b. 三眼插座无电，检查与电源各连接处是否牢靠、紧固等。	
作业结束	清点各工器具无丢失，无留在作业现场，对作业现场进行清洁。	

项目二　三相配电及照明电路的安装

实训项目简介	三相电度表的连接方式有直接接入式和间接接入式两种。两者的区别在于负载电流的大小。当负载电流大于三相电度表的额定电流时应采用间接接入方式；当负载电流小于三相电度表的额定电流时可采用直接接入方式。本电路采用的是间接接入式。三相漏电断路器有三相三线制和三相四线制两种。使用三相三线制漏电断路器时必须将三根相线接入到漏电断路器中。该电路由主电路连接和三相电度表的连接两部分组成。主电路连接是由三相电源 U、V、W 三根相线分别穿过电流互感器然后接入到三相漏电断路器输入端，负载接在三相漏电断路器输出端。
条件、设备	三相电度表(1个)、三相漏电保护器(1个)、电流互感器(3个)、三眼插座(1个)、开关(1个)、白炽灯泡，灯座(1套)、电工实训操作台(1台)。

续上表

<table>
<tr><td>工具、计量工器具、材料</td><td colspan="2">安装工具一套(十字螺丝批、一字螺丝批、尖嘴钳、斜口钳、克丝钳、剥线钳)、2.5 mm^2铝芯线(若干)、0.3 mm^2铜芯软线(若干)。</td></tr>
<tr><td>主要技术参数</td><td colspan="2">(1)电源进线方向:按上进下出,左进右出布置。
(2)一次电线安装:按设备从左往右依次安装U、V、W相相线。
(3)导线安装:导线裸露小于1 mm。</td></tr>
<tr><td rowspan="2">安全、注意要点</td><td colspan="2">(1)学生在实训中要注意自身用电安全及设备安全,严禁带电作业。
(2)学生要遵守实训室制度,严禁违章操作。
(3)妥善保管好工具,节约用料,认真细心地安装、调试。
(4)实训中应保持桌面整洁,实训完毕马上将桌面清理干净。</td></tr>
<tr><td colspan="2">作业时间30 min,每超时1 min扣1分,超时5 min停止作业,按失格处理。</td></tr>
<tr><td rowspan="2">电路原理图</td><td colspan="2">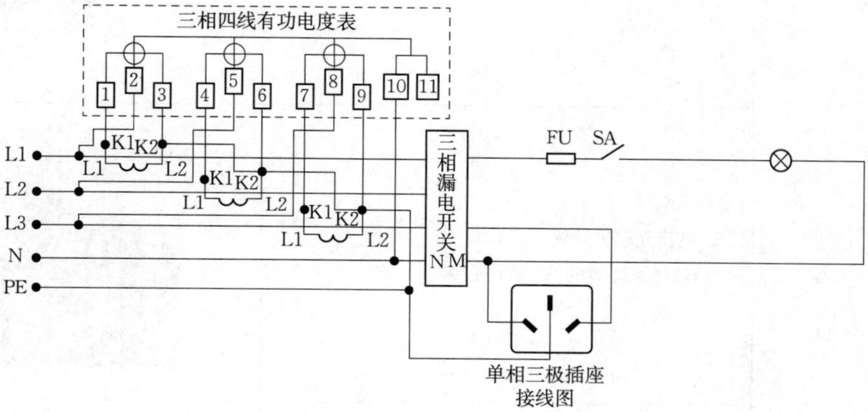
</td></tr>
<tr><td colspan="2">如图所示:三相电度表的2、5、8端子分别接在L1、L2、L3三相电源上,1端子接在U相电源线所穿过的电流互感器S1端子上,4端子接在V相电源线所穿过的电流互感器S1端子上,7端子接在W相电源线所穿过的电流互感器S1端子上,三个电流互感器的S2端子接在一起接到PE线上,三相电度表的10端子接N线。</td></tr>
<tr><td>步骤</td><td>作业内容</td><td>实物操作图片</td></tr>
<tr><td>安装步骤</td><td>1. 三相电能表接线</td><td>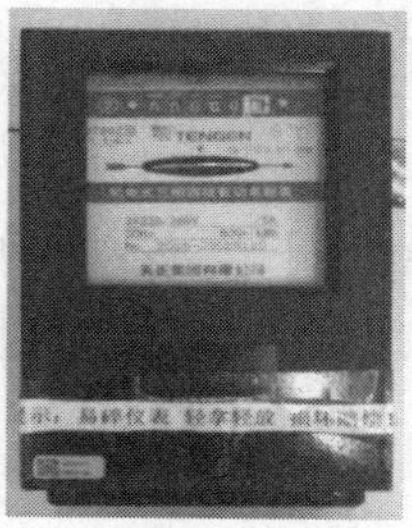</td></tr>
</table>

续上表

步骤	作业内容	实物操作图片
	(1)2、5、8 端子	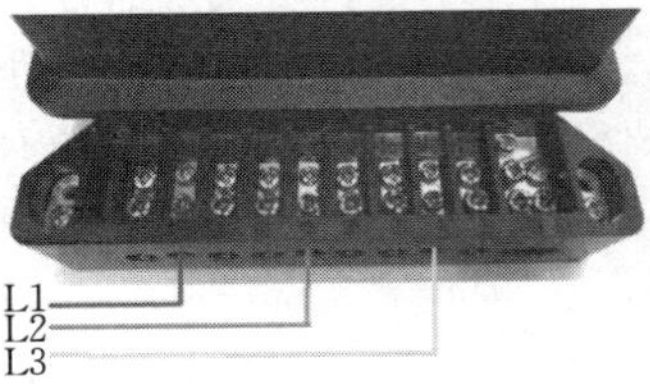
	(2)3、6、9 端子	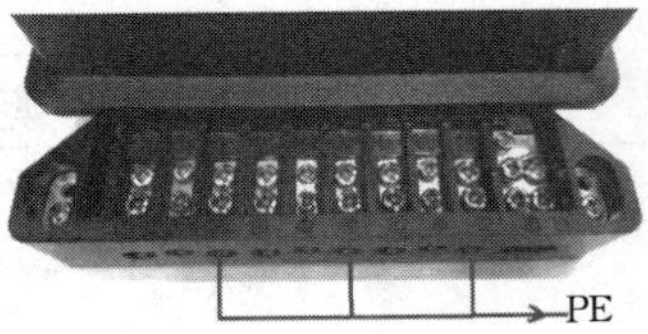
安装 步骤	2. 电流互感器接线 (1)电流互感器的 S2 端子连接	
	(2)电能表 1、4、7 端子与电流互感器 S1 的接线	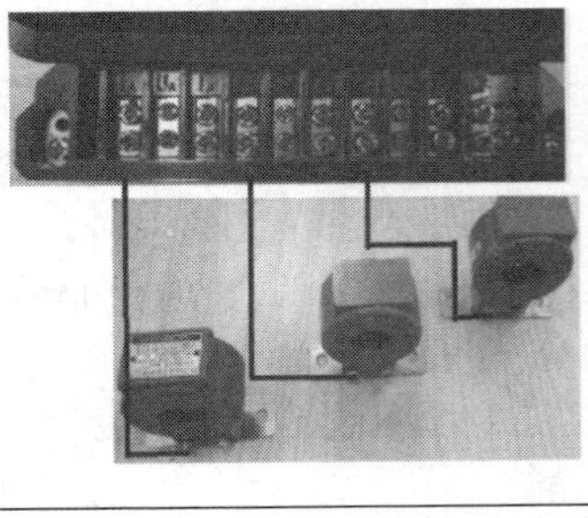
	(3)电源与三相漏电保护器的接线	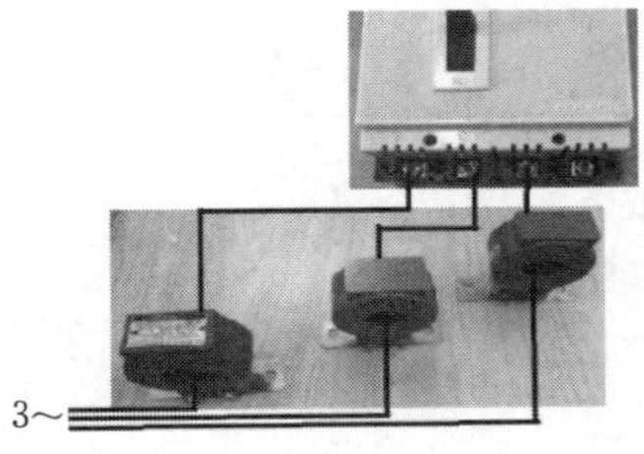

续上表

实训项目运行与调试	(1)按电路原理图接线。 (2)检查线路是否按电路原理图接线,复查接线端子是否牢固,接线方式是否准确无误,接线端子有无松动、脱落等。 (3)按图检查 3、6、9 端子与电流互感器 S2 端是否连接好,并接 PE;检查电能表 1、4、7 端子与电流互感器 S1 的接线。 (4)故障分析与处理: a. 电流互感器接线错误,检查每相电能表负责测量的电压、电流是否为电源的同一相及线路连接是否牢靠等。 b. 三相漏电保护器接线错误,检查电源侧与负荷侧连接是否正确、各连接处是否牢靠、紧固等。
作业结束	清点各工器具无丢失,无留在作业现场,对作业现场进行清洁。

项目三　三相异步电动机降压启动电路的安装

实训项目简介	三相异步电动机的启动电流是额定电流的 4 到 7 倍,当电动机容量较大,不满足直接启动条件时,不能进行直接启动,应采用减压启动。正常运行时,电动机定子绕组接成三角形,启动时,定子绕组首先接成星形,待转速上升到接近额定转速时,将定子绕组的接线由星形接成三角形,电动机便进入全电压正常运行状态。因此,功率在 4 kW 以上的三相异步电动机均为三角形接法,故都可以采用星形—三角形启动方法。
条件、设备	三相异步电动机(1 台)、三相闸刀开关(1 个)、三相双向闸刀开关(1 个)、电工实训操作台(1 台)。
工具、计量工器具、材料	安装工具一套(十字螺丝批、一字螺丝批、尖嘴钳、斜口钳、克丝钳、剥线钳)、2.5 mm^2 铝芯线(若干)、万用表(1 台)、5 号电池(1 个)。
主要技术参数	(1)电源进线方向:按上进下出,左进右出布置。 (2)一次导线安装:按设备从左往右依次安装 U、V、W 相相线。 (3)导线预制:导线裸露小于 1 mm。
安全、注意要点	(1)学生在实训中要注意自身用电安全及设备安全,严禁带电作业。 (2)学生要遵守实训室制度,严禁违章操作。 (3)妥善保管好工具,节约用料,认真细心地安装、调试。 (4)实训中应保持桌面整洁,实训完毕马上将桌面清理干净。
	作业时间 10 min,每超时 1 min 扣 1 分,超时 5 min 停止作业,按失格处理。
电路原理图	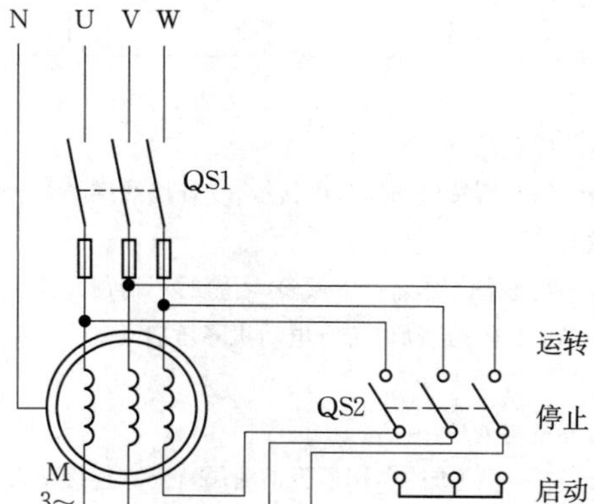
	如图所示:QS1 闭合,QS2 置于停止位置时,电机处于停止状态;QS2 置于启动位置时,电动机采用 Y 型连接,电机处于降压启动状态;QS2 置于运转位置时,电动机采用△连接,电机处于全压运转状态。

续上表

步骤	作业内容	实物操作图片
安装步骤	1. 三相异步电动机同名端的确定(直流法) (1)先用万用表欧姆挡区分 6 个线头,把相通的两个线头分为一相,则 6 个线头可分为三相(注意:测量时,不能双手同时触碰绕组的两个端子)。 (2)判断绕组的头尾。具体方法:把万用表的直流毫安挡打到最小挡,并将万用表表笔接到三相绕组的某一组两端,而电池正负极接到另一相的两个线头上。如右图所示,当开关闭合瞬间,如果表针摆向大于零,则说明电池负极所接的线头与万用表正极表笔(红)所接的线头是同名端(均可以认为是头)。以此类推,便可以测出另外两相的头和尾。	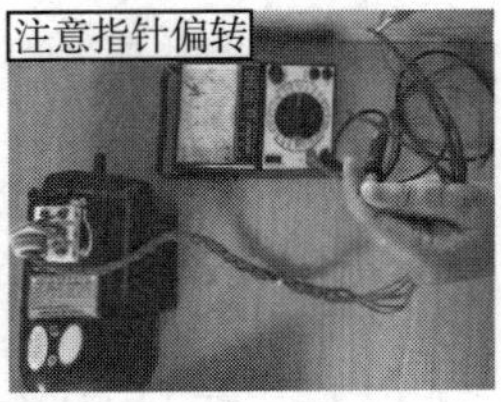 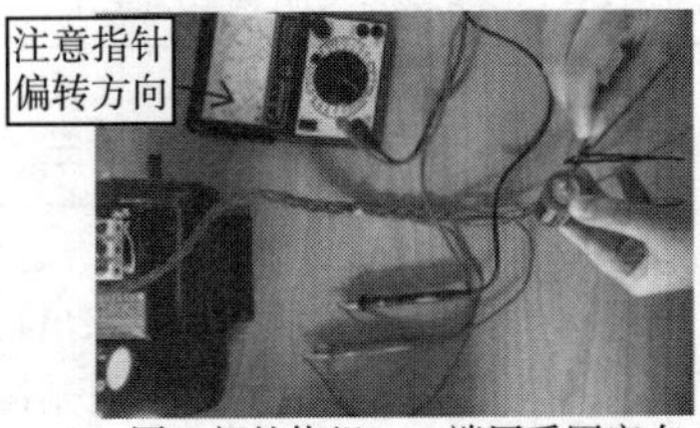 同一相的绕组,一端用手固定在电池负极,一端碰电池正极
	2. 双向闸刀开关的连接 用万用表欧姆挡检查 4 和 3.5 和 1、6 和 2 之间是否导通,电路连接是否正确。	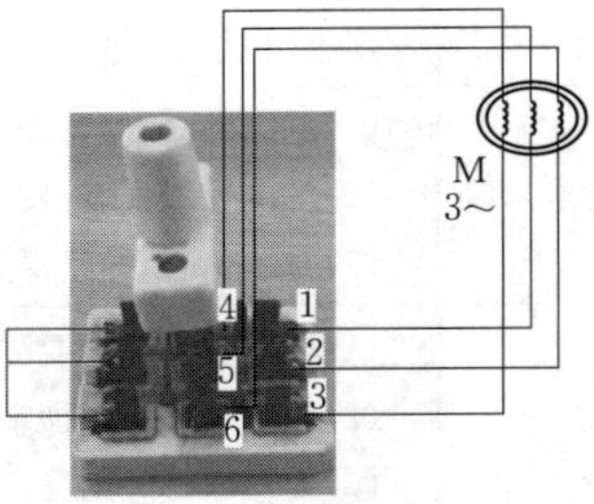 用万用表欧姆挡检查4和3、5和1、6和2之间是否导通,检验电路连接是否正确
实训项目运行与调试	(1)按电路原理图所示接线。 (2)检查线路是否按电路原理图接线,复查接线端子是否牢固,接线方式是否准确无误,接线端子有无松动、脱落等。 (3)做好一切准备工作后通电试验,实验时不得触碰电路带电部分,以发生防触电事故。具体步骤:合上 QS1→QS2 置于启动位置→电动机降压启动达到一定转速→快速将 QS2 转置于△连接→电动机全速运行。 (4)故障分析与处理: 电动机不转。①检查同名端是否正确;②Y一△连接是否连接正确。	
作业结束	清点各工器具无丢失,无留在作业现场,对作业现场进行清洁。	

项目四　三相异步电动机接触器联锁正反转控制线路安装

实训项目简介	继电接触控制在各类生产机械中获得广泛的应用，交流电动机继电接触控制电路的主要设备是交流接触器，其主要构造为：电磁系统——铁心、吸引线圈和短路环；触头系统——主触头和辅助触头，还可以按吸引线圈得电前后触头的动作状态，分动合（常开）、动断（常闭）两类；消弧系统——在切断大电流的触头上装有灭弧罩以迅速切断电弧；接线端子；反作用弹簧等。在控制回路中常采用接触器的辅助触头来实现自锁和互锁控制。要求接触器线圈得电后能自动保持动作后的状态，这就是自锁，通常通过接触器自身的动合触头与起动按钮相并联来实现，以达到电动机的长期运行，这一动合触头称为“自锁触头”。使两个电器不能同时得电动作的控制，称为互锁控制，为了避免正、反转两个接触器同时得电而造成三相电源短路事故，必须增设互锁控制环节。为操作的方便，同时防止因接触器主触头在大电流的长期烧蚀而偶发触头粘连后造成的三相电源短路事故，通常在具有正、反转控制的线路中采用既有接触器的动断辅助触头的电气互锁，又有复合按钮机械互锁的双重互锁的控制环节。
条件、设备	三相异步电动机（1台）、空气开关（1个）、交流接触器（2个）、热继电器（1个）、自复式按钮开关（1组，红、黑、绿各一个）、电工实训操作台（1台）。
工具、计量工器具、材料	安装工具一套（十字螺丝批、一字螺丝批、尖嘴钳、斜口钳、克丝钳、剥线钳）、2.5 mm^2铝芯线（若干）。
主要技术参数	（1）电源进线方向：按上进下出，左进右出布置。 （2）一次导线安装：按设备从左往右依次安装U、V、W相相线。 （3）导线预制：导线裸露小于1 mm。
安全、注意要点	（1）学生在实训中要注意自身用电安全及设备安全，严禁带电作业。 （2）学生要遵守实训室制度，严禁违章操作。 （3）妥善保管好工具，节约用料，认真细心地安装、调试。 （4）实训中应保持桌面整洁，实训完毕马上将桌面清理干净。
	作业时间45 min，每超时1 min扣1分，超时5 min停止作业，按失格处理。
电路原理图	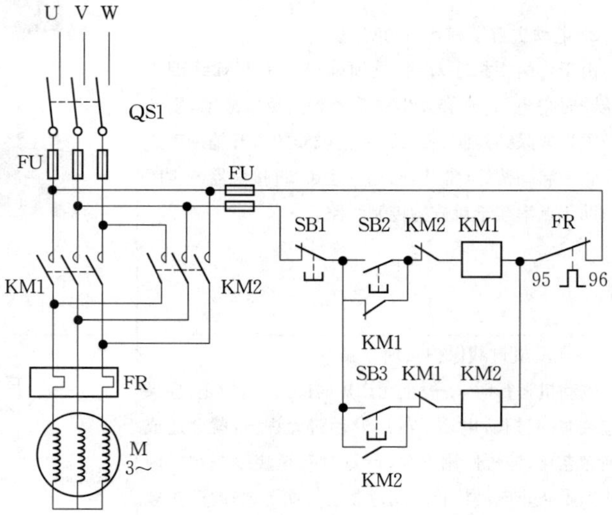

续上表

<table>
<tr><td>电路原理图</td><td colspan="2">如图所示：
(1)QS1 闭合，按下 SB2，U 相经 FU、FR(95、96 接点)加到 KM1 线圈的一端，V 相经 FU、SB1、SB2、KM2 辅助常闭触点加到 KM1 线圈的另一端，KM1 动作，KM1 主触点闭合，U、V、W 三相电源经 QS1、KM1、FR 加在电动机上，使电动机实现正转工作；同时 KM1 辅助常开触点闭合，KM1 线圈维持供电通路，从而完成自锁功能；KM1 辅助常闭触点断开，切断了 KM2 线圈的供电通路，使 KM1 线圈动作时 KM2 线圈不能动作，从而完成互锁功能。按下 SB1，切断了 KM1 线圈的供电通路，KM1 主接点断开，电动机停止运转。
(2)QS1 闭合，按下 SB3，U 相经 FU、FR(95、96 接点)加 KM2 线圈的一端，V 相经 FU、SB1、SB3、KM1 辅助常闭触点加到 KM2 线圈的另一端，KM2 动作，KM2 主接点闭合，U、V、W 三相电源经 QS1、KM2、FR 加在电动机上，使电动机实现反转工作；同时 KM2 辅助常开接点闭合，KM2 线圈维持供电通路，从而完成自锁功能；KM2 辅助常闭触点断开，切断了 KM1 线圈的供电通路，使 KM2 线圈动作时 KM1 线圈不能动作，从而完成互锁功能。
(3)按下 SB1，切断了 KM1 或 KM2 线圈的供电通路，KM1 或 KM2 主接点断开，电动机停止运转。
(4)FR 为热继电器，具有过热保护功能。当电动机电流超过额定电流时，FR(95、96)触点断开，切断了 KM1 或 KM2 线圈的供电通路，KM1 或 KM2 主接点断开，电动机停止运转。</td></tr>
<tr><td>步骤</td><td>作业内容</td><td>实物操作图片</td></tr>
<tr><td rowspan="3">安装步骤</td><td>1. 主电路正反转实现
电动机要实现正反转控制，需将其电源的相序中任意两相对调(称为换相)，通常是 V 相不变，将 U 相与 W 相对调，为了保证两个接触器动作时能够可靠调换电动机的相序，接线时应使接触器的上端(下端)接线保持一致，在接触器的下端(上端)调相。</td><td>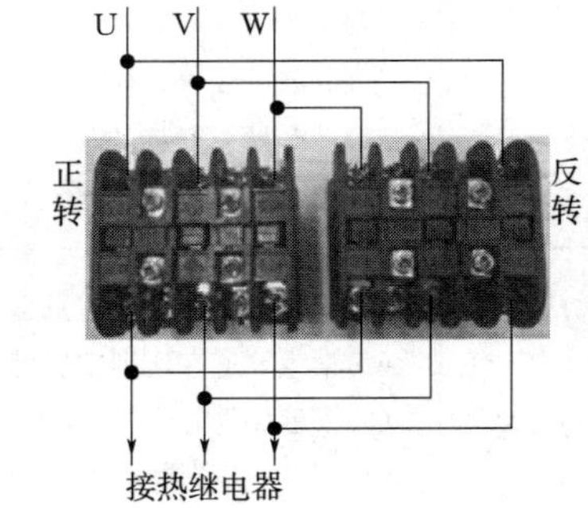
</td></tr>
<tr><td>2. 电动机自锁和互锁的实现
由于将两相相序对调，故须确保二个 KM 线圈不能同时得电，否则会发生严重的相间短路故障，因此必须采取联锁控制。自锁：将接触器的常开辅助节点并联于启动按钮(常开)两端。互锁：将接触器的常闭辅助节点串联于对方的控制线路。</td><td>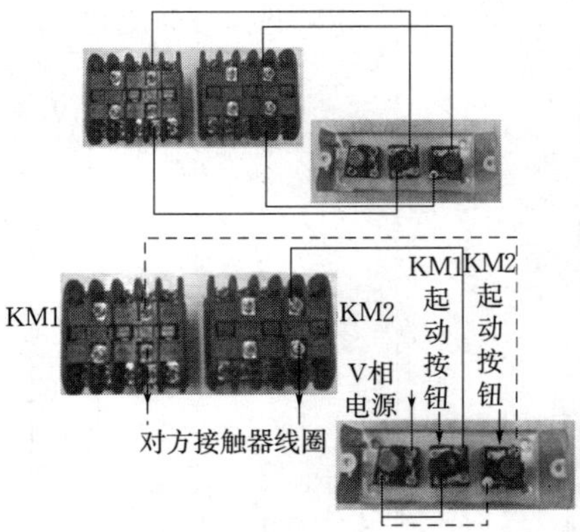
</td></tr>
<tr><td>3. 电动机过载保护实现
电动机运行时，一般是允许短时间过载，但是，如果过载时间过长，电动机的温升超过允许值，就会造成绝缘老化，缩短使用寿命，严重时甚至烧毁绕组。因此为了防止电动机长时间过载运行而造成损坏，过载时间必须加以限制，这种保护就是过载保护。</td><td>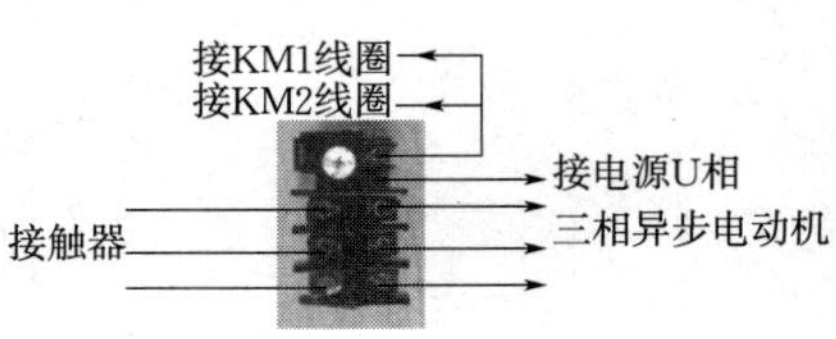
</td></tr>
</table>

续上表

实训项目 运行与调试	(1)按原理图完成三相异步电动机接触器联锁正反转控制线路接线。 (2)检查线路是否按电路原理图接线，复查接线端子是否牢固，接线方式是否准确无误，接线端子有无松动、脱落等。 (3)做好一切准备工作后通电试验，实验时不得触碰电路带电部分，以防触电事故发生。 (4)进行电路调试，具体步骤为： ①正转：按下 SB2→KM1 线圈得电→KM1 主触头闭合、自锁触点闭合、互锁触点断开（接触器互锁）→电动机启动并连续正转。 ②停止：按下 SB1→KM1 线圈失电→KM1 主触头分断、自锁触点断开、互锁触点闭合→电动机失电停止运转。 ③反转：按下 SB3→KM2 线圈得电→KM2 主触头闭合、自锁触点闭合、互锁触点断开（接触器互锁）→电动机启动并连续反转。 ④停止：按下 SB1→KM2 线圈失电→KM2 主触头分断、自锁触点断开、互锁触点闭合→电动机失电停止运转。 (5)故障分析与处理： a. 电动机不转，检查是否按图接线，电源连接是否牢固等。 b. 无自锁功能，检查自锁电路连接是否牢靠、正确等。 c. 无互锁功能，检查接触器的常闭辅助节点是否正确串入电路中。
作业结束	清点各工器具无丢失，无留在作业现场，对作业现场进行清洁。

项目五　三相异步电动机按钮联锁正反转控制线路安装

实训项目 简介	电动机从正转切换为反转时，可以通过直接按下反转起动按钮 SB2 来实现，而无须先按下停止按钮 SB3。因为在正转连续运行时按下反转起动按钮 SB2，串接在正转控制电路中的 SB2 常闭触点先分断，使正转接触器 KM1 线圈失电，同时 KM1 主触点和自锁触点也分断，电动机 M 失电，惯性运转。随后其常开触点才闭合，接通反转控制电路，电动机 M 得电连续反转运行。这样既保证了 KM1 和 KM2 的线圈不会同时得电，又可不按停止按钮而直接按反转按钮实现反转。同样，若要使电动机从反转运行变为正转运行时，也只需直接按下正转起动按钮 SB1 即可实现运行状态的直接转换。
条件、设备	三相异步电动机（1 台）、空气开关（1 个）、交流接触器（2 个）、热继电器（1 个）、自复式按钮开关（1 组，红、黑、绿各一个）、电工实训操作台（1 台）。
工具、计量工 器具、材料	安装工具一套（十字螺丝批、一字螺丝批、尖嘴钳、斜口钳、克丝钳、剥线钳）、2.5 mm^2 铝芯线（若干）。
主要技术参数	(1)电源进线方向：按上进下出，左进右出布置。 (2)一次导线安装：按设备从左往右依次安装 U、V、W 相相线。 (3)导线预制：导线裸露小于 1 mm。
安全、注意要点	(1)学生在实训中要注意自身用电安全及设备安全，严禁带电作业。 (2)学生要遵守实训室制度，严禁违章操作。 (3)妥善保管好工具，节约用料，认真细心地安装、调试。 (4)实训中应保持桌面整洁，实训完毕马上将桌面清理干净。
	作业时间 45 min，每超时 1 min 扣 1 分，超时 5 min 停止作业，按失格处理。

续上表

<table>
<tr><td rowspan="2">电路原理图</td><td colspan="2">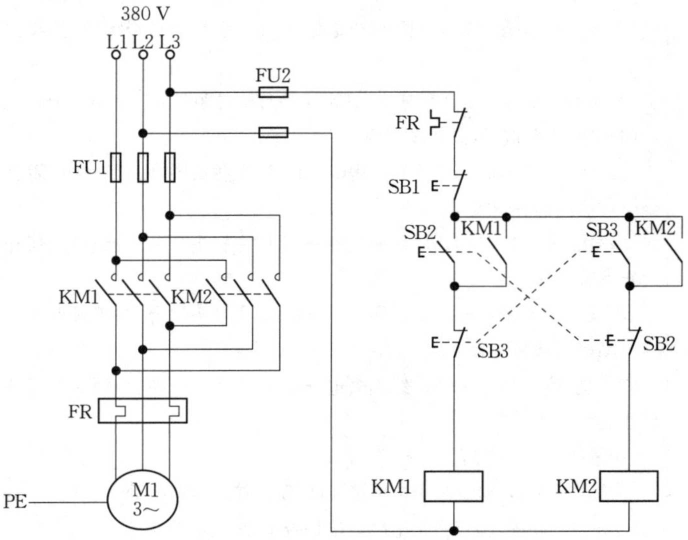
</td></tr>
<tr><td colspan="2">如图所示：
（1）按下 SB2，U 相经 FU2、FR（95、96 接点）、SB1、SB2、SB3 常闭触点加到 KM1 线圈的一端，V 相经 FU2、SB1、SB2、SB2 常闭接点加到 KM1 线圈的另一端，KM1 动作，KM1 主接点闭合，U、V、W 三相电源经 KM1、FR 加在电动机上，使电动机实现正转工作；KM1 辅助常开触点闭合，维持了 KM2 线圈的供电通路，实现了自锁功能。按下 SB2 的常开触点闭合的同时 SB2 的常闭触点断开，断开了 KM2 的供电通路，从而完成互锁功能；按下 SB1，切断了 KM1 线圈的供电通路，KM1 主触点断开，电动机停止运转。
（2）按下 SB3，U 相经 FU、FR（95、96 接点）加 KM2 线圈的一端，V 相经 FU、SB1、SB3、SB2 常闭触点加到 KM2 线圈的另一端，KM2 动作，KM2 主触点闭合，U、V、W 三相电源经 KM2、FR 加在电动机上，使电动机实现反转工作；同时 KM2 辅助常开接点闭合，给 KM2 线圈维持供电通路，从而完成自锁功能；SB3 常闭触点断开，切断了 KM1 线圈的供电通路，实现了互锁功能。
（3）按下 SB1，切断了 KM1 或 KM2 线圈的供电通路，KM1 或 KM2 主接点断开，电动机停止运转。
（4）FR 为热继电器，具有过热保护功能。当电动机电流超过额定电流时，FR（95、96）接点断开，切断了 KM1 或 KM2 线圈的供电通路，KM1 或 KM2 主触点断开，电动机停止运转。</td></tr>
<tr><td>步骤</td><td>作业内容</td><td>实物操作图片</td></tr>
<tr><td>安装
步骤</td><td>按钮联锁的连接：
KM1 和 KM2 主触头的连接方法、自锁电路的连接方法、热继电器电路的连接方法参见项目四。</td><td>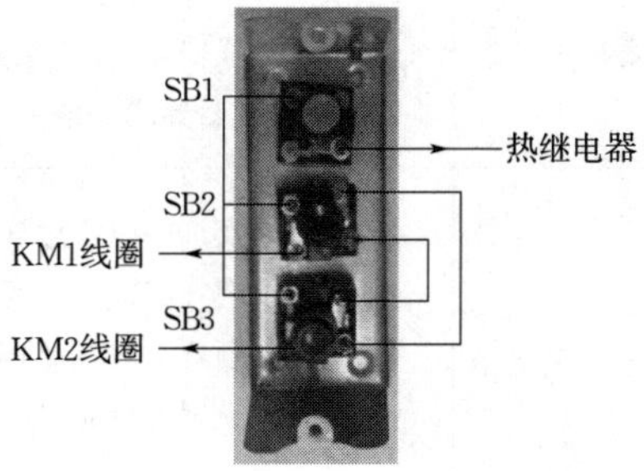
</td></tr>
</table>

续上表

实训项目 运行与调试	(1)按图所示三相异步电动机按钮联锁正反转控制线路接线。 (2)检查线路是否按电路原理图接线,复查接线端子是否牢固,接线方式是否准确无误,接线端子有无松动、脱落,自复式按钮开关是否有卡滞现象等。 (3)进行电路调试,具体步骤为: ①正转:按下 SB2 ,SB2 常开节点闭合、常闭节点断开(按钮互锁)→KM1 线圈得电→KM1 主触点闭合、自锁触点闭合→电动机启动并连续正转。 ②停止:按下 SB1→KM1 线圈失电→KM1 主触点分断、自锁触点断开→电动机失电停止运转。 ③反转:按下 SB3,SB3 常开节点闭合、常闭节点断开(按钮互锁)→KM2 线圈得电→KM2 主触点闭合、自锁触点闭合、互锁触点断开→电动机启动并连续反转。 ④停止:按下 SB1→KM2 线圈失电→KM2 主触点分断、自锁触点断开→电动机失电停止运转。 (4)故障分析与处理: a. 接触器线圈不吸合,检查是否按图接线,电源连接是否牢固等。 b. 无自锁功能,检查自锁电路连接是否牢靠、正确等。 c. 无互锁功能,检查按钮开关的常闭辅助触点是否正确串入电路中。 d. 电路出现短路跳闸现象:检查接触器主触头连接是否正确,按钮开关的启动按钮是否接到常闭触点等。
作业结束	清点各工器具无丢失,无留在作业现场,对作业现场进行清洁。

项目六 三相异步电动机按钮和接触器双重联锁正反转控制线路安装

实训项目 简介	项目四和项目五中,按下正转按钮,则电动机正转,按下反转按钮,则电动机反转,但是,如果正转接触器主触点由于某种原因没有断开,而又按下反转按钮后,电源将出现短路故障。为防止短路故障出现,采用按钮联锁和接触器联锁同时进行的控制线路。这种两种联锁同时使用的线路称为双重联锁的正反转控制线路。
条件、设备	三相异步电动机(1 台)、空气开关(1 个)、交流接触器(2 个)、热继电器(1 个)、自复式按钮开关(1 组,红、黑、绿各一个)、电工实训操作台(1 台)。
工具、计量工器具、材料	安装工具一套(十字螺丝批、一字螺丝批、尖嘴钳、斜口钳、克丝钳、剥线钳)、2.5 mm^2 铝芯线(若干)。
主要技术参数	(1)电源进线方向:按上进下出,左进右出布置。 (2)一次导线安装:按设备从左往右依次安装 U、V、W 相相线。 (3)导线预制:导线裸露小于 1 mm。

续上表

<table>
<tr><td rowspan="2">安全、注意要点</td><td>(1)学生在实训中要注意自身用电安全及设备安全，严禁带电作业。
(2)学生要遵守实训室制度，严禁违章操作。
(3)妥善保管好工具，节约用料，认真细心地安装、调试。
(4)实训中应保持桌面整洁，实训完毕马上将桌面清理干净。</td></tr>
<tr><td>作业时间 45 min，每超时 1 min 扣 1 分，超时 5 min 停止作业，按失格处理。</td></tr>
<tr><td rowspan="2">电路原理图</td><td>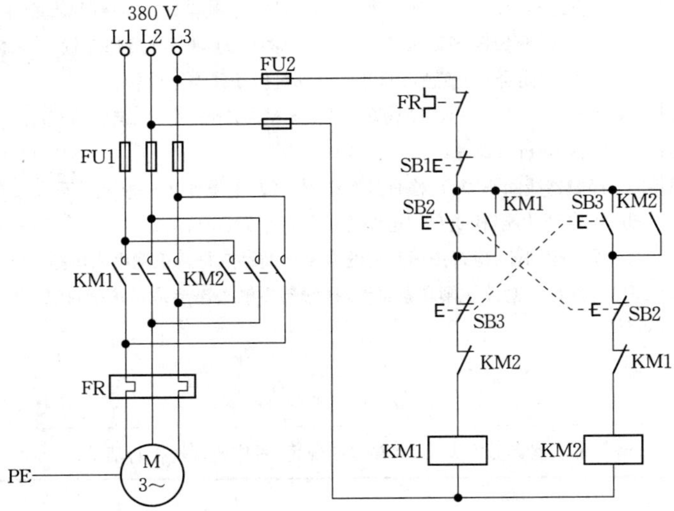
</td></tr>
<tr><td>如图所示：
(1)按下 SB2，U 相经 FU、FR(95、96 接点)加到 KM1 线圈的一端，V 相经 FU、SB1、SB2、SB3、KM2 辅助常闭触点加到 KM1 线圈的另一端，KM1 动作，KM1 主触点闭合，U、V、W 三相电源经 KM1、FR 加在电动机上，使电动机实现正转工作；同时 KM1 辅助常开触点闭合，给 KM1 线圈维持供电通路，从而完成自锁功能；KM1 辅助常闭触点断开，切断了 KM2 线圈的供电通路，实现了当 KM1 线圈动作时 KM2 线圈不能动作从而完成互锁功能。按下 SB1 或 SB3 时，切断了 KM1 线圈的供电通路，KM1 主接点断开，电动机停止运转。
(2)按下 SB3，U 相经 FU、FR(95、96 接点)加到 KM2 线圈的一端，V 相经 FU、SB1、SB3、SB2、KM1 辅助常闭触点加 KM2 线圈的另一端，KM2 动作，KM2 主触点闭合，U、V、W 三相电源经 KM2、FR 加在电动机上，使电动机实现反转工作；同时 KM2 辅助常开触点闭合，给 KM2 线圈维持供电通路，从而完成自锁功能；KM2 辅助常闭触点断开，切断了 KM1 线圈的供电通路，实现了当 KM2 线圈动作时 KM1 线圈不能动作从而完成互锁功能。
(3)按下 SB1，切断了 KM1 或 KM2 线圈的供电通路，KM1 或 KM2 主触点断开，电动机停止运转。
(4)FR 为热继电器，具有过热保护功能。当电动机电流超过额定电流时，FR(95、96)触点断开，切断了 KM1 或 KM2 线圈的供电通路，KM1 或 KM2 主触点断开，电动机停止运转。
(5)当按下 SB2 时，KM1 线圈的供电通路接通，KM2 线圈的供电通路被切断；当按下 SB3 时，KM2 线圈的供电通路接通，KM1 线圈的供电通路被切断；从而可实现按键互锁功能。</td></tr>
</table>

续上表

步骤	作业内容	实物操作图片
安装 步骤	双重联锁的实现： KM1 和 KM2 主触点的连接方法、自锁电路的连接方法、热继电器电路的连接方法参见项目四。	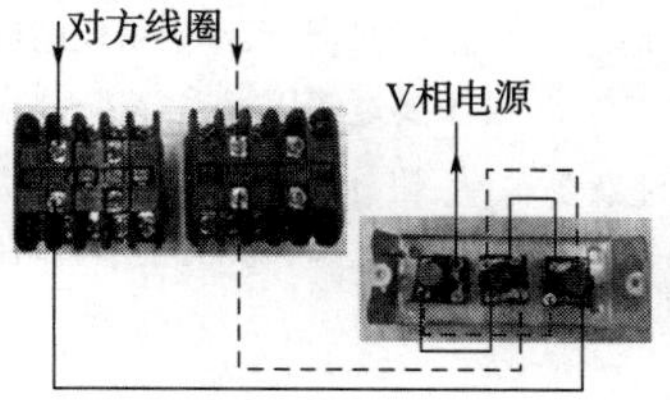
实训项目 运行与调试	(1)按图所示完成按钮和接触器双重联锁正反转控制线路接线。 (2)检查线路是否按电路原理图接线，复查接线端子是否牢固，接线方式是否准确无误，接线端子有无松动、脱落，自复式按钮开关是否有卡滞现象等。 (3)做好一切准备工作后进行通电试验，实验时不得触碰电路带电部分，以防触电事故发生。 ①正转：按下 SB2，SB2 常开触点闭合、常闭触点断开(按钮互锁)→KM1 线圈得电→KM1 主触点闭合、自锁触点闭合、常闭触点断开(接触器互锁)→电动机启动并连续正转。 ②停止：按下 SB1→KM1 线圈失电→KM1 主触点分断、自锁触点断开→电动机失电停止运转。 ③反转：按下 SB3，SB3 常开触点闭合、常闭触点断开(按钮互锁)→KM2 线圈得电→KM2 主触点闭合、自锁触点闭合、常闭触点断开(接触器互锁)→电动机启动并连续反转。 ④停止：按下 SB1→KM2 线圈失电→KM2 主触点分断、自锁触点断开→电动机失电停止运转。 (4)故障分析与处理： a. 接触器线圈不吸合，检查是否按图接线，电源连接是否牢固等。 b. 无自锁功能，检查自锁电路连接是否牢靠、正确等。 c. 无双重互锁功能，检查按钮的常闭触点和接触器的常闭辅助触点是否按图接线、接线端子是否牢固等。	
作业结束	清点各工器具无丢失，无留在作业现场，对作业现场进行清洁。	

项目七　触电急救

实训项目简介	人触电后，电流可能直接流过人体的内部器官，导致心脏、呼吸和中枢神经系统机能紊乱，形成电击；或者电流的热效应、化学效应和机械效应对人体的表面造成电伤。无论是电击还是电伤，都会带来严重的伤害，甚至危及生命。因此，触电的现场急救方法已经成为必须熟练掌握的急救技术。
条件、设备	FSR-Ⅲ模拟人(1 个)。
工具、计量工器具、材料	屏蔽面膜、75％的酒精(医用乙醇)、脱脂棉(1 包)。
主要技术参数	(1)触电者脱离电源的方法。 (2)触电急救——人工呼吸法。 (3)触电急救——胸外心脏按压法。

续上表

<table>
<tr><td rowspan="2">安全、注意要点</td><td colspan="2">(1)注意模拟人摆放要仰卧平放，接通操作记录仪连接模拟人和电源后，不要随意插拔插头。
(2)打开操作记录仪的电源开关，按下训练按钮，此时可任意做呼吸和按压操作，调整时间和模式时，不要过于用力。
(3)在练习操作时，吹气量不足记录仪不会计数，按压力度不够或部位不正确，记录仪不会计数或发出“滴、滴、滴”的提示声，在按压过程中，应注意不要忽然用力过大或长时间按压位置不对，以免损坏仪器。</td></tr>
<tr><td colspan="2">作业时间 1 min，具体考核办法参见评分表。</td></tr>
<tr><td>步骤</td><td>作业内容</td><td>实物操作图片</td></tr>
<tr><td rowspan="3">操作
步骤</td><td>1. 使人体和带电体分离
(1)关掉总电源，拉开闸刀开关或拔掉熔断器。
(2)如果是家用电器引起的触电，可拔掉插头。
(3)使用有绝缘柄的电工钳，将电线切断。
(4)用绝缘物从带电体上拉开触电者。</td><td></td></tr>
<tr><td>2. 模拟人操作方法
(1)让模拟人仰卧，接通记录仪，一手托触电者后颈或在颈后垫上小枕头，使模拟人头部充分后仰，畅通气道。清除口中异物，救护人跪在触电者一侧。</td><td>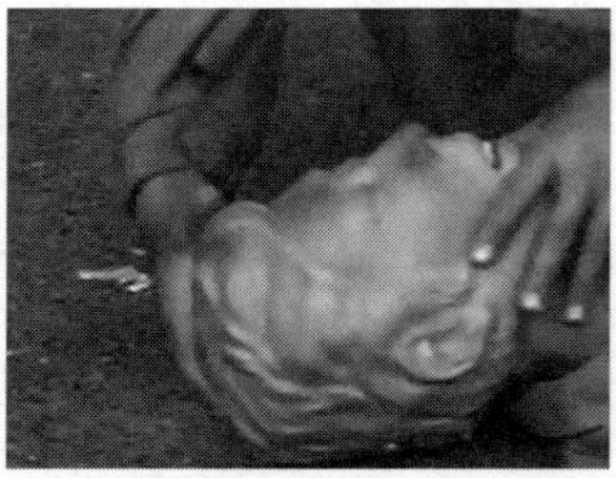
</td></tr>
<tr><td>(2)救护人深吸一口气，向触电者口内吹气，同时捏住鼻翼使其鼻孔关闭，以防止漏气。吹气 2 s，离开触电者的口，松开鼻翼，让其自行呼气 3 s。</td><td>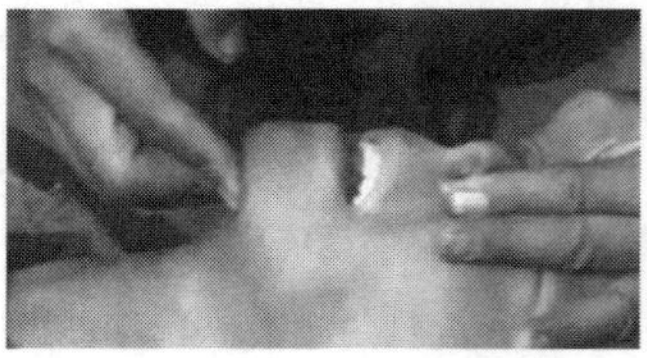</td></tr>
</table>

续上表

步骤	作业内容	实物操作图片
操作步骤	(3)胸外按压：以中指对准锁骨凹堂，掌心自然对准按压点(心窝)。双手重叠垂直向下按压 3～4 cm，然后放松，要慢压突放，每分钟按压 100～120 次，如右图所示。	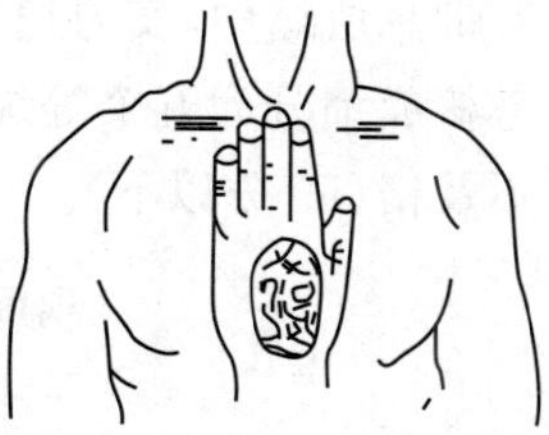 (a) 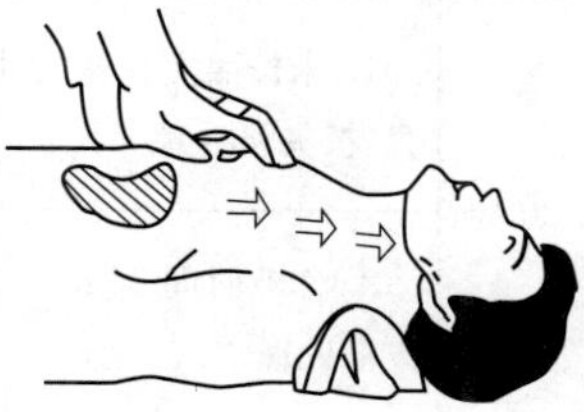 (b) 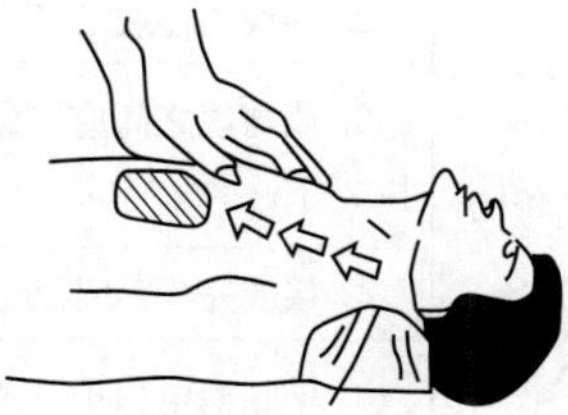 (c)
	(4)记录仪操作要求：单人操作，先进行 2 次人工呼吸，并在规定的 60～75 s 内，按压 15 次，呼吸 2 次，依次重复四遍，呼吸气量不小于 1 200 mL。模拟人救活后有悦耳的音乐声，眼睛瞳孔会自行缩小，并有颈动脉跳动。	
施救过程中的注意事项	(1)发现有人触电应设法使其尽快脱离电源。 (2)使触电人脱离电源的同时，还应防止触电人脱离电源后发生二次伤害，如应采取措施预防触电人在解脱电源时从高处坠落。 (3)触电人脱离电源后，若其呼吸停止，心脏不跳动，必须立即就地进行抢救。 (4)救护工作应持续进行，不能轻易中断，即使在送往医院的过程中，也不能中断抢救。 (5)如触电人触电后已出现外伤，处理外伤不应影响抢救工作。 (6)对触电人急救期间，千万不要给触电者打强心针或拼命摇动触电者，以免触电者的情况更加恶化。 (7)夜间发生触电事故时，切断电源会同时使照明失电，应考虑切断后的临时照明，如应急灯等，以利于救护。 (8)当抢救者面色好转、嘴唇逐渐红润、瞳孔缩小、心跳和呼吸恢复正常，即表明抢救有效。	
作业结束	清点各工器具无丢失，无留在作业现场，对作业现场进行清洁。	

七、考核标准

1. 实训总成绩中，实习纪律占10%，实习报告占10%，实习成绩占80%。

2. 考核成绩分为五个等级：优(90分以上)、良(80～89分)、中(70～79分)、及格(60～69分)、不及格(59分以下)。

项目一　单相配电盘及照明线路安装评分表

班级：　　　　　　　　　　　　　　　姓名：　　　　　　　　　　　　　　　序号：

项目及配分		考核内容及评分标准	扣分因素及扣分	得分
作业程序	30分	1. 未按照实训指导书完成指定作业内容或不能实现指定作业内容，按失格处理		
		2. 作业时间20 min，每超时1 min扣1分，超时5 min停止作业，按失格处理		
质量	40分	1. 线头露出触点处超过1mm以上，每处扣2分		
		2. 导线与连接端子出现压胶皮等，每处扣2分		
		3. 线与线之间应该保持平行，应达到横平竖直的要求，不达标每处扣2分		
		4. 接线完毕，要保证整体美观，不能浪费材料，每处扣5分		
		5. 单相漏电保护开关接反，三眼插座和双联开关摆放不合理，每件扣5分		
工具使用	10分	1. 工具、材料零部件不齐，每少一件扣1分		
		2. 使用工具不当，使用错误每次扣2分；工具掉落每次扣5分；损坏扣10分；击打零件，一次扣5分		
安全及其他	20分	1. 出现伤害事故按失格处理		
		2. 未按规定穿戴齐个人劳保用品，每少1件扣10分		
		3. 发生皮外伤扣5分		
合计	100分			

考评员(签字)：　　　　　　　　　　　　　　　　　　　　　　　　　日期：

项目二　三相配电及照明电路的安装评分表

班级：　　　　　　　　　　　　　　　姓名：　　　　　　　　　　　　　　　序号：

任务及配分		考核内容及评分标准	扣分因素及扣分	得分
作业程序	30分	1. 未按照实训指导书完成指定作业内容或不能实现指定作业内容，按失格处理		
		2. 作业时间30 min，每超时1 min扣1分，超时5 min停止作业，按失格处理		

续上表

任务及配分		考核内容及评分标准	扣分因素及扣分	得分
质量	40分	1. 线头露出触点处超过1 mm以上，每处扣1分		
		2. 导线与连接端子出现压胶皮等，每处扣2分		
		3. 线与线之间应该保持平行，应达到横平竖直的要求，不达标每处扣2分		
		4. 接线完毕，要保证整体美观，不能浪费材料，每处扣5分		
		5. 三相电度表、三相漏电开关等设备安装位置不合适，每件扣5分		
工具使用	10分	1. 工具、材料零部件不齐，每少一件扣1分		
		2. 使用工具不当，使用错误每次扣2分；工具掉落每次扣5分；损坏扣10分；击打零件，一次扣5分		
安全及其他	20分	1. 出现伤害事故按失格处理		
		2. 未按规定穿戴齐个人劳保用品，每少1件扣10分		
		3. 发生皮外伤扣5分		
合计	100分			

考评员（签字）：　　　　　　　　　　　　　　　　　　　　日期：

项目三　三相异步电动机降压启动电路的安装评分表

班级：　　　　　　　　　　　　姓名：　　　　　　　　　　　　序号：

任务及配分		考核内容及评分标准	扣分因素及扣分	得分
作业程序	30分	1. 未按照实训指导书完成指定作业内容或不能实现指定作业内容，按失格处理		
		2. 作业时间10 min，每超时1 min扣1分，超时5 min停止作业，按失格处理		
质量	40分	1. 线头露出触点处超过1 mm以上，每处扣1分		
		2. 导线与连接端子出现压胶皮等，每处扣2分		
		3. 线与线之间应该保持平行，应达到横平竖直的要求，不达标每处扣2分		
		4. 接线完毕，要保证整体美观，不能浪费材料，每处扣5分		
		5. 万用表使用不正确，每次扣5分		
工具使用	10分	1. 工具、材料零部件不齐，每少一件扣1分		
		2. 使用工具不当，使用错误每次扣2分；工具掉落每次扣5分；损坏扣10分；击打零件，一次扣5分		
安全及其他	20分	1. 出现伤害事故按失格处理		
		2. 未按规定穿戴齐个人劳保用品，每少1件扣10分		
		3. 发生皮外伤扣5分		
合计	100分			

考评员（签字）：　　　　　　　　　　　　　　　　　　　　日期：

项目四　三相异步电动机接触器联锁正反转控制线路安装评分表

班级：　　　　　　　　　　　　　姓名：　　　　　　　　　　　　　序号：

项目及配分		考核内容及评分标准	扣分因素及扣分	得分
作业程序	30分	1. 未按照实训指导书完成指定作业内容或不能实现指定作业内容，按失格处理		
		2. 作业时间45 min，每超时1 min扣1分，超时5 min停止作业，按失格处理		
质量	40分	1. 线头露出触点处超过1 mm以上，每处扣1分		
		2. 导线与连接端子出现压胶皮等，每处扣2分		
		3. 线与线之间应该保持平行，应达到横平竖直的要求，不达标每处扣2分		
		4. 接线完毕，要保证整体美观，不能浪费材料，每处扣5分		
		5. 调试中，胡乱按动开关一次扣5分		
		6. 布线不合理，或开关盒内线路安装不合理，扣5分		
工具使用	10分	1. 工具、材料零部件不齐，每少一件扣1分		
		2. 使用工具不当，使用错误每次扣2分；工具掉落每次扣5分；损坏扣10分；击打零件，一次扣5分		
安全及其他	20分	1. 出现伤害事故按失格处理		
		2. 未按规定穿戴齐个人劳保用品，每少1件扣10分		
		3. 调试过程中，通电试验有危险因素，扣10分		
		4. 发生皮外伤扣5分		
合计	100分			

考评员(签字)：　　　　　　　　　　　　　　　　　　　　　　　日期：

项目五　三相异步电动机按钮联锁正反转控制线路安装评分表

班级：　　　　　　　　　　　　　姓名：　　　　　　　　　　　　　序号：

项目及配分		考核内容及评分标准	扣分因素及扣分	得分
作业程序	30分	1. 未按照实训指导书完成指定作业内容或不能实现指定作业内容，按失格处理		
		2. 作业时间45 min，每超时1 min扣1分，超时5 min停止作业，按失格处理		
质量	40分	1. 线头露出触点处超过1 mm以上，每处扣1分		
		2. 导线与连接端子出现压胶皮等，每处扣2分		
		3. 线与线之间应该保持平行，应达到横平竖直的要求，不达标每处扣2分		
		4. 接线完毕，要保证整体美观，不能浪费材料，每处扣5分		
		5. 调试中，胡乱按动开关一次扣5分		
		6. 布线不合理，或开关盒内线路安装不合理，扣5分		

续上表

项目及配分		考核内容及评分标准	扣分因素及扣分	得分
工具使用	10分	1. 工具、材料零部件不齐，每少一件扣1分		
		2. 使用工具不当，使用错误每次扣2分；工具掉落每次扣5分；损坏扣10分；击打零件，一次扣5分		
安全及其他	20分	1. 出现伤害事故按失格处理		
		2. 未按规定穿戴齐个人劳保用品，每少1件扣10分		
		3. 调试过程中，通电试验有危险因素，扣10分		
		4. 发生皮外伤扣5分		
合计	100分			

考评员(签字)：　　　　　　　　　　　　　　　　　　　　　　日期：

项目六　三相异步电动机按钮和接触器双重联锁正反转控制线路安装评分表

班级：　　　　　　　　　　　　姓名：　　　　　　　　　　　　序号：

项目及配分		考核内容及评分标准	扣分因素及扣分	得分
作业程序	30分	1. 未按照实训指导书完成指定作业内容或不能实现指定作业内容，按失格处理		
		2. 作业时间45 min，每超时1 min扣1分，超时5 min停止作业，按失格处理		
质量	40分	1. 线头露出触点处超过1 mm以上，每处扣1分		
		2. 导线与连接端子出现压胶皮等，每处扣2分		
		3. 线与线之间应该保持平行，应达到横平竖直的要求，不达标每处扣2分		
		4. 接线完毕，要保证整体美观，不能浪费材料，每处扣5分		
		5. 调试中，胡乱按动开关一次扣5分		
		6. 布线不合理，或开关盒内线路安装不合理，扣5分		
工具使用	10分	1. 工具、材料零部件不齐，每少一件扣1分		
		2. 使用工具不当，使用错误每次扣2分；工具掉落每次扣5分；损坏扣10分；击打零件，一次扣5分		
安全及其他	20分	1. 出现伤害事故按失格处理		
		2. 未按规定穿戴齐个人劳保用品，每少1件扣10分		
		3. 调试过程中，通电试验有危险因素，扣10分		
		4. 发生皮外伤扣5分		
合计	100分			

考评员(签字)：　　　　　　　　　　　　　　　　　　　　　　日期：

项目七　触电急救评分表

班级：　　　　　　　　　　　　姓名：　　　　　　　　　　　　序号：

项目及配分		考核内容及评分标准	扣分因素及扣分	得分
作业程序	100分	1. 1分钟CPR急救，胸外心脏每分钟按压100～120次，每错误1次扣5分，按压正确次数为不足100次或超过120次的数字加入错误次数计算		
		2. 1分钟CPR急救，人工呼吸每分钟12次，吹“2”停“3”，错误1次扣10分		
		3. 未按规定穿戴齐个人劳保用品，每少1件扣10分		
		4. 发生皮外伤扣5分		
合计	100分			

考评员(签字)：　　　　　　　　　　　　　　　　　　日期：

课程七　城市轨道交通车辆总体认识实训

一、实训目的

本课程使学生进行专业课学习之前对本专业所从事的岗位有一个初级的认识，增进学生对专业的感性认识，构建学生对本专业所要学习内容的框架，明确学习的方向，增强学生对专业的学习积极性。

1. 学习安全知识，为实习顺利进行打基础。
2. 通过课程介绍，了解课程的内容与要求。
3. 通过对车体的总体认知，了解车体的外部结构与内部设施。
4. 通过对车辆组成部件的认知，了解车体的基本功能。
5. 通过PPT的交流，培养学生团队合作与语言表达能力。
6. 通过学生对知识的总结与分享，了解学生实习的效果。

二、实训任务

(一)安全教育

通过对现场作业的安全知识和相关规章制度进行学习，规范学生安全作业意识。

(二)城市轨道交通车辆总体布置认识

认识城市轨道车辆总体布置，编组方式、内饰环境、车底设备等。

(三)城市轨道交通车辆主要组成部件认识

认识城市轨道交通车辆的主要组成部件，包括转向架、车钩、车门、制动风源系统、空调系统、受电弓等设备。

(四)城市轨道交通车站认识

认识城市轨道交通车站的组成及主要系统、设备。

(五)城市轨道交通车辆模拟驾驶体验

认识城市轨道交通车辆的驾驶台,了解列车驾驶操作流程。

(六)城市轨道交通供电系统认识

认识城市轨道交通供电系统的结构。

(七)实训汇报

体系化实训学习任务,掌握团队合作技能。

三、实训预备知识

掌握城市轨道交通概论的专业理论知识,具备对城市轨道交通的基本认识。

四、主要仪器设备及使用、操作安全注意事项

1. 主要仪器设备

城市轨道交通车辆B型车(Tc车)、转向架、车钩、车门、空调、受电弓、地铁车站、城市轨道交通车辆模拟驾驶器、刚性接触网等。

2. 实训操作安全注意事项

(1)训练过程中必须注意检查并保持工作台、架的牢固性。

(2)拆卸的设备必须放置在专用的台、架或垫子上,并安放牢固。

(3)其他未尽事项应参照实训室安全注意事项的具体要求进行。

3. 实训课堂要求

(1)参加实训的学生要服从教师的指导和安排,确保自己的人身安全及实训设备的安全。

(2)严格遵守实训纪律,遵守实训的操作规则,穿好劳动安全保护用品,在教师的指导下按照指导书的要求完成实训任务,不违章操作。

(3)不迟到、不早退、不旷课,不在实训教室打闹,不做与实训教学无关的事情。

(4)爱护教学设施和实训设备,每天的实训教学结束后实训设备应摆放整齐,做好教室的清洁卫生,关好门、窗、风、水、电。

五、实训的组织管理

实训分组安排:每组5～6人。

六、实训项目简介、实训步骤指导与注意事项

项目一　安全教育

本项目的主要内容是对现场作业的安全知识和相关的规章制度进行学习,通过此项目让学生明白现场安全的重要性并初步掌握现场作业的规章制度。

1. 现场作业的安全知识讲解。

2. 现场作业相关的规章制度讲解。

项目二　城市轨道交通车辆总体布置认识

1. 列车编组方式

城市轨道交通列车 B 型车由两个单元共 6 辆车组成，每个单元由 1 辆拖车(Tc 车)加 2 辆动车(Mp、M 车)组成，编组方式：＋Tc＊Mp＊M＝M＊Mp＊Tc＋，如图 7-1 所示。

一个单元内的三辆车之间通过半永久车钩进行机械连接，两个单元间以半自动车钩联挂，电气连接通过跨接电缆实现，气动功能则通过用于连接车辆的软管进行传递。

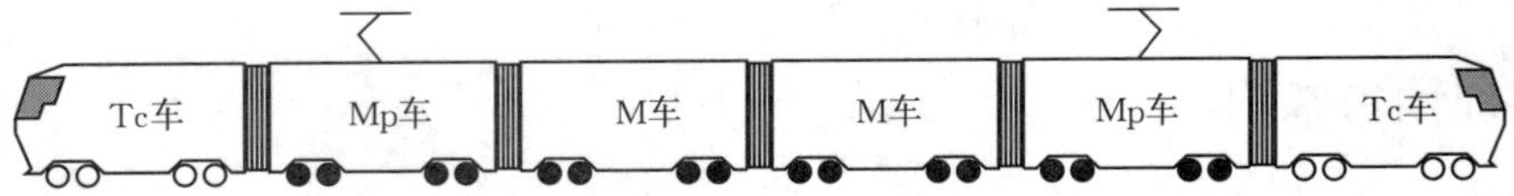

图 7-1　B 型车编组

Tc—带司机室的拖车；Mp—带受电弓的动车；M—不带受电弓的动车；
＋—全自动车钩；＊—半永久牵引杆；＝—半自动车钩

2. 车体内装

城市轨道交通车辆内装是指车辆与乘客直接接触的部件，直接反映车辆的美观性、舒适性。内装结构按照功能、安装位置主要分为：中顶板及出风格栅、侧顶板、侧墙和门立柱罩、客室座椅、立柱扶手、客室端墙及电器柜、司机室隔墙及电器柜等，如图 7-2 所示。

图 7-2　车体内装

3. 车底设备

Tc 车、Mp 车和 M 车的底架设备布置如图 7-3～图 7-5 所示。

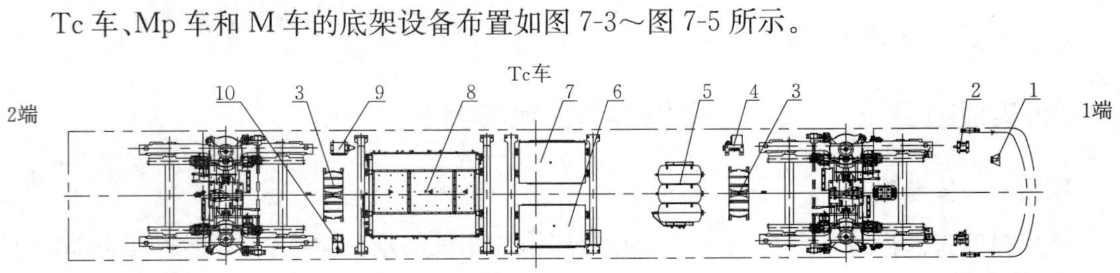

图 7-3　Tc 车底架设备布置

1—电笛；2—轮缘润滑装置；3—空气簧附加风缸；4—带 CUBE 的网关阀；5—主风缸模块；
6—蓄电池 2；7—蓄电池 1；8—辅助电源箱；9—紧急逆变器；10—智能阀

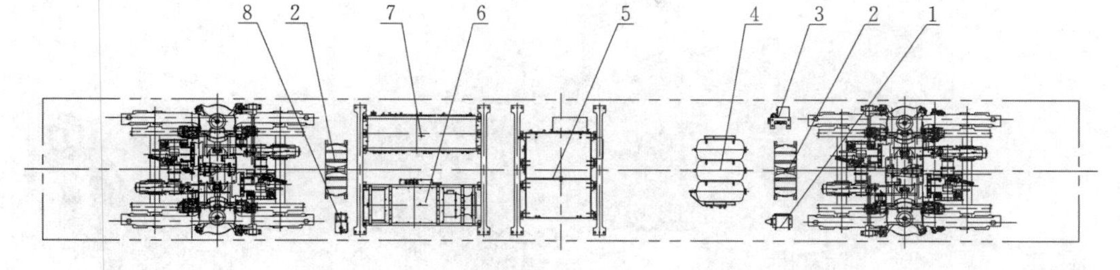

图 7-4　Mp 车底架设备布置

1—紧急逆变器；2—空气簧附加风缸；3—带 CUBE 的智能阀；4—主风缸模块；
5—牵引逆变器；6—制动电阻；7—高压箱；8—智能阀

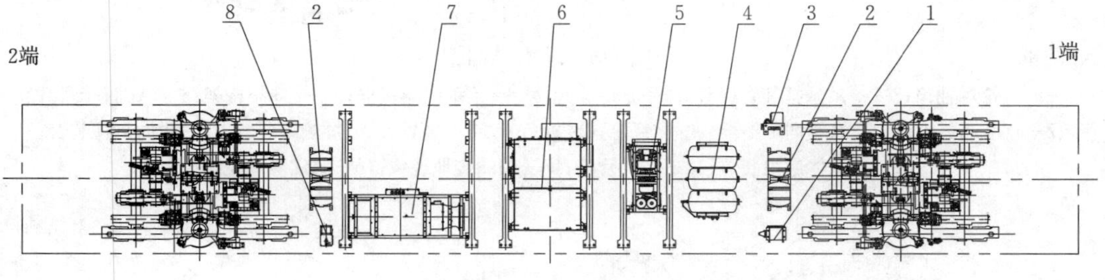

图 7-5　M 车底架设备布置

1—紧急逆变器；2—空气簧附加风缸；3—带 CUBE 的智能阀；4—主风缸模块；
5—风源模块；6—牵引逆变器；7—制动电阻；8—网关阀

项目三　城市轨道交通车辆主要组成部件认识

1. 转向架(走行部)

城市轨道交通车辆转向架根据提供车辆牵引动力的有无，可分为动力转向架和非动力转向架，其结构如图 7-6、图 7-7 所示。

2. 车钩

车钩及缓冲装置是用来连接车辆中各车辆，使之彼此保持一定距离或车辆之间的救援连挂的装置，它可以传递和缓和车辆在运行中所产生的纵向力和冲击力，此外，还可以实现车辆间的电路和气路连接。

(1)全自动车钩

全自动车钩可实现轨道车辆的机械自动连接、电路自动连接、气路自动连接。连挂时无须人工辅助，把一辆车开向另一辆车就可以实现两辆车的自动连挂。即使水平方向和垂直方向有一定的角位移的情况下也可以通过对中装置实现自动连挂。全自动车钩可实现连挂列车的竖曲线和平曲线运动及旋转运动，能顺利地在一定的坡道和曲线上运行。解钩时可通过操作司机室的解钩按钮，实现自动气动解钩；当气路存在故障时，可在车钩旁拉动解钩绳实现手动解钩。

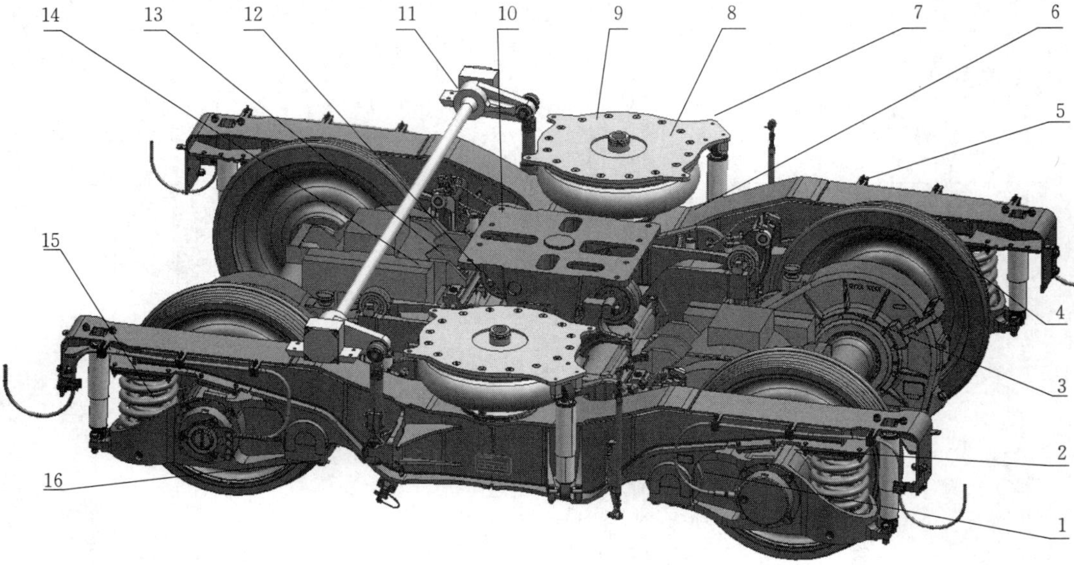

图 7-6　动力转向架

1—动车轮对轴箱；2—一系悬挂装置(M1)；3—驱动单元；4—一系垂向减振器；5—转向架构架；6—基础制动装置；7—高度调节阀；8—二系垂向减振器；9—二系悬挂装置；10—牵引装置；11—抗侧滚装置；12—横向悬挂装置；13—整体起吊装置；14—空气管路；15—轴端接地装置；16—制动缓解拉绳

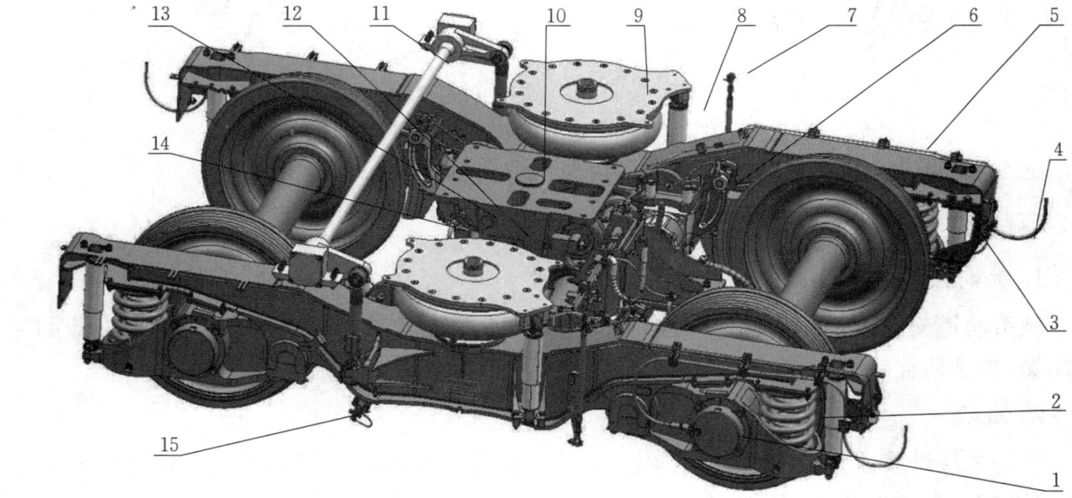

图 7-7　非动力转向架

1—拖车轮对轴箱；2—一系悬挂装置(Tc1)；3—一系垂向减振器；4—拖车转向架布线；5—转向架构架；6—基础制动装置；7—高度调节阀；8—二系垂向减振器；9—二系悬挂装置；10—牵引装置；11—抗侧滚装置；12—横向悬挂装置；13—整体起吊装置；14—空气管路；15—制动缓解拉绳

全自动车钩(图 7-8)一般设置在列车的端部，在两列车连挂运行、救援以及库内调动列车时使用。

(2)半自动车钩

半自动车钩能够实现车辆自动机械连挂，无须人工辅助。对中装置可使半自动车钩在水平方向和垂直方向有角位移的情况下也可以自动连挂。车钩允许连挂的列车通过垂直曲线和水平曲线，允许有旋转运动。除了机械自动连挂外也能实现气路自动连挂；当车钩机械联挂在一起的同时自动把风管连接起来。电动车钩与列车配线相连。它放置在车钩表面的内孔中，并包含两个移动触点和两个固定触点。当车钩头连挂时，固定/移动触点被压向其中一个反向车钩，同时建立电气连接。电缆与电气钩头外壳的接头密封且无拉力。利用接线端头将电缆导线与活动和固定及触点相连。可以通过解钩按钮对机械车钩进行自动解钩，也可以在轨道旁手动解钩。解钩和车辆分离后，车钩又处于待连挂状态。

半自动车钩与全自动车钩结构有相似之处，未设电气车钩，但设有 4 触点电连接器，见图 7-9。

图 7-8　全自动车钩

图 7-9　半自动车钩

(3)半永久牵引杆

半永久牵引杆只能人工机械解钩、人工电路连挂，但风管在牵引杆的两部分对上时会自动连接上。牵引杆之间采用便于拆卸的卡环连接，这种连接方式刚性佳、无松脱、安全性高。

图 7-10　带压溃管的半永久牵引杆

半永久牵引杆用于 Tc、Mp、M 三节车之间的连接，形成一个独立的 3 节车单元。连挂和解钩操作只能在车间进行。半永久牵引杆有两种类型，一种为公头，带压溃管，如图 7-10 所示；一种为母头，不带压溃管。

3. 车门

城市轨道车辆车门包括客室车门、司机室侧门，按照车门开启及结构形式主要分为移动门和塞拉门，移动门又可分为内藏式滑动移门、外挂式滑动移门。

城轨列车一般为六节编组，每节客室车厢各 8 个客室车门，客室车门分布如图 7-11 所示。

客室车门主要由接口部件、承载驱动机构、摆臂组件、内部和外部解锁装置、隔离开关、平衡轮组件、门扇、门槛、运动导向装置和电子门控器组成，其实物如图 7-12 所示。

功能演示：开关门、防夹功能。

车辆布置图

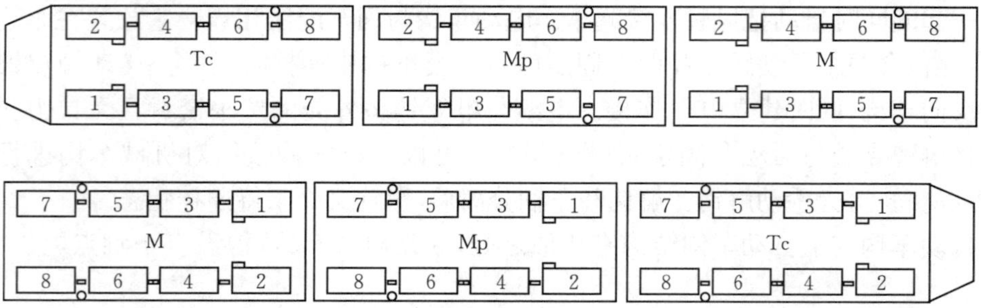

图 7-11　车辆客室车门分布图

4. 制动风源系统

制动风源系统的核心部分是风源模块,风源模块安装在列车的两节 M 车上,每列车包括 2 个风源模块。该子系统包括压缩空气的产生、净化、传输、存储和压力控制等环节。每个风源模块包括两个主要设备:VV120 型往复式空气压缩机及一个 LTZ015.1H 型双塔空气干燥器,如图 7-13 所示。

图 7-12　客室车门实物图

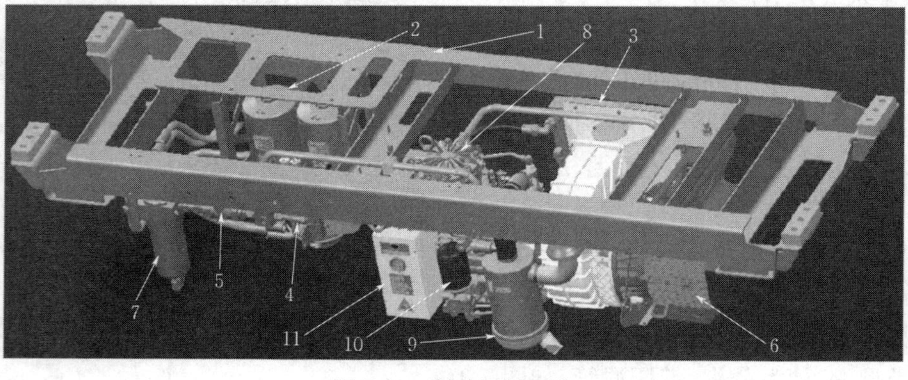

图 7-13　制动风源系统

1—吊架;2—双塔式干燥器;3—冷却器;4—压力控制器;5—管路安全阀;6—电机;7—微油过滤器;
8—螺杆式空气压缩器;9—空气滤清器;10—油过滤器;11—电控单元

5. 空调

空调系统由空调机组和控制系统组成。每列车配备 12 台 KG35E 型客室空调机组、6 台 KZ-KG35E 型控制盘。空调机组的结构形式为车顶单元式,安装在车顶 1/4、3/4 处,每节车安装 2 台。

空调系统客室空调机组按功能,可分为蒸发单元、冷凝单元两部分。

蒸发单元主要包括:离心风机、蒸发器、混合风滤网、新风阀、回风阀、新风口及新风滤网、新风温度传感器、送风温度传感器、空气净化器、节流装置等。

冷凝单元主要包括：压缩机、轴流风机、冷凝器、制冷管路、干燥过滤器、视液镜、逆止阀、压力开关、气液分离器等。

空调机组外形及内部结构如图 7-14 所示。

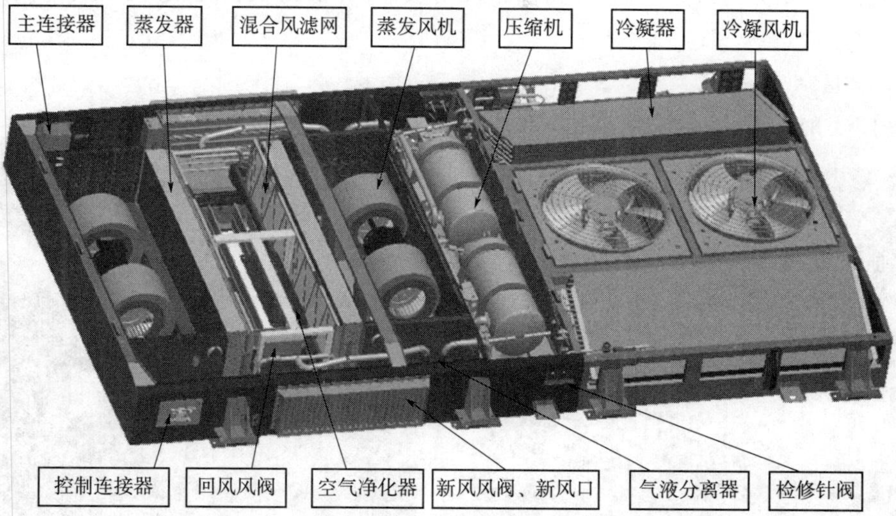

图 7-14　空调机组外形及内部结构图

6. 受电弓

TSG18G(05)型受电弓，是一种通过空气回路控制升、降动作的铰接式机械构件。受电弓从接触网上集取电流，并传送到车辆电气系统。

受电弓组成包括：弓头组装、上框架组装、下臂杆组装、拉杆组装、电流连接组装、底架组装、绝缘子组装、阻尼器组装、平衡杆组装、升弓装置组装、降弓位置指示器、气阀箱、ADD 自动降弓装置等，如图 7-15 所示。

功能演示：升弓和降弓。

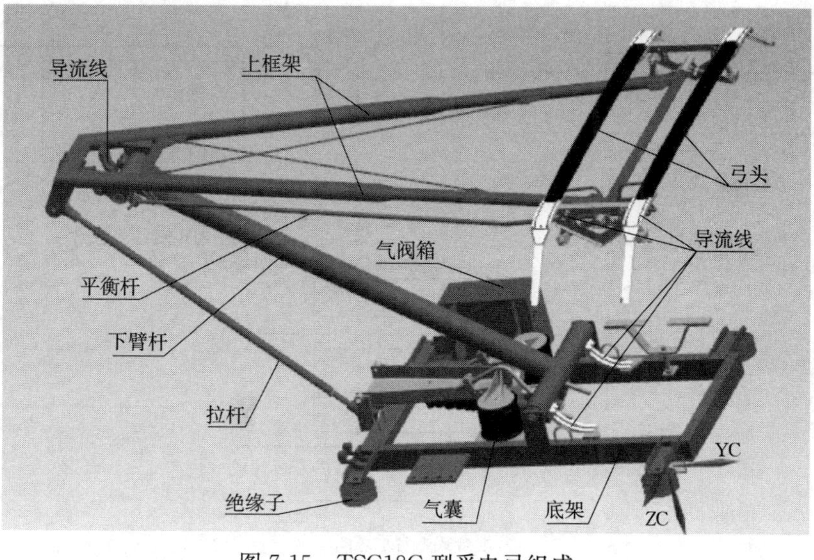

图 7-15　TSG18G 型受电弓组成

项目四　城市轨道交通车站认识

1. 站厅区域

站厅层一般划分为公共区(分非付费区和付费区)和设备及管理用房区两部分,如图 7-16 所示。

2. 站台区域

站台层一般划分为候车区及部分设备用房区,如图 7-17 所示。

图 7-16　站厅区域

图 7-17　站台区域

3. 站台类型(图 7-18)

地铁站台按照线路分布情况,可分为:岛式站台、侧式站台以及混合式站台,如图 7-18 所示。

岛式站台:位于上、下行行车线路之间。

侧式站台:位于上、下行行车线路的两侧。

混合站台:同一车站内既有岛式站台,又有侧式站台的地铁车站站台。

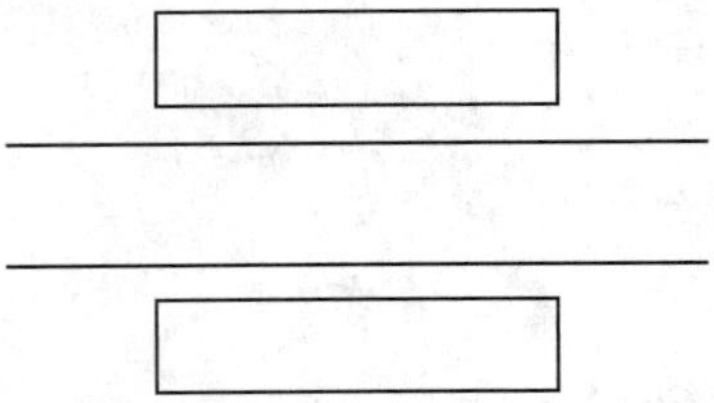

侧式站台示意图

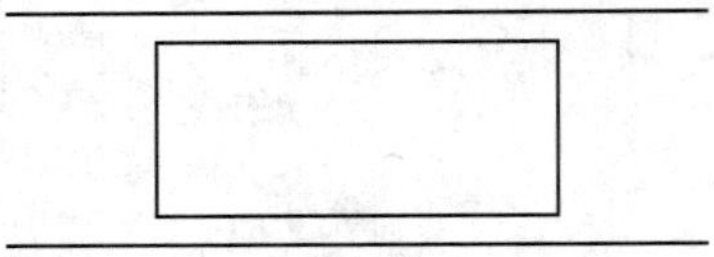

岛式站台示意图

混合式站台示意图

图 7-18　三种站台类型

4. 车站设备

(1)售检票系统(AFC)

乘客乘坐城市轨道交通出行的过程包括进站、购票、检票、乘车和出站几个阶段。为旅客提供售检票服务的设备及其背后支持的一整套庞大的系统称为自动售检票系统,简称AFC系统。

自动售检票系统(AFC)是以磁卡(纸制磁卡和PET磁卡)或智能卡为车票介质,利用自动售票机、半自动售票机、自动检票机、自动验票机等终端设备,并通过计算机网络实现轨道交通运营中的自动售票、自动检票、自动收费、自动统计的封闭式票务管理自动化系统。

自动售票机设在非付费区,具有模拟显示线路的触摸屏和乘客显示屏,方便乘客操作、显示票价和投币等信息的功能;能出售单程票并可对储值票进行加值;具备纸币、硬币的接收暂存及硬币找零功能,同时具有识别伪钞的功能;自动售票机能一次发售多张车票;能预留接收银行信用卡、储蓄卡转账的条件,如图7-19所示。

图7-19　自动售票机

半自动售票机设在票务处内,人工收款、售票,由票务人员操作,如图7-20所示。

(a) 票亭外部

(b) 票亭内部

图7-20　半自动售票机

半自动售票机具有车票发售、分析、无效更新、加值、替换、退款、交易查询及收款记录等功能;具备打印班次报告及票据的功能;通过车站局域网与车站计算机连接,上传有关的交易、现金、班次及设备状态等数据,并能接受区域中央计算机经车站计算机下载的运行参数。

(2)自动检票机(闸机)

自动检票机采用扇门结构,包括进站检票机(图7-21)、出站检票机(图7-22)和双向检票机,用于隔离车站付费区与非付费区。自动检票机的设计满足了乘客右手持票快速通过检票机的需求。

(3)乘客信息显示(PIS)

PIS可用于在各个不同的车站上显示图文,显示的主要内容包括视音频信息、文本信息、时间信息、实时列车运营信息及相关的叠加组合信息等,如图7-23所示。

图 7-21　进站检票(进站方向)

图 7-22　出站检票(出站方向)

PIS 系统可以发布普通信息、紧急信息和实时信息。

图 7-23　乘客信息显示

(4)屏蔽门(PSD)

屏蔽门将站台和列车运行区域隔开,通过控制系统控制其自动开启。

屏蔽门能有效地减少空气对流造成的站台冷热气的流失,保障列车、乘客进出站时的安全,降低了列车运行所产生的噪声对车站的影响,地铁屏蔽门能为乘客营造一个安全、舒适的候车环境,具有节能、安全、环保、美观等功能。

屏蔽门从封闭形式上可分为全高封闭式屏蔽门和半高敞开式安全门。

前者通常被人们称为“屏蔽门”,适合安装空调系统的站台,一般为地下站台,是最常用的一种。

后者通常被称为“安全门”,只起到安全和美观的作用,适合没有安装空调系统的站台,一般用于地面站台或高架站台,如图 7-24 所示。

屏蔽门　　安全门

图 7-24　屏蔽门

(5)FAS系统

FAS系统就是火灾报警系统。由于系统具有自动监测、自动判断、自动报警功能，所以又称为火灾自动报警系统，如图7-25所示。

FAS系统通过设置在保护现场的火灾探测器(图7-26)(如感烟探测器、感温电缆、对射式探头、火焰式探测器等)，感知火灾发生时燃烧所产生的火焰、热量和烟雾等特性，实现火灾早期预警和通报。

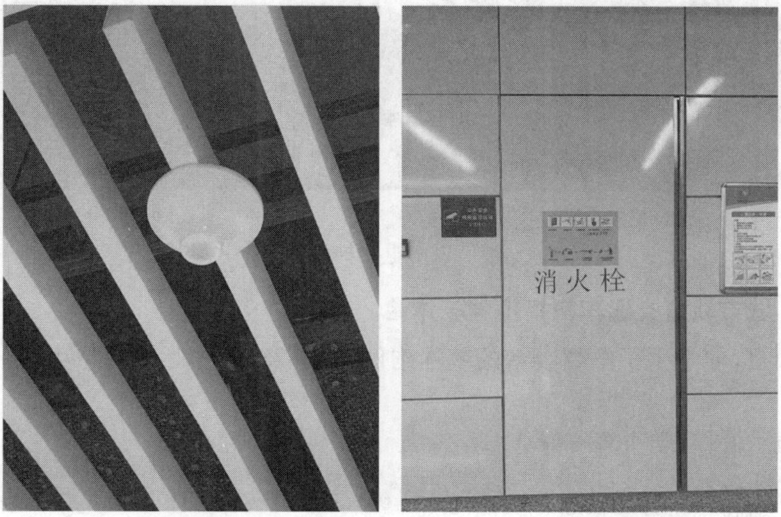

(a) 感烟探测器　　(b) 消防栓

图7-25　火灾报警系统

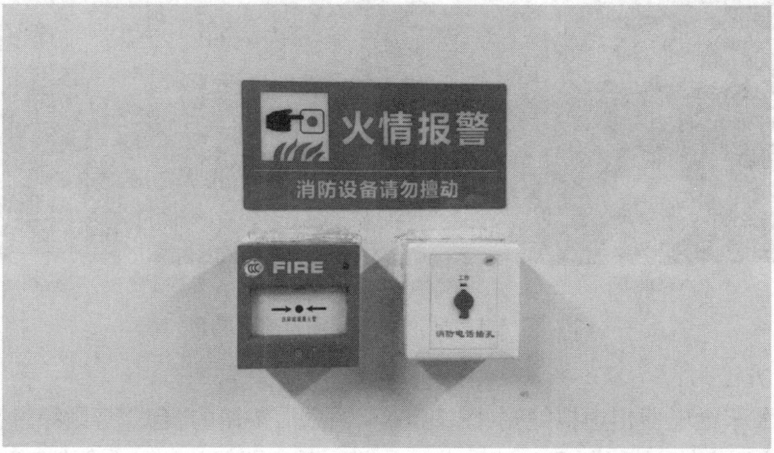

图7-26　火灾探测器

(6)电扶梯系统(图7-27)

电扶梯系统包括垂直电梯和自动扶梯两种，垂直电梯设置在站台层和站厅层之间或站厅层和地面之间，方便残疾人及携带重行李的旅客通行。自动扶梯设置在站厅层和站台层之间或站厅层和地面的出入口，可大量运送乘客，以减轻乘客疲劳，也可以进行乘客的快速疏散。

（a）自动扶梯　　（b）垂直电梯

图 7-27　电扶梯设备

项目五　城市轨道交通车辆模拟驾驶体验

通过此项目，使学生了解驾驶台的基本构件(图 7-28)及实际驾驶过程。画出实训台的示意图。

由教师演示操作，学生练习操作。

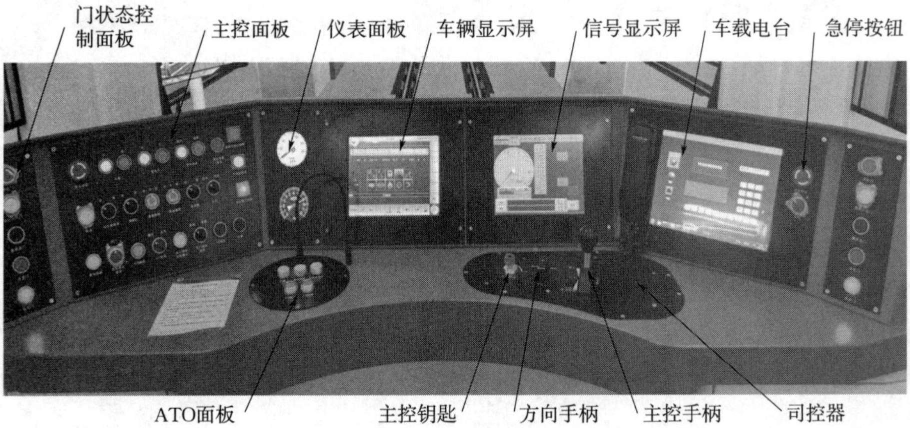

图 7-28　城市轨道交通车辆模拟驾驶台

具体起步方法为：

(1)点击 A 车继电器柜虚拟终端(图 7-29)车辆激活按钮的“合”字，则绿灯亮起。

(2)依次按下主控面板(图 7-30)“受电弓升”“主断合”“停放制动缓解”按钮。

(3)驾驶模式选择“PM”，ATP 后退“禁止”。

(4)方向选择向前，主控手柄在零位。

(5)自动关门模式下，按“ATO”键；手动关门模式下，按“ATO”后同时按下台子上的“ATO 启动”键，即可实现自动驾驶。

(6)按压主控手柄并向前推，即可实现手动驾驶模式。

图 7-29　继电器柜虚拟终端

图 7-30　主控面板

项目六　城市轨道交通供电系统认识

地铁供电系统是为地铁运营提供所需电能的系统，它不仅为地铁电动列车提供牵引用电，而且还为地铁运营服务的其他设施提供电能，如照明、通风、空调、给排水、通信、信号、防灾报警、自动扶梯等。

在地铁牵引供电系统中采用直流供电制，标值电压为 1 500 V，允许波动范围为 1 000～1 800 V。牵引供电系统包括牵引变电所和牵引网，牵引网由馈电线、接触网、轨道回路及回流线组成，牵引变电所和接触网是牵引供电系统的主要组成部分。

通过此项目，了解刚性接触网的组成结构，如图 7-31 和图 7-32 所示，画出接触网示意图。

图 7-31　刚性接触网

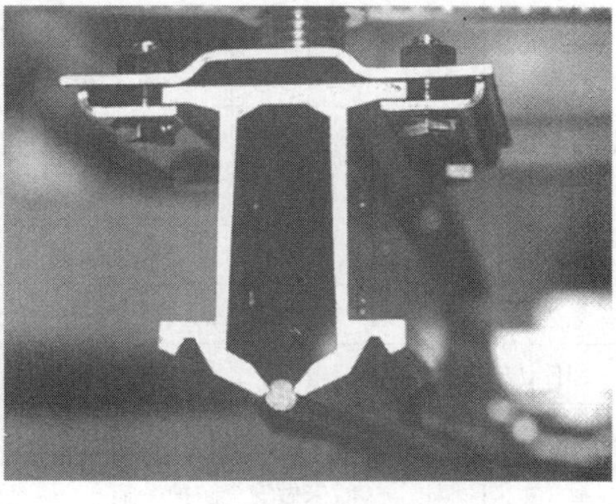

图 7-32　汇流排断面组组成

项目七　实训汇报

要求以小组为单位进行 PPT 总结汇报，并根据汇报内容对小组成员进行提问。最终以汇报情况和实训过程考核情况作为实训成绩。汇报内容要求体现如下：

1. 体现实训所学内容。
2. 体现自己针对某个知识点的思考。
3. 反思自己在实训过程中的优缺点。

七、实训报告撰写要求

实训结束，学生必须及时撰写并按照上交时间要求上交实训报告，实训报告要求总结自己在各项目中对城轨车辆认知情况，及对本实训内容、安排的建议。实训报告要统一使用黑色钢笔或签字笔填写，字体要工整。逾期未上交，该项成绩不得分。

八、考核标准

1. 课程成绩中实训成绩占 80%、实习报告占 20%。

2. 实训成绩中实训汇报占 30%、实训过程考核占 60%、安全考核占 10%。

3. 考核成绩分为五个等级：优（90 分以上）、良（80～89 分）、中（70～79 分）、及格（60～69 分）、不及格（59 分以下）。

城市轨道交通车辆总体认识实训考核表

<table>
<tr><td>姓名</td><td></td><td>班级</td><td></td><td>学号</td><td colspan="2"></td><td>成绩</td><td></td></tr>
<tr><td>考核 A</td><td colspan="3">内容</td><td colspan="2">减分标准</td><td colspan="2">减分次数</td><td>减分</td></tr>
<tr><td rowspan="3">总结考核
30 分</td><td colspan="3">汇报内容准确充实（10 分）</td><td colspan="2"></td><td colspan="2"></td><td></td></tr>
<tr><td colspan="3">团队分工合理明确（10 分）</td><td colspan="2"></td><td colspan="2"></td><td></td></tr>
<tr><td colspan="3">个人问题回答准确（10 分）</td><td colspan="2"></td><td colspan="2"></td><td></td></tr>
<tr><td colspan="2">汇报考核得分</td><td colspan="7"></td></tr>
<tr><td>考核 B</td><td colspan="3">内容</td><td colspan="2">减分标准</td><td colspan="2">减分次数</td><td>减分</td></tr>
<tr><td rowspan="6">过程考核
60 分</td><td rowspan="2">总体布置</td><td colspan="2">部件 1 的名称及作用（10 分）</td><td colspan="2">每错 1 处扣 5 分</td><td colspan="2"></td><td></td></tr>
<tr><td colspan="2">部件 2 的名称及作用（10 分）</td><td colspan="2">每错 1 处扣 5 分</td><td colspan="2"></td><td></td></tr>
<tr><td rowspan="3">组成部件</td><td colspan="2">部件 1 的名称及作用（10 分）</td><td colspan="2">每错 1 处扣 5 分</td><td colspan="2"></td><td></td></tr>
<tr><td colspan="2">部件 2 的名称及作用（10 分）</td><td colspan="2">每错 1 处扣 5 分</td><td colspan="2"></td><td></td></tr>
<tr><td colspan="2">部件 3 的名称及作用（10 分）</td><td colspan="2">每错 1 处扣 5 分</td><td colspan="2"></td><td></td></tr>
<tr><td>车站</td><td colspan="2">设备 1 的名称及作用（10 分）</td><td colspan="2">每错 1 处扣 5 分</td><td colspan="2"></td><td></td></tr>
<tr><td colspan="2">部件认知考核得分</td><td colspan="7"></td></tr>
<tr><td>考核 C</td><td colspan="3">内容</td><td colspan="2">减分标准</td><td colspan="2">减分次数</td><td>减分</td></tr>
<tr><td rowspan="4">安全考核
10 分</td><td colspan="3">未做安全防护措施</td><td colspan="2">5 分</td><td colspan="2"></td><td></td></tr>
<tr><td colspan="3">违反安全作业规定</td><td colspan="2">5 分</td><td colspan="2"></td><td></td></tr>
<tr><td colspan="3">损坏部件，发生伤害</td><td colspan="2">失格</td><td colspan="2"></td><td></td></tr>
<tr><td colspan="3">违反考试纪律，不服从指挥</td><td colspan="2">失格</td><td colspan="2"></td><td></td></tr>
<tr><td colspan="2">安全考核得分</td><td colspan="7"></td></tr>
<tr><td colspan="2">总得分＝A＋B＋C</td><td colspan="7"></td></tr>
<tr><td colspan="4">考评员（签字）：</td><td colspan="5">日期：</td></tr>
</table>

课程八　城市轨道交通车辆机械构造实训

一、实训目的

本实训项目是以岗位职业技能鉴定内容而设定的。

在学习了自动车钩缓冲装置与城轨车辆电动塞拉门的结构原理的基础上，通过实践技能训练，让学生将理论与实践结合起来，更好地掌握全自动车钩缓冲装置与城轨车辆电动塞拉门的结构与工作原理。同时，提高对全自动车钩缓冲装置与城轨车辆电动塞拉门的检修技能。

1. 熟知全自动车钩缓冲装置与城轨车辆电动塞拉门各部件的名称。
2. 掌握常用工具与量具的使用方法。
3. 了解检修工艺流程。
4. 掌握自动车钩机械钩头、电动塞拉门检修的技能。
5. 熟悉电动塞拉门的测量与调试。
6. 掌握处理一般故障的技能。
7. 通过实训中的团结合作，培养综合职业素养。

二、实训任务

(一)自动车钩机械钩头部分的检修

(1)认知自动车钩缓冲装置的构成部件。

(2)训练识读自动车钩机械钩头检修指导书的技能。

(3)训练使用常用工具与量具的技能。

(4)训练自动车钩机械钩头分解和安装的技能。

(5)处理自动车钩机械钩头一般故障的技能。

(二)电动塞拉门的检修

(1)训练使用常用工具与量具的技能。

(2)训练识读电动塞拉门检修指导书的技能。

(3)认知电动塞拉门各组成部件。

(4)训练电动塞拉门分解和安装的技能。

(5)处理电动塞拉门一般故障的技能。

(6)训练电动塞拉门测量与调试的技能。

三、实训预备知识

(1)自动车钩的组成部件、工作三态及自动车钩分解与组装的规程。

(2)康尼塞拉门的组成与工作原理及检修的基本知识。

(3)安全用电的有关事项。

四、实训的组织管理

实训分组安排：每 5 人一组，实训时间为 56 学时。

五、实训项目简介与实训步骤指导

项目一　自动车钩机械钩头检修作业

<table>
<tr><td colspan="2">实训项目简介</td><td>通过对自动车钩机械钩头部分的拆装，掌握自动车钩的结构与工作三态；学习使用各种工具，掌握拆装部件的一般方法；了解车钩保养的基本知识。</td></tr>
<tr><td colspan="2">条件、设备</td><td>城轨车辆自动车钩缓冲器装置两台；实训操作台两台</td></tr>
<tr><td colspan="2">工具、计量工器具、材料</td><td>润滑油、锤子、尖嘴钳、开口销、手套、手电、内六角扳手、棉纱、自制工具铁鞋、禁动牌</td></tr>
<tr><td colspan="2" rowspan="4">安全、注意要点</td><td>(1)放置铁鞋</td></tr>
<tr><td>(2)挂禁动牌</td></tr>
<tr><td>(3)在检查过程中，戴好手套，以免刮伤手</td></tr>
<tr><td>(4)拆中心销和钩舌组件，因操作空间小，小心刮到手</td></tr>
<tr><td>实训步骤指导</td><td colspan="2">1. 识别部件
操作前，识别车钩缓冲装置各部件。
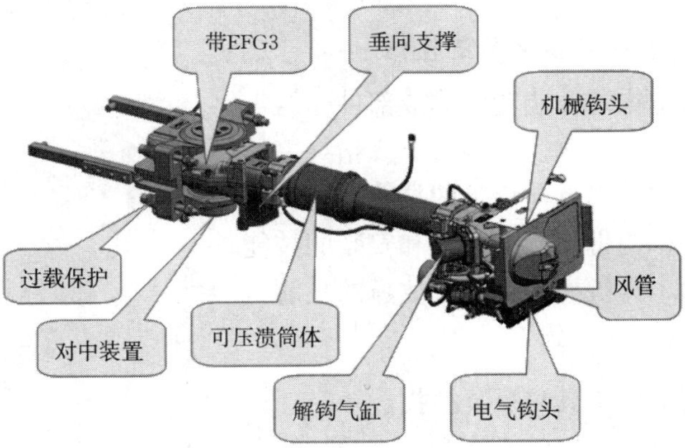

2. 拆解
(1)拆解的工具。
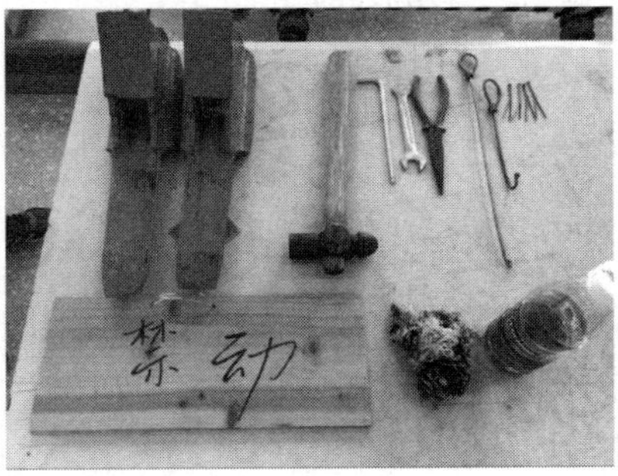
</td></tr>
</table>

续上表

<table>
<tr>
<td>实训步骤指导</td>
<td>
(2)用工具拆除风管连接。
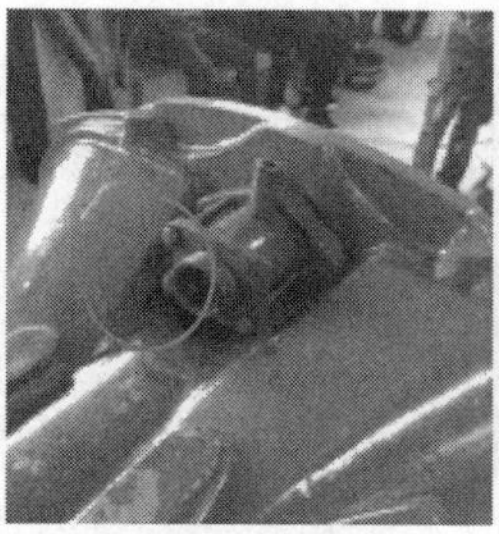
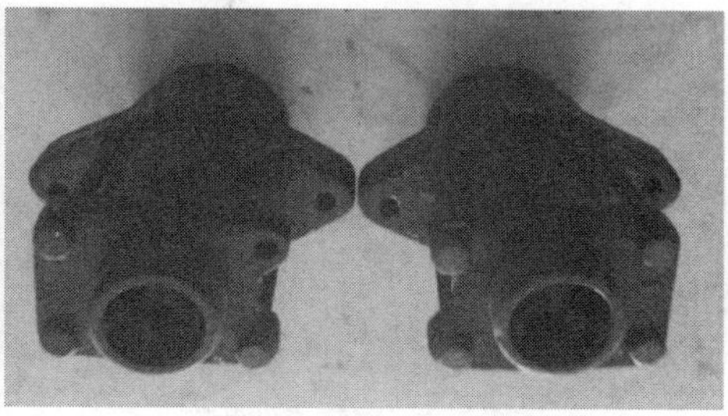
(3)拆解钩手柄、手柄座。

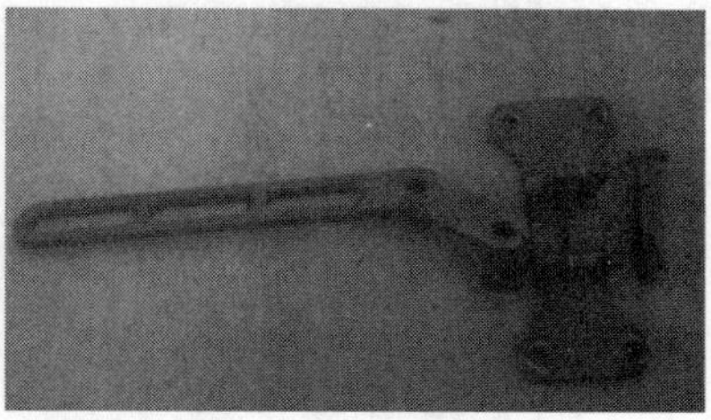
(4)取钩舌弹簧。用尖嘴钳松开钩舌与钩壳连接的弹簧。
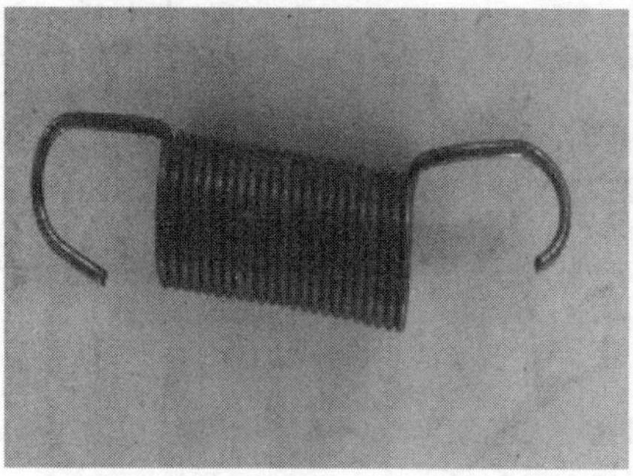
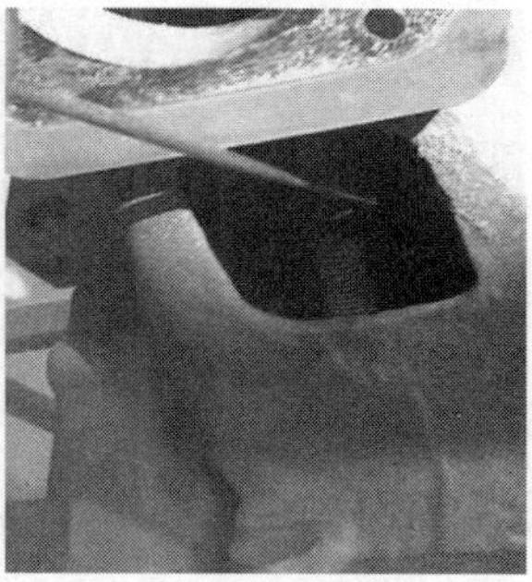
(5)中心轴(圆销)拆卸。松开中心轴上的固定板的两颗螺栓,拿下固定板,取出中心轴。
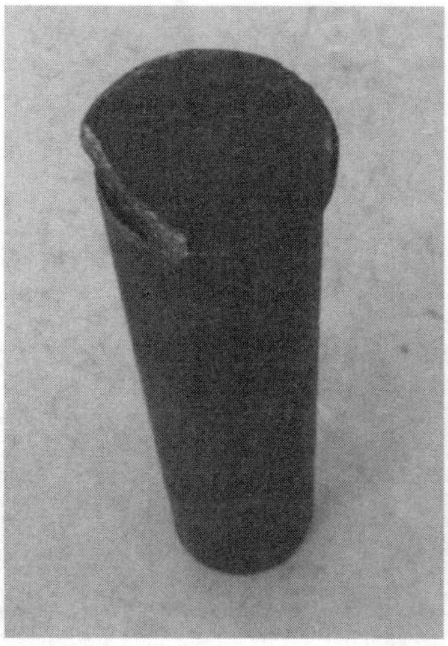

</td>
</tr>
</table>

续上表

实训步骤指导

(6)钩舌连杆、钩舌板拆卸。取下钩舌与钩锁连杆的组件,用钳子取下它们之间开口销,将钩舌与钩锁连杆分解。

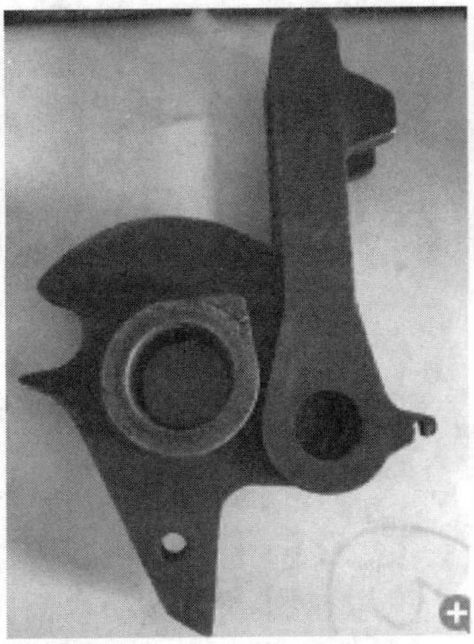

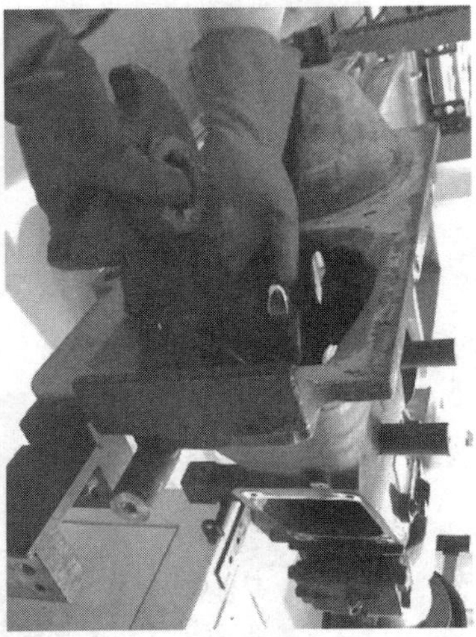

钩舌连杆

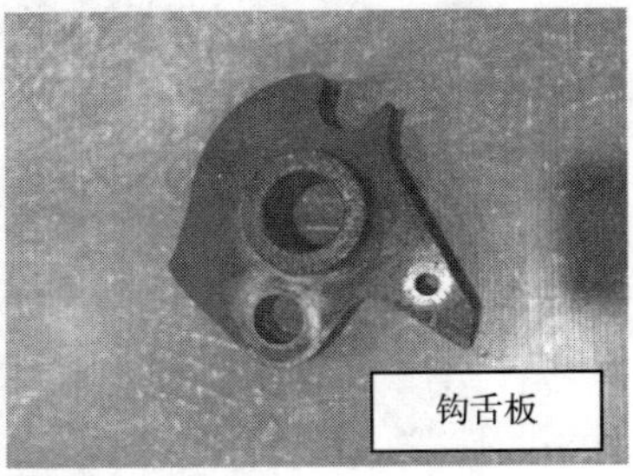

钩舌板

(7)拆卸完成后,拆卸后部件摆放整齐;用清洗剂清洗所有零部件。

3. 检查

(1)检查钩舌弹簧是否有断裂,若有断裂,更换断裂拉簧。

(2)检测钩锁间隙。如超出允许间隙,需卸下并分解钩锁,检查零件是否损坏和磨损。

(3)检查钩锁是否迅速返回,启动手动机构装置若干次。

(4)检查各部件(钩舌板、钩舌连杆、钩舌销、钩舌连接板、钩舌连接板销、解钩手柄、解钩手柄座)是否有裂纹、外观是否完好。

(5)检查各种螺丝是否滑扣。

(6)更换开口销。

4. 组装(组装的顺序与拆卸的顺序相反)

(1)将钩板和连接杆连接在一起,插入连接杆销,用螺旋杆固定连接杆销(面朝上时,弹簧钩朝外)。

(2)通过内锥体空隙处将它插入钩头箱体内。

续上表

<table>
<tr><td>实训步骤指导</td><td>(3)把中心销从上面插入到钩头箱体和钩板的孔内，转动中心销。
(4)把张力弹簧安装到连接杆与钩体上。
(5)装上解钩手柄和解钩手柄座。

5. 功能试验
车钩的三态试验包括：开锁位、锁闭位、锁开位。
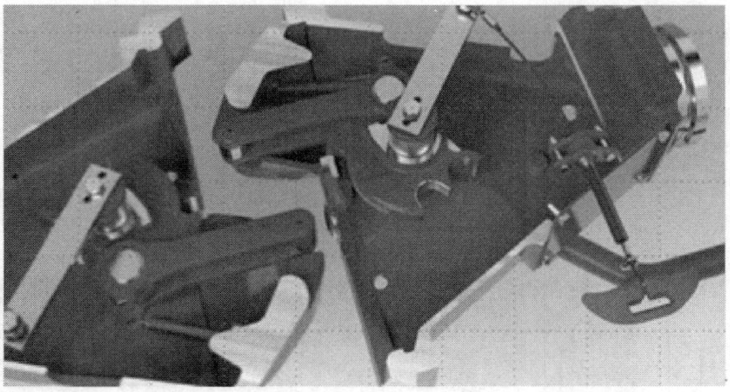</td></tr>
<tr><td>收尾工作</td><td>清点各工具和器具无丢失，将其摆放整齐，对作业现场进行清洁。</td></tr>
</table>

项目二　电动塞拉门的检修

<table>
<tr><td>项目简介</td><td>通过对车门的分解、部件识别、组装与调试，进一步了解塞拉门的工作原理；训练学生使用工具、量具的技能；掌握一般设备调试的方法；培训学生团结合作的能力。</td></tr>
<tr><td>条件、设备</td><td>KNT-CGC01型城市轨道交通车辆实训系统
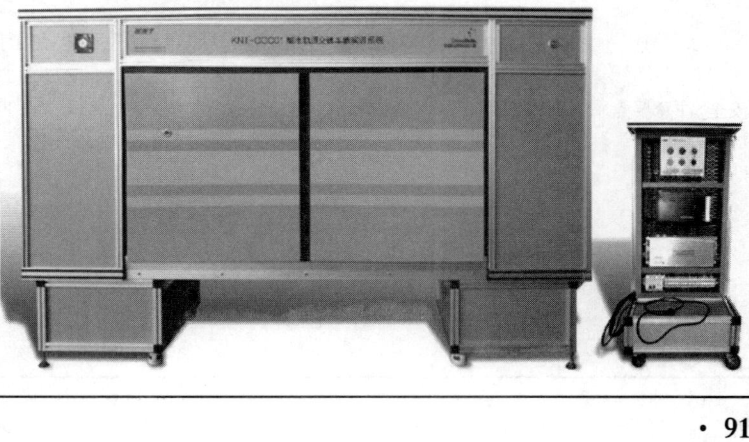</td></tr>
</table>

续上表

<table>
<tr><td>实训人数</td><td>5～6 人一组</td></tr>
<tr><td>工作原理图</td><td>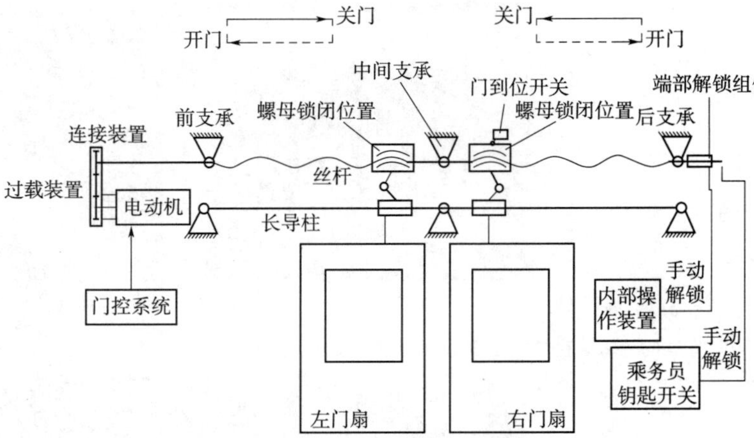
</td></tr>
<tr><td>工具、计量器具、材料</td><td>开口扳手或套筒(10,13,14,24,27,30)、内六角扳手、塞尺、直尺、卷尺、开口钳、闭口钳、尖嘴钳、专用丝杆螺母扳手、解锁钥匙、螺丝刀。
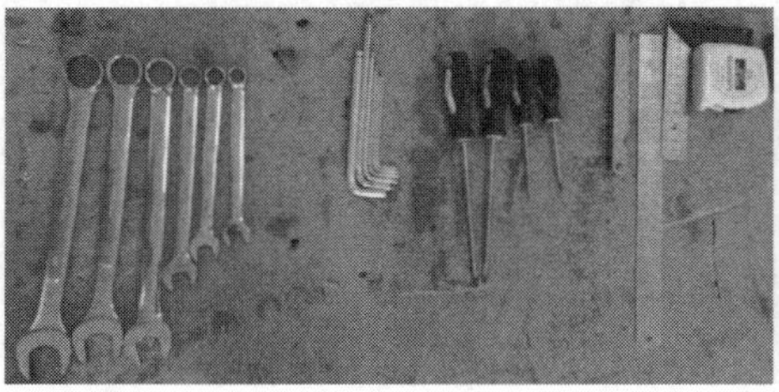 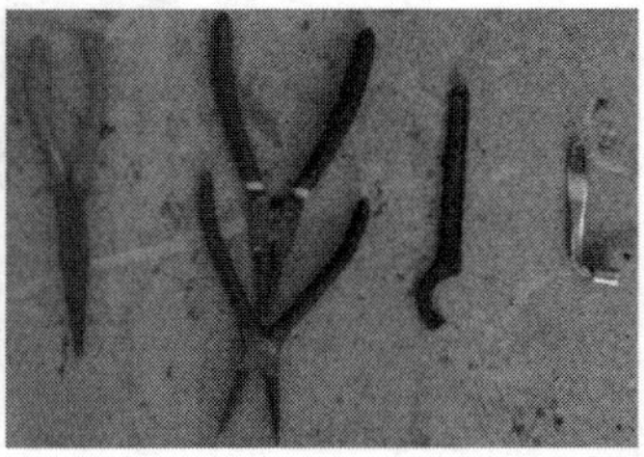</td></tr>
<tr><td rowspan="6">安全、注意要点</td><td>(1)学生在整个安装及调试过程中,必须切断电源,只有在最终检查后才能接通电源。</td></tr>
<tr><td>(2)拆装过程中,戴好手套,以免刮伤手。</td></tr>
<tr><td>(3)在安装及调试过程中,严禁用手直接接触驱动机构的导柱表面。</td></tr>
<tr><td>(4)在任何情况下均不能用丝杆、EDCU 门控单元、电动机、拖链等零部件作为提升支撑点。</td></tr>
<tr><td>(5)学生在门系统安装和调试过程中,应注意对门扇表面油漆的保护。</td></tr>
<tr><td>①前部
a. 长导柱、短导柱、挂架。
b. 丝杆、电动机、螺母副、支承、全程锁闭装置。
②后部
a. 门页、压条、平衡轮组件、滚轮组件、隔离开关组件。
b. 接线。</td></tr>
</table>

续上表

<table>
<tr>
<td>实训步骤指导</td>
<td>
1. 部件识别

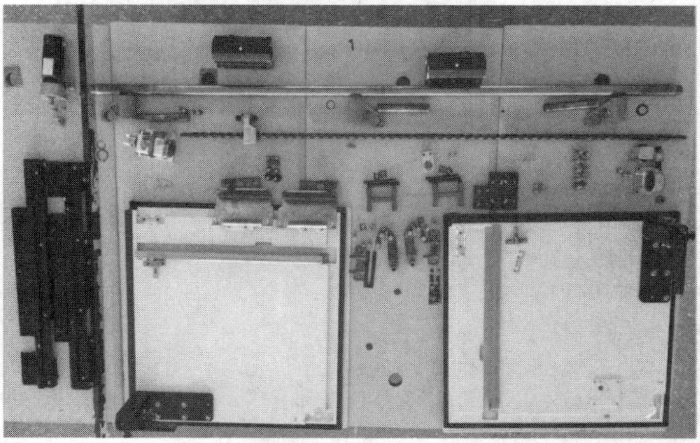

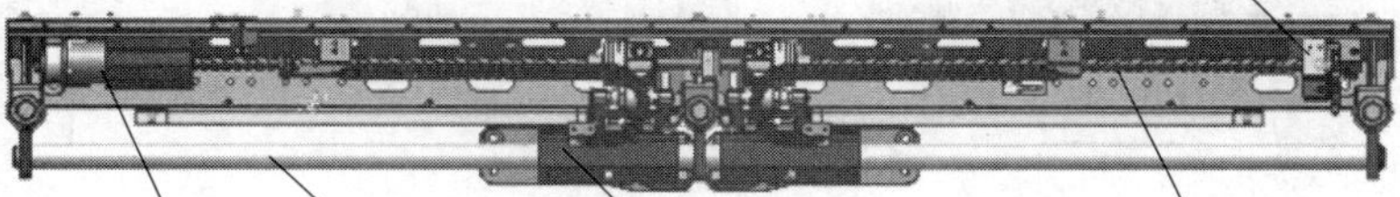

电动机

全程锁闭装置

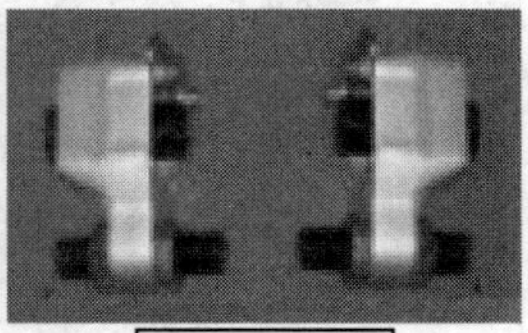

丝杆螺母

外解锁装置

左右上压条

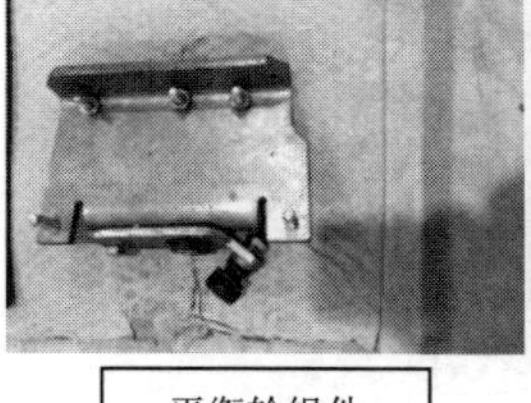

平衡轮组件

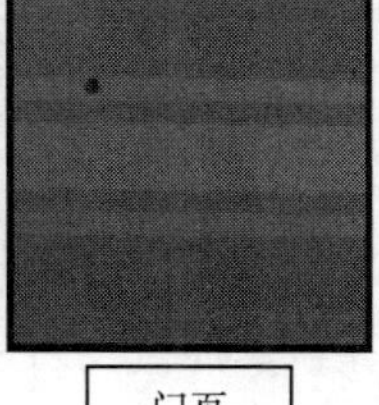

门页
</td>
</tr>
</table>

续上表

实训步骤指导

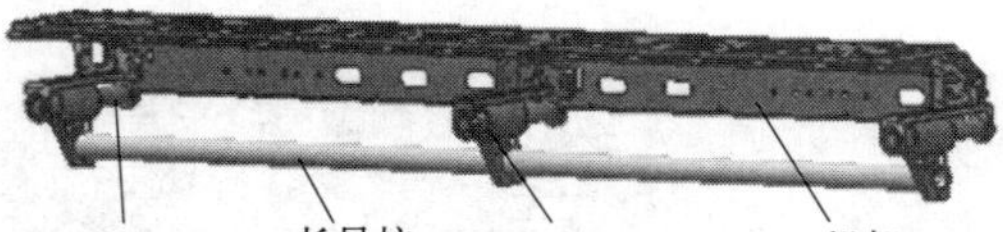

门页

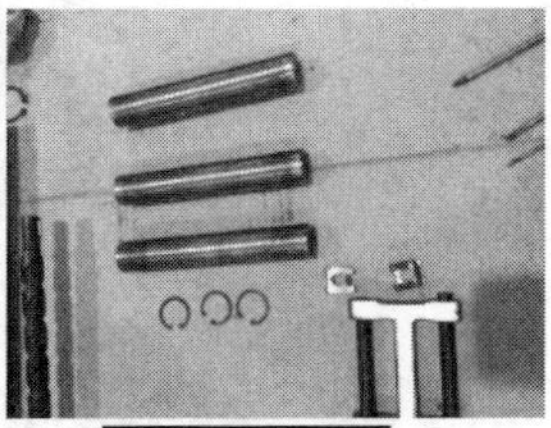

短导柱卡簧

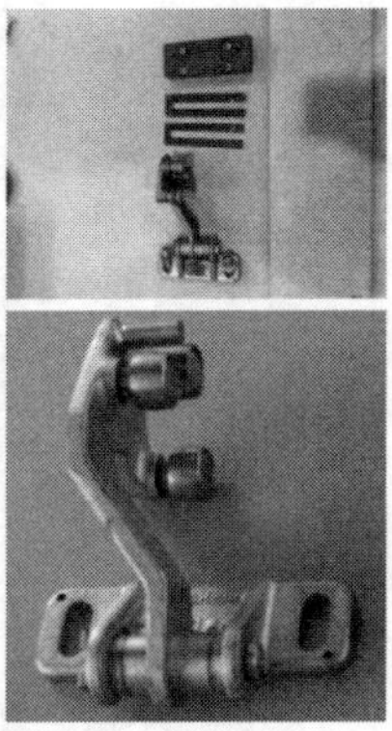

下摆臂组件

传动架

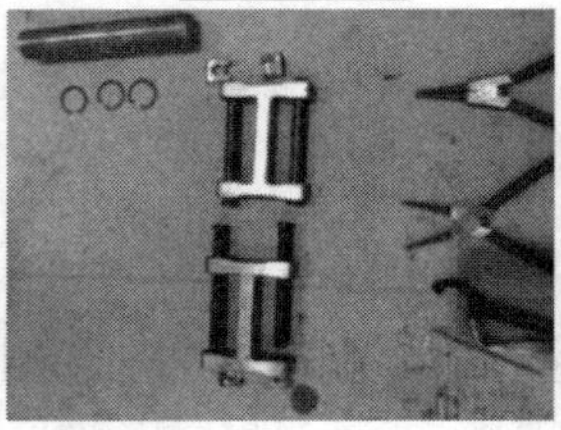

隔离开关

机构小端子

拖链等电位线

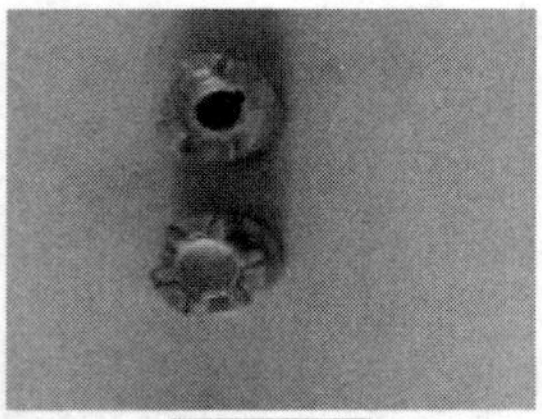

联轴节

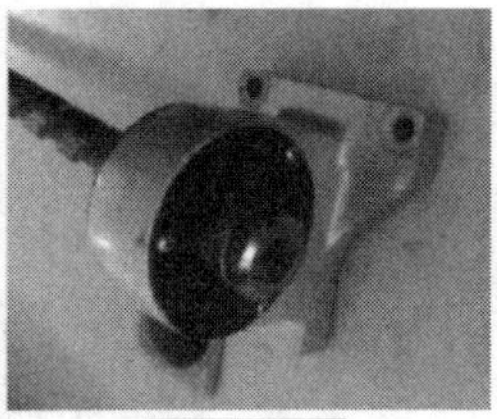

丝杆支承

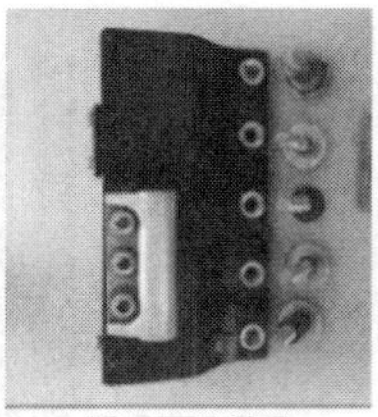

套筒

立罩

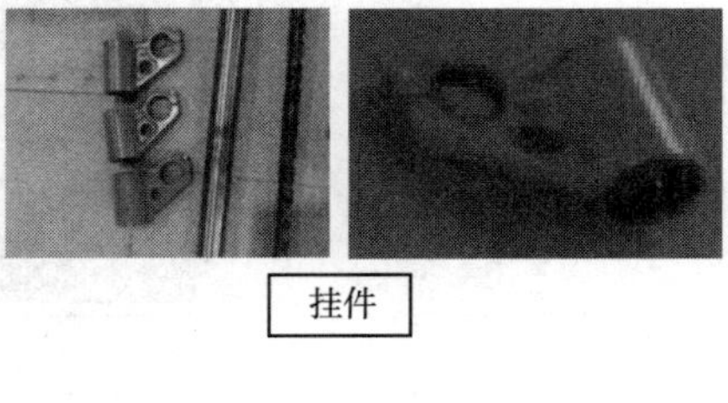

挂件

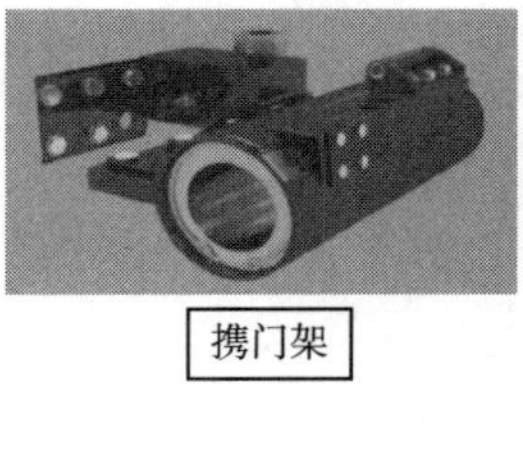

携门架

续上表

实训步骤指导

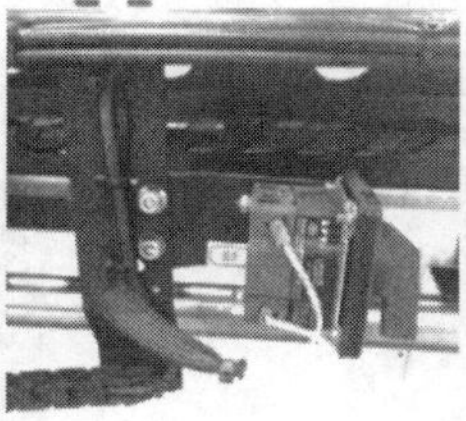

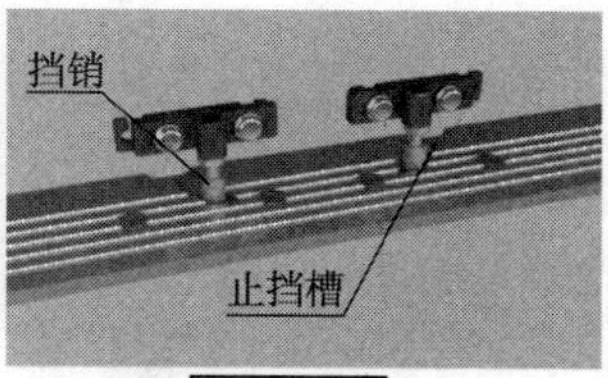

挡销

2. 拆解

(1)确保电源断开,将外解锁装置打到解锁位。

(2)将车门手动拉开,确定处于解锁状态,然后才能进行拆卸。

(3)拆电连接线、等位线、电机线,拆拖链线、拆全程锁闭线。

(4)将门页从下滑道与上滑道中退出后取下,同时,取下门页上的下挡销。

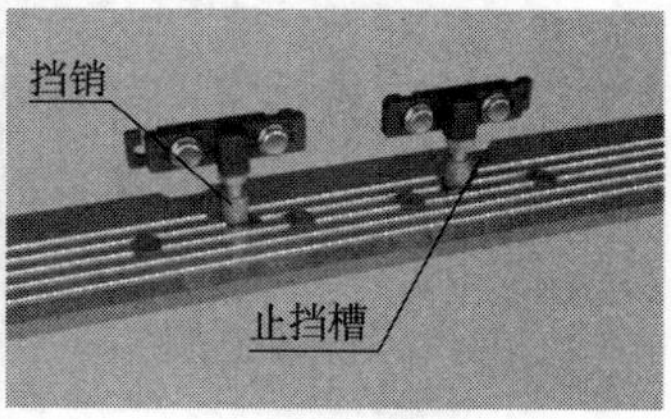

续上表

实训步骤指导

(5)拆除立罩和拖链架。

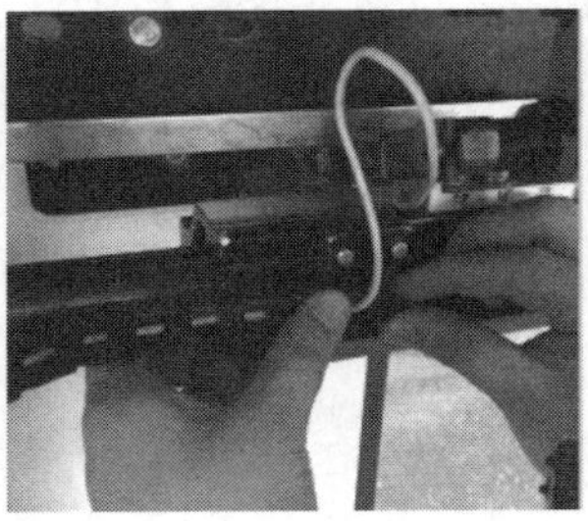
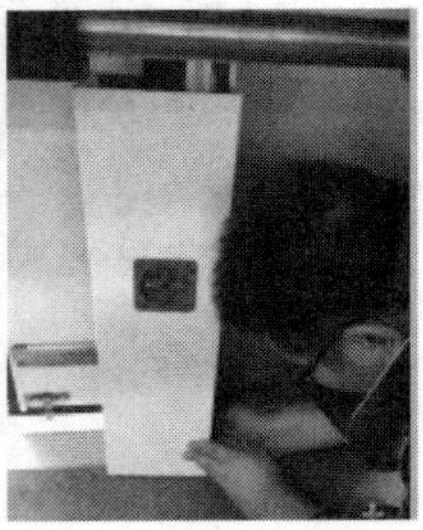

(6)用内六角扳手将左右压条拆除，操作时注意，螺钉扭到间隙合适即可，否则容易掉到缝隙处，很难找回。

(7)用内六角扳手拆除上压条。操作时应注意，上下压条、衔铁、立柱这三个位置的螺钉特殊，不需要完全拧下来。

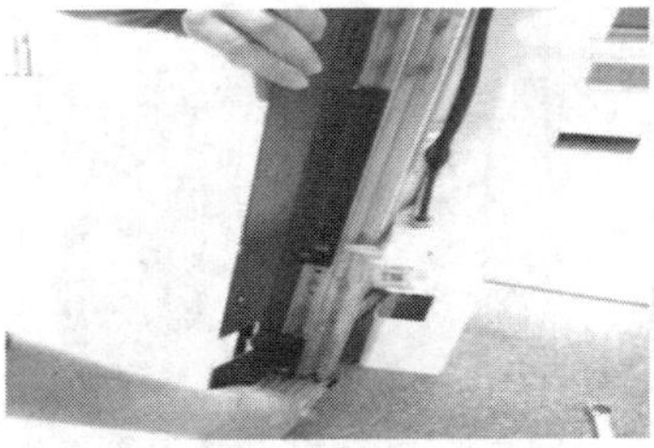
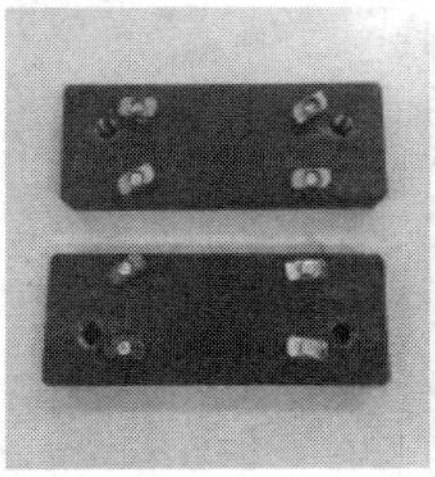

(8)用内六角扳手拆除隔离开关与嵌块。

(9)用内六角扳手拆除左右下摆臂组件。

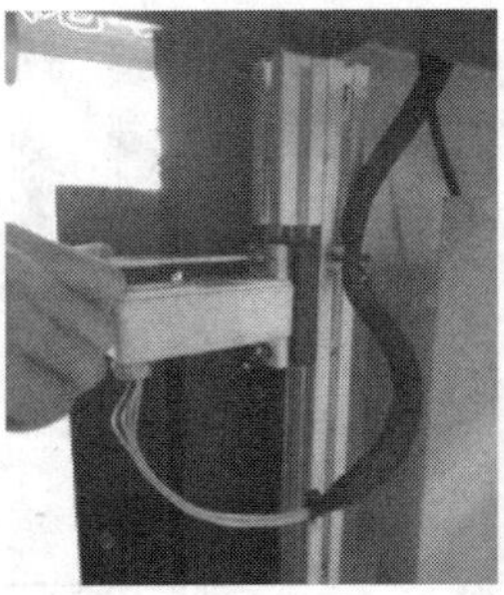

(10)用 13＃开口扳手或套筒拆除平衡轮组件。

(11)拆除与丝杆螺母连接的传动架。

(12)用开口钳将短导柱卡簧拆除。

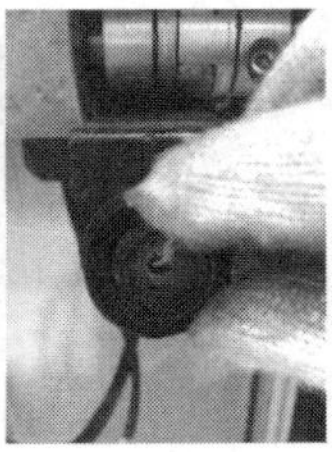

续上表

<table>
<tr>
<td>实训步骤指导</td>
<td>
(13)三人合力将长导柱从机架上取下，然后从机架上抽出短导柱。
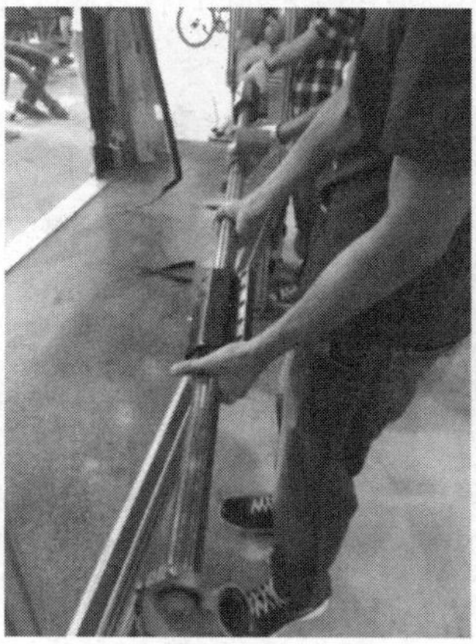 
(14)用钳子将卡簧取下，从长导柱上取出三个挂件，并在实训台上摆放整齐。
(15)拆除丝杆，用内六角扳手将一侧的拖链支架拆除、丝杆的螺母扭松。用专用丝杆螺母扳手解除丝杆另一端的固定，两人配合将丝杆拆除排放整齐。
注意：丝杆其中一头的对顶螺母不用拆卸。
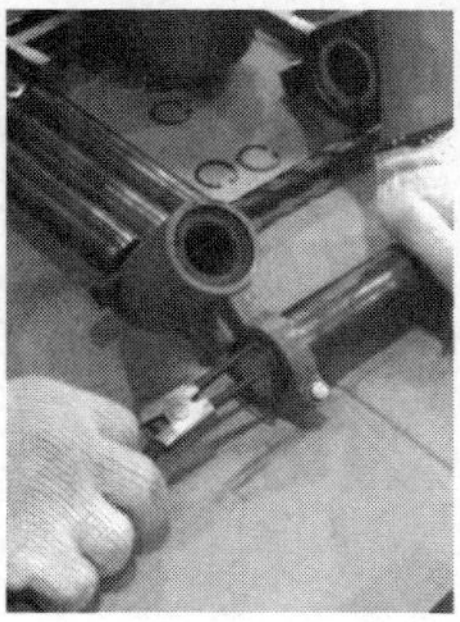  
(16)拆除电动机安装座和全程锁闭装置(连线拆除时，需要记住线号)。
 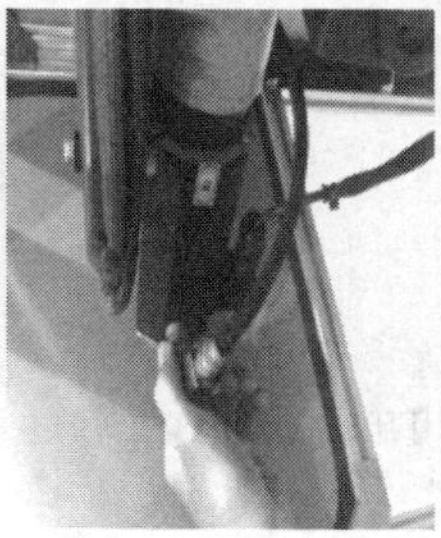 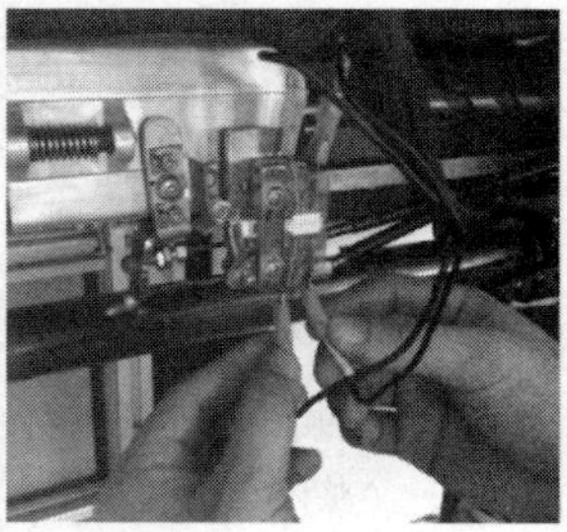
3. 检查
(1)拆除之后，清洁各部件。
(2)检查丝扣无滑扣，零件无丢失，部件表面完好。
(3)组装与调试。
(4)组装过程与拆除基本相反。
4. 装配
装配时照样分成两组，一组负责门框(2 人)，一组负责传动装置(3 人)人员可以按情况调换。
</td>
</tr>
</table>

续上表

<table>
<tr>
<td>实训步骤指导</td>
<td>
(1)安装左、右下摆臂组件、隔离开关组件。
(2)安装隔离开关。首先安装隔离开关的嵌块(嵌块的窄边朝门侧),嵌块的下表面与门槛的距离为(552±1) mm,然后装好隔离开关(要记得装垫片)。
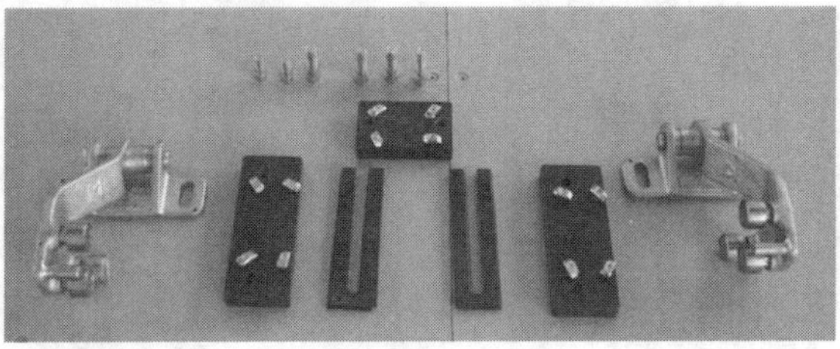
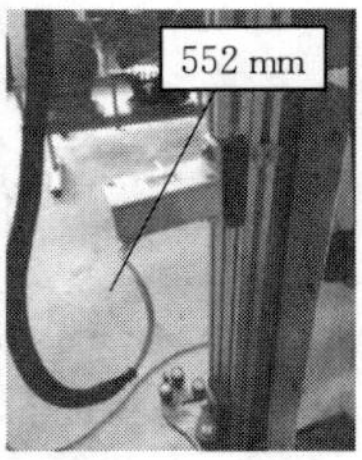

(3)安装滚轮摆臂。首先安装左、右下摆臂的嵌块(图中的孔向内为正确),它与门槛平面的距离应为(111±1) mm。装好下摆臂(要记得装垫片),摆臂和摆臂座在一个平面,凸轮朝上,垫片上 5 下 4,销子从上往下装。衔铁窄边朝门侧,摆臂座的垂直边朝门的另一侧。一个滚轮在滑道内,两个滚轮在滑道外。

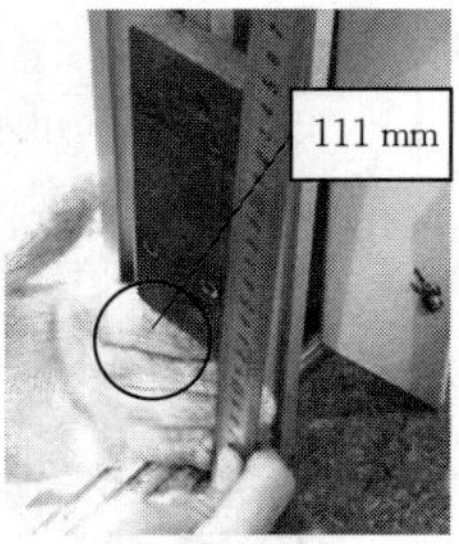

(4)安装压条。先装上压条,后装左右压条(左右压条有区别,右压条有隔离开关孔),压条前表面距台架外表面距离是(17±1) mm。

(5)安装左、右平衡轮组件。用开口扳手把 6 个六角头螺栓和 6 个碟形垫圈将左、右平衡轮固定到机架上形成一个整体。

</td>
</tr>
</table>

续上表

<table>
<tr>
<td>实训步骤指导</td>
<td>

(6)安装电机、联轴节、全程锁闭装置。先进行人员分配，一人先安装电机联轴节，剩下两人将对顶螺母对中。安装时注意，联轴器两个三叉相互间隙 2 mm，轴器与电机支座距离 6 mm。

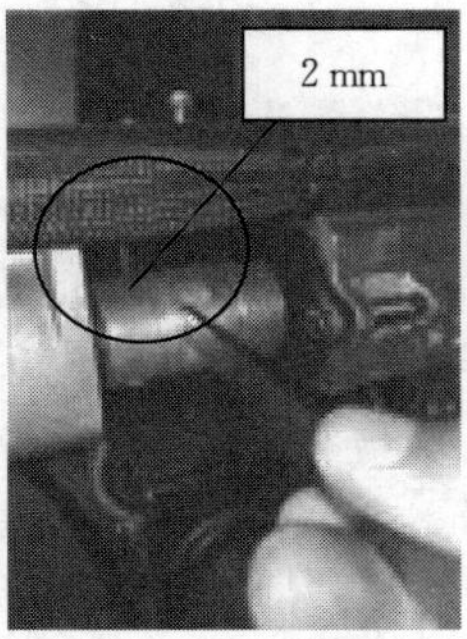

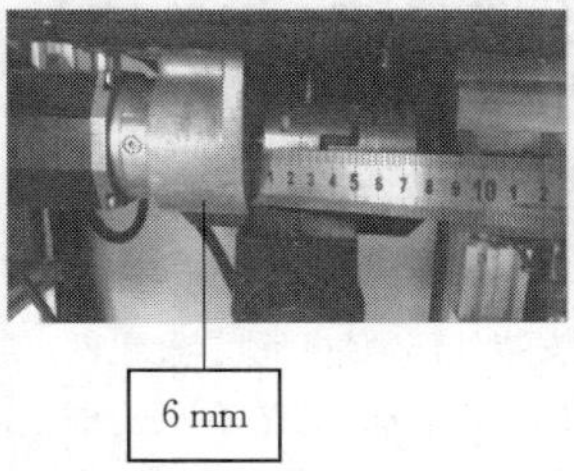

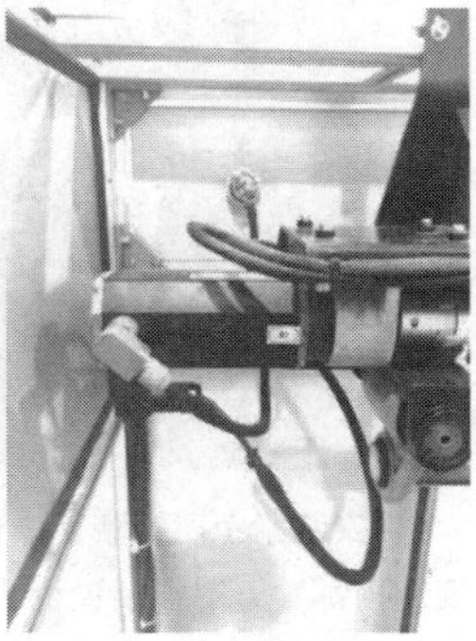

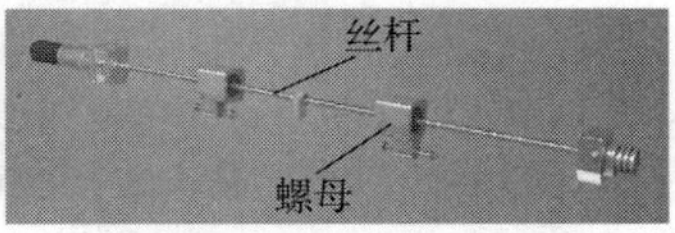

(7)丝杆组件。包括螺母、支承和螺母。安装时，先确定位置，套上丝杆螺母，将螺母对中旋入(到不能转动为止)。再将螺母对称向外旋转二圈，利于安装支撑。对顶螺母安装时要对称布置(装上去就不能旋转了)。丝杆组装好后与全程锁闭装置对接，安装中间支承和右支承。

(8)安装长导柱、短导柱和挂件。将左右挂架、中挂架、左右携门架滑筒组件按要求次序与长导柱组装在一起，长导柱两端安装弹性挡圈和端盖。将中挂架置于中支架中部位置、左右边挂架置于左右支架中部位置，用 3 根短导柱分别插入中挂架和中支架中以及左右边挂架和左右支架中，并用弹性挡圈卡牢短导柱。套筒的安装方法：带螺丝孔的一侧朝外(与门页相连)；左右之分以传动架在套筒的位置为中心，套筒宽边朝外，窄边朝内。

</td>
</tr>
</table>

续上表

实训步骤指导

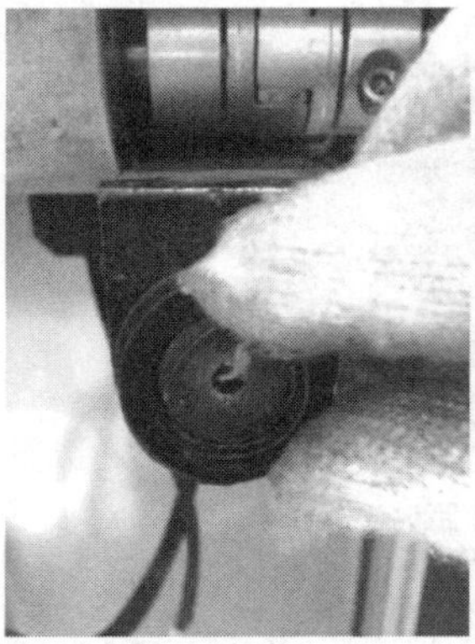

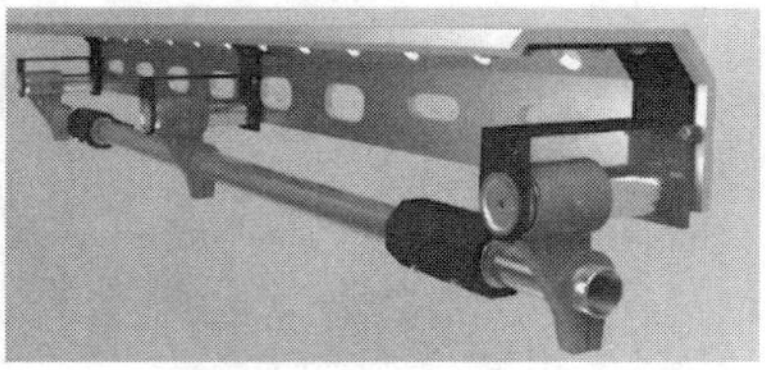

(9)安装紧急解锁装置。首先安装外部紧急解锁装置组件，紧固件不松动，钢丝绳根据实际情况调整；然后安装内部紧急解锁装置组件和立罩，将立罩安装在台架门框上，紧固件不松动。调节内部紧急解锁装置组件的钢丝绳。将内部紧急解锁装置组件安装在立罩上，紧固件不松动。

(10)调节全程锁闭装置，具体步骤为：

①调节技巧：先装内解锁的线(银色小球那根线在上)，将开关打到复位，将线装好，之后开关打到解锁位，看触点(图中圈出的地方)是否将全程锁闭装置的后面那块板顶开，丝杆正反转是否顺畅，若不顺畅则将其往外旋出(红圈圈出部分)；外解锁调节：须将内解锁调制复位，之后的调节过程与内解锁同理。

②解锁故障处理：解锁板的笃定螺孔是可以左右移动的长型孔，如果打不到复位，可拧松螺钉左右移动调整。

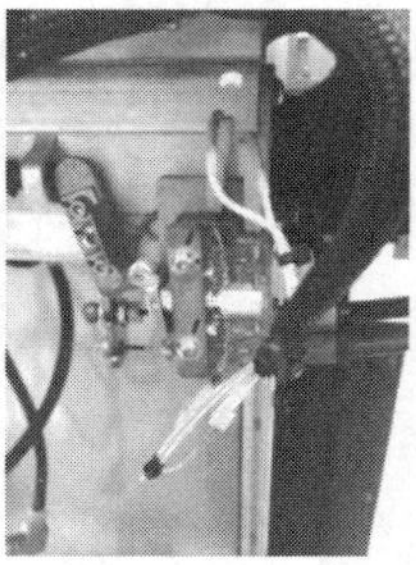

(11)安装门页。将左、右门板与左、右携门架架体连接，紧固件暂不紧固。操作时注意，两门板处于闭合状态时，再拆除其紧固螺钉。

续上表

实训步骤指导

(12)调试门板上、下部外摆尺寸。将内外解锁打到复位,将设备通电,能开关门以后调试门板上、下部外摆尺寸:下调滚轮摆臂,上调携门架套筒上偏心轮。门的外表面与"门框"外表面上下距离是(56±2) mm。

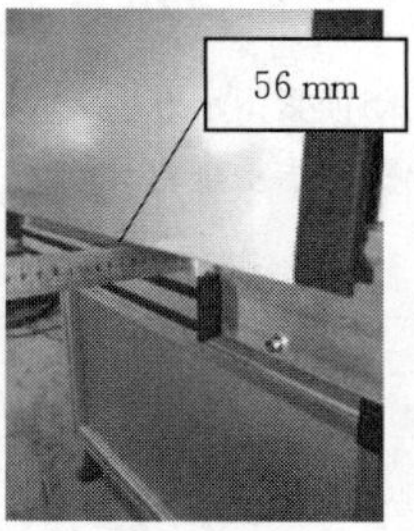

(13)左右门板安装调试,主要内容包括:

①门页 V 型,要求门位于直道位置,两页门扇上部比下部大 2~5 mm。调整方法为调携门架与门板连接处的偏心轮。

②上部平衡轮压轮与门板加强点处压槽轻微接触,调整方法为调平衡轮的偏心轮。

(14)门页平行度调整。关门到位后,门板外表面与台架外表面齐平,偏差不超过 2 mm。

(15)调整下挡销,具体步骤为:

①安装左、右门板下挡销,紧固件不松动。

②门板下挡销与门槛嵌块凹槽正确啮合,保证挡销末端和嵌块底部之间的距离为 2~3 mm。

(16)调整门净开度。要求左右门板在同一平面内,门开度(1350±10) mm 通过调松或调紧左右缓冲头来实现。

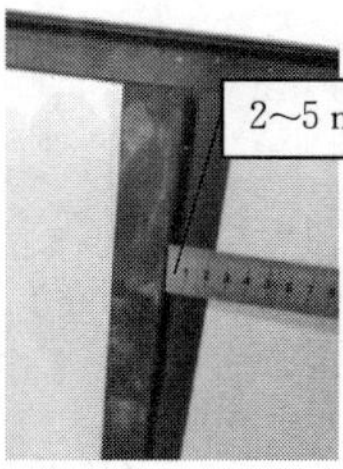

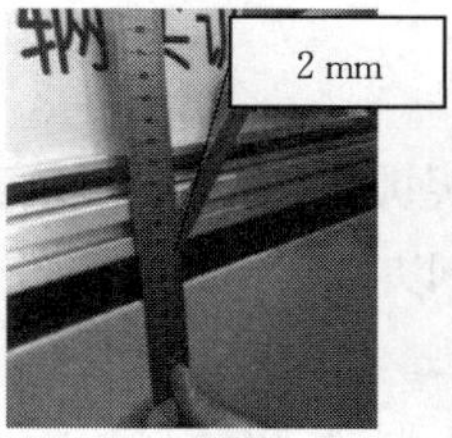

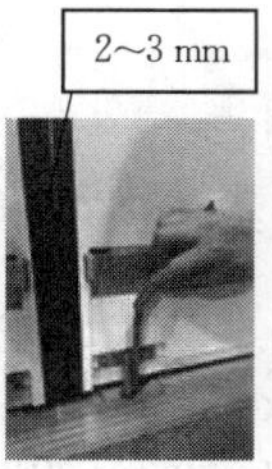

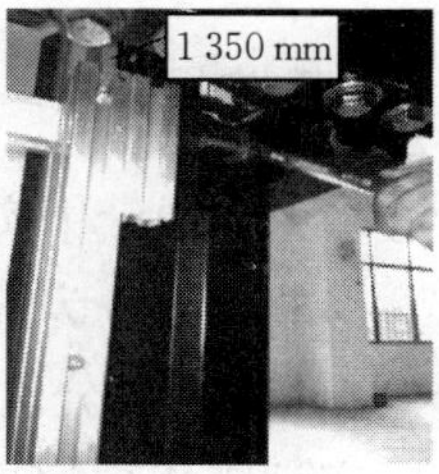

4. 试验

打开以下所有开关,进行试验。

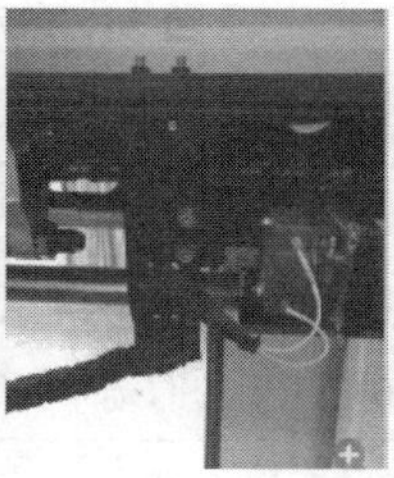

续上表

系统联调	内部紧急解锁装置（内操作）	门关到位后，旋转内操作手柄或用四方钥匙操作内操作的四方头，全程锁闭装置应能解锁，紧急解锁开关被压合，门能正常打开。
	安全性	无短路、漏电等安全隐患。
	电源指示	闭合空开，将电源钥匙开关拨至“1”位，电源指示灯亮。
	初始化测试	控制台电源打开，门锁打至解锁位置，推开车门，关闭机构电源，再打开机构电源开关，门自动闭合。
	零速保护	无零速信号时，按开门、关门按钮，门不做相应的运动。
	开关门动作	有零速信号时，按开门按钮，执行开门动作，关闭锁紧指示灯熄灭。 按关门按钮，执行关门动作，关门到位后，关闭锁紧指示灯亮。 过程中外侧指示灯闪烁。
	隔离锁保护	隔离锁锁上时，外侧指示灯亮。 解锁时外侧指示灯熄灭。
	内操作锁	门锁手动打至解锁位置，推开车门，再打至复位位置，车门闭合，过程中外侧指示灯亮。
	外操作锁	用四角钥匙将门锁打至解锁位置，推开车门，再打至复位位置，车门闭合，过程中外侧指示灯亮。
	安全回路	当门关闭锁紧后，关闭锁紧指示灯应点亮。
收尾工作	清点各工器具无丢失，无留在作业现场，对作业现场进行清洁。	
	作业过程中及时填写作业记录表格。	

六、考核标准

1. 本课程成绩中实训纪律占10%、实训报告占10%、实训成绩占80%。

2. 考核成绩分为五个等级：优(90分以上)、良(80～89分)、中(70～79分)、及格(60～69分)、不及格(59分以下)。

3. 实训报告内容应包含实习的时间、地点和项目内容，总结自己在各实训项目中技能训练情况，实训过程中的体会与收获以及对本实训安排的建议。

项目一　自动车钩机械钩头检修考核表

班级__________　姓名__________　学号__________　得分__________　时间__________

项目		考核内容及评分标准	扣分	得分	备注
	时间(20分)	规定时间8 min内，分数相同者，时间少的优先			
		部件识别：全自动车钩缓冲装置及附件(口述)			
		准备工具(口述)			

续上表

<table>
<tr><th>项目</th><th></th><th>考核内容及评分标准</th><th>扣分</th><th>得分</th><th>备注</th></tr>
<tr><td rowspan="7">操作过程</td><td>作业顺序
（80 分）</td><td>（1）报告（自我介绍）后开始计时。
（2）放铁鞋、挂禁动牌。
（3）分解：拆除风管连接组件——解钩手柄组件——取钩舌弹簧——中心轴（圆销）拆卸——钩舌组件。
（4）检查所有零部件，更换开口销，具体为：
①检查钩舌（外观良好）。
②检查中心销（外观良好，垂直度符合要求）。
③检查钩舌销（外观良好，垂直度符合要求）。
④检查解钩连杆（外观良好）。
⑤检查解钩手柄（外观良好）。
⑥检查解钩手柄座（外观良好）。
⑦检查风管连接（外观良好）。
⑧检查钩舌弹簧（外观良好）。
⑨检查螺纹（丝扣无滑扣）。
（5）组装：顺序与分解顺序相反。
（6）试验车钩三态。
（7）撤禁动牌和铁鞋。
（8）报告作业完毕，计时结束。</td><td></td><td></td><td></td></tr>
<tr><td rowspan="6">扣分标准</td><td>（1）作业程序每错一步扣 5 分。</td><td></td><td></td><td></td></tr>
<tr><td>（2）配件未轻放每件扣 2 分。</td><td></td><td></td><td></td></tr>
<tr><td>（3）未口述配件名称、错报名称，每件扣 2 分。</td><td></td><td></td><td></td></tr>
<tr><td>（4）螺母松动每个扣 2 分。</td><td></td><td></td><td></td></tr>
<tr><td>（5）口述声音洪亮，口齿清晰，不合格扣 2 分/次。</td><td></td><td></td><td></td></tr>
<tr><td>（6）未安装完成失格，反装失格，零件掉落清扫扣 2 分；配件落地后未清扫扣 5 分。</td><td></td><td></td><td></td></tr>
<tr><td>安全及其他</td><td>此项未配分</td><td>（1）不按规定着装失格；不挂或不撤禁动牌失格。
（2）受轻伤每处扣 3 分。
（3）受伤不能继续工作，失格。
（4）出现其他不安全因素每次扣 3 分。
（5）工具、材料摆放不整齐，扣 10 分。</td><td></td><td></td><td></td></tr>
<tr><td>合计</td><td>100 分</td><td></td><td></td><td></td><td></td></tr>
</table>

项目二　电动塞拉门检修考核表

班级________　姓名________　学号________　得分________　时间________

任务	分项内容	评分标准	得分	备注
门系统安装与调试(60分)	检查门框入口宽度尺寸(6分)	净开度1 350 mm,错1组数据(或无数据)扣2分 左右摆臂安装座尺寸(111±1) mm 隔离锁安装座尺寸(552±1) mm		
	上压条侧压条和密封条(2分)	压条前表面距台架外表面距离为(17±1) mm,不符尺寸要求扣4分		
	机架组件(4分)	机架上顶面距门槛表面高度尺寸为(933±2) mm,不符尺寸要求扣2分		
		机架后表面距离上压条尺寸为(166±2) mm,不符尺寸要求扣2分		
	紧固件(5分)	无松动,用记号笔进行标记,1处不符要求扣0.2分		
	丝杆端部圆螺母及止动垫圈(2分)	安装方向正确,不符合要求扣2分		
	联轴器(4分)	联轴器两个三叉相互间隙为2 mm,不符合尺寸要求扣2分		
		联轴器与电动机支座距离为6 mm,不符合要求扣2分		
	挡卡(2分)	安装方向正确,不符合要求扣2分		
	门系统调试(30分)	门板上部外摆尺寸为(56±2) mm(车门外表面距台架外表面距离),不符尺寸要求扣2分		
		门板下部外摆尺寸为(56±2) mm(车门外表面距台架外表面距离),不符尺寸要求扣2分		
		测量门板V形,要求门位于直道位置,两页门扇上部比下部大2～5 mm,不符尺寸要求扣4分		
		关门到位后,门板外表面与台架外表面齐平,偏差不超过2 mm,不符要求扣5分		
		关门到位后,上部平衡轮压轮与门板加强点处压槽轻微接触,压轮用手滑动,不符要求扣5分		
	内部紧急解锁装置(内操作)(5分)	门关到位后,旋转内操作手柄或用四方钥匙操作内操作的四方头,全程锁闭装置应能解锁,紧急解锁开关被压合,门能正常打开,不符要求扣5分		

续上表

任务	分项内容	评分标准	得分	备注
系统联调(22分)	安全性(1分)	无短路、漏电等安全隐患、不符合扣1分		
	电源指示(2分)	闭合空开，将电源钥匙开关拨至“1”位，电源指示灯亮。电源指示灯不亮扣除2分		
	初始化测试(2分)	控制台电源打开，门锁打至解锁位置，推开车门，关闭机构电源，再打开机构电源开关，门自动闭合，不符要求扣2分		
	零速保护(2分)	无零速信号时，按开门，关门按钮，门不做相应的运动，不符要求扣2分		
	开关门动作(2分)	有零速信号时，按开门按钮，执行开门动作，关闭锁紧指示灯熄灭；按关门按钮，执行关门动作，关门到位后，关闭锁紧指示灯亮，过程中外侧指示灯闪烁，不符要求扣2分		
	隔离锁保护(4分)	隔离锁锁上时，外侧指示灯亮；解锁时外侧指示灯熄灭，不符要求扣4分		
	内操作锁(4分)	门锁手动打至解锁位置，推开车门，再打至复位位置，车门闭合，过程当中外侧指示灯亮，不符要求扣4分		
	外操作锁(4分)	用四角钥匙将门锁打至解锁位置，推开车门，再打至复位位置，车门闭合，过程当中外侧指示灯亮，不符要求扣4分		
	安全回路(1分)	当门关闭锁紧后，关闭锁紧指示灯应点亮，不符合要求扣2分		
	零部件分解不到位扣2分，零部件名称错误扣1分，工作原理叙述错误扣3分，左右下摆臂组件安装方向错误扣2分，挂架安装方向错误扣2分			
职业素养与安全意识(18分)	现场操作符合安全操作规程(5分)			
	工具摆放、零部件、导线等的处理应符合职业岗位的要求(5分)			
	分工合理，配合紧密，材料利用合理(5分)			
	遵守赛场纪律，尊重赛场工作人员，爱惜赛场的设备和器材，工位整洁(3分)			
	不按规定着装失格；不挂或不撤禁动牌失格			
时间	1 h			
合计分数				

课程九　城市轨道交通列车电气实训

一、实训目的

本实训是根据轨道车辆检修工和轨道列车司机岗位需要而设置的。学生在学习了相关理论课程的基础上，通过实操技能训练，将理论和实践结合起来，进一步加深对所学理论知识的理解，并且感性的认知和熟识城市轨道交通车辆电器设备及电气系统组成。

(1)认识城轨车辆电气检修常用工具和仪表，掌握其使用方法。

(2)认识城轨车辆电器设备的外观，熟悉其结构组成及部件名称，了解其检修工艺流程，掌握分解及检查方法。

(3)认识三相交流异步电动机的外观，熟悉其结构组成及部件名称，了解其检修工艺流程，掌握分解及检查方法。

(4)识读城轨车辆电气系统电路图，熟悉读图方法，掌握电路图和实际电路的对应关系。

(5)识读高速断路器控制电路图，掌握接线表的编制方法，掌握电气安装方法和电路故障检查方法。

二、实训任务

(一)实训安全知识教育

(1)熟悉电气实训室的操作规程及要求。

(2)熟悉电气操作的安全知识。

(3)增强学生安全操作的作业意识。

(二)实训室设备布置及功能认知

(1)熟悉实训室内设备布置。

(2)了解各个设备的基本功能及用途。

(三)电气检修常用工具和仪表的认知

认识城轨车辆电气检修中常用工具仪表的名称、外观结构、用途，并在项目训练中掌握使用方法。

(四)城轨车辆电气系统电路图识读及电路认知训练

识读城轨车辆电气系统电路图，熟悉读图方法，掌握电路图和实际电路的对应关系。

(五)高速断路器控制电路组装及调试训练

(1)提高学生的电路图读图能力，并能够根据电路图编制接线表。

(2)掌握电气系统安装及施工的基本技能及电路故障检查方法。

(六)三相交流异步电动机的分解及检查训练

认识三相交流异步电动机的外观，熟悉其结构组成及部件名称，了解其检修工艺流程，掌握分解及检查方法。

(七)城轨车辆典型电器设备的分解及检查训练

认识城轨车辆常用电器设备的外观,熟悉其结构组成及部件名称,了解其检修工艺流程,掌握分解及检查方法。

三、实训预备知识

(1)电工及电子基础知识。

(2)电工常用工具及仪表的使用方法。

(3)城市轨道交通车辆电器基本知识。

(4)城市轨道交通车辆电气电路图的基本知识。

(5)城市轨道交通车辆电气系统电路的组成及工作原理。

四、主要仪器设备及使用、操作安全注意事项

1. 主要仪器设备

万用表、受电弓、高速断路器、司机控制器、直流接触器、城轨车辆电气实训系统等。

2. 实训工具、仪器仪表使用注意事项

(1)严禁将工具量具未按其用途而当锤击、錾切工具使用。

(2)各种量具在使用过程中必须保持清洁。

(3)仪表、量具使用完毕应当立即装入盒(套)中保存,不能随处乱扔。

(4)使用电动工具时应注意:外壳、手柄是否完好无损;接线插头是否完好,有无异常;避免发生机械损伤;易燃易爆地点禁止使用。

3. 实训操作安全注意事项

(1)训练过程中必须注意检查并保持工作台、架的牢固性。

(2)拆卸的设备必须放置在专用的台、架或垫子上,并安放牢固。

(3)工作中的油脂必须用专用的容器盛装。

(4)出现故障,千万不要带故障继续工作。

(5)其他未尽事项应参照实训室安全注意事项的具体要求进行。

4. 实训课堂要求

参加实训的学生要服从教师的指导和教育,以确保人身及实训设备的安全。

严格遵守实训纪律,遵守实训的操作规则,穿好劳动安全保护用品,在教师的指导下按照实训指导书的要求完成实训任务,不违章蛮干。

不迟到、不早退、不旷课、不串岗,不在实训教室开玩笑或打闹,不做与实训教学无关的事情。

维护好教学设施和实训设备,每天的实训教学结束以后将实训工具、设备摆放整齐,搞好教室的清洁卫生,关好门、窗、风、水、电。

五、实训的组织管理

实训分组安排:共分 12 个小组,每个小组 4 人。

六、实训项目简介与实训步骤指导

项目一　实训安全知识教育

<table>
<tr><td colspan="2">实训项目简介</td><td>通过本项目，使学生熟悉电气操作的安全知识、电气实训室的操作规程及要求，增强学生安全操作的作业意识。</td></tr>
<tr><td colspan="2">条件、设备</td><td>多媒体教学系统、课桌椅。</td></tr>
<tr><td colspan="2">要求</td><td>遵守课堂纪律，做好听课记录。</td></tr>
<tr><td>序号</td><td>学习任务</td><td>内容及要求</td></tr>
<tr><td>1</td><td>电气操作安全知识讲座</td><td>电气操作安全知识讲座(PPT)，讲座过程中注意做好笔记。</td></tr>
<tr><td>2</td><td>实训室实训守则解读</td><td>对实训室的相关要求进行解读，提出训练要求。</td></tr>
</table>

项目二　实训室设备布置及功能认知

<table>
<tr><td colspan="2">实训项目简介</td><td colspan="2">通过本项目，使学生熟悉实训室内设备布置，了解各个设备的基本功能及用途，同时，熟悉城轨车辆电气实训系统布置及组成。</td></tr>
<tr><td colspan="2">条件、设备</td><td colspan="2">城轨车辆电气系统、司机控制台、集电靴及导电轨、牵引电机及变速箱模型、实训工作台等。</td></tr>
<tr><td colspan="2">注意要点</td><td colspan="2">(1)遵守课堂纪律，不许在课堂打闹，不许作与实训无关的事。
(2)爱护所有实训设备，严禁扳动、摇晃电器设备、拉扯连接导线，攀爬设备。</td></tr>
<tr><td>序号</td><td>实训任务</td><td colspan="2">内容及要求</td></tr>
<tr><td>1</td><td>实训室总体布置认知</td><td>对照实训室平面布置图对室内设备布置进行认知学习，熟悉设备名称，了解设备外观及结构。</td><td>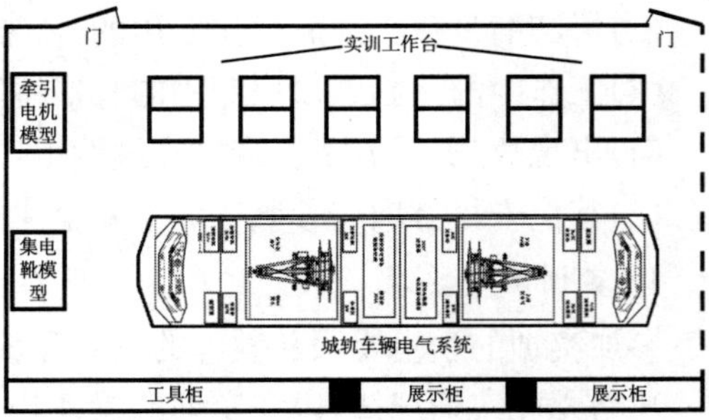
</td></tr>
<tr><td>2</td><td>电气实训系统总体布置认知</td><td>(1)对照城轨车辆电气实训系统平面布置图熟悉城轨车辆电气实训系统组成及布置。</td><td>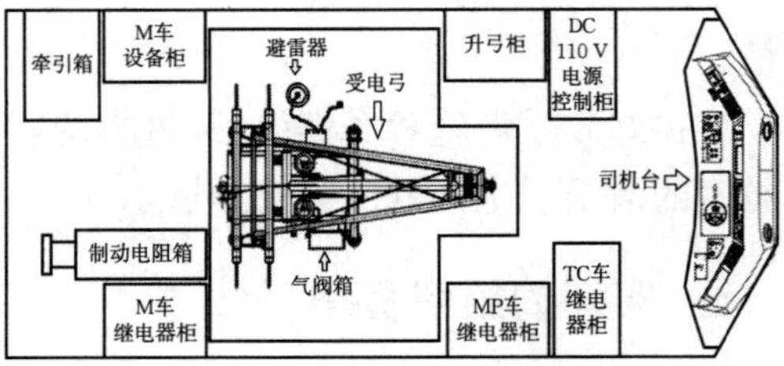
</td></tr>
</table>

续上表

序号	实训任务	内容及要求	
2	电气实训系统总体布置认知	(2)观察系统内各个电器柜内的设备组成,形成初步印象。	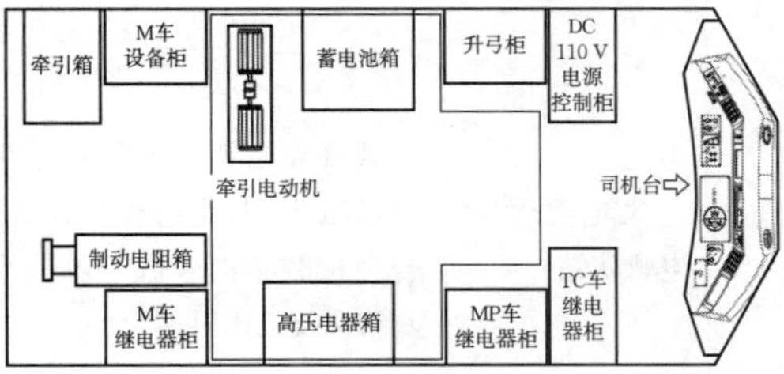
3	实训工作台认知	(1)实训工作台包括:工具柜及抽屉、工作台面、安装训练网孔板、电源仪表控制面板组成。 (2)电源系统提供三相 380 V、单相 220 V 交流电和 110 V 直流电。交流电功率 1.5 kW,直流电功率 200 W。	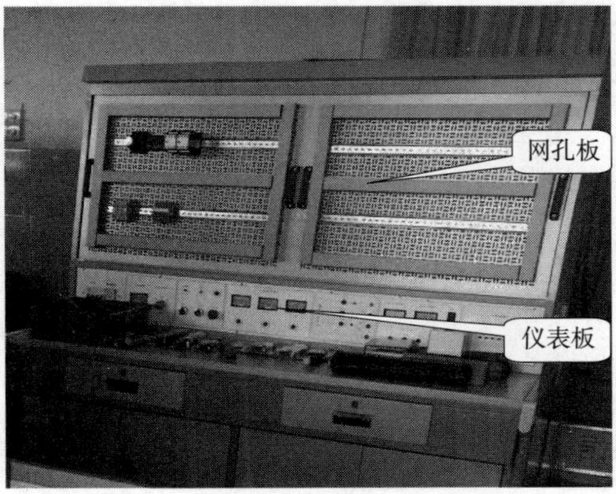
4	司机控制台认知	对照司机控制台布置示意图熟悉城轨车辆司机控制台的操作面板布置。	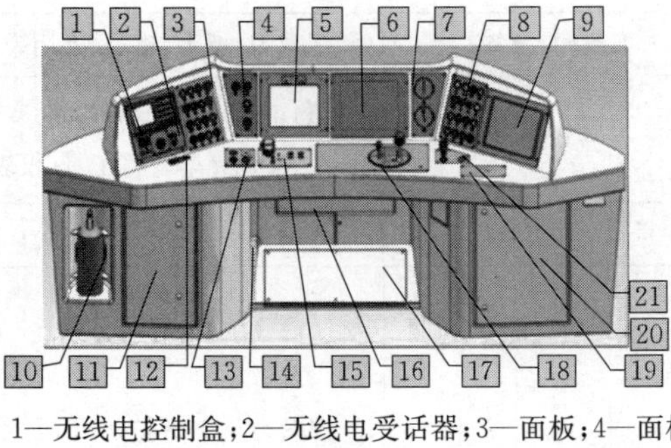 1—无线电控制盒;2—无线电受话器;3—面板;4—面板 2;5—信号显示屏;6—TCMS 显示屏;7—仪表面板;8—面板 3;9—CCTV 显示屏;10—灭火器;11—工具箱、医药箱;12—时刻表夹;13—刮雨器控制面板;14—足部取暖器;15—广播控制盒;16—中间检修门;17—脚踏板;18—司控器;19—司控器钥匙;20—右侧检修门;21—ATO 面板

续上表

序号	实训任务	内容及要求	
5	集电靴及导电轨认知	观察导电轨(受流轨,包含导入轨头)和集电靴实物,结合理论教学内容进一步熟悉其结构及工作原理。	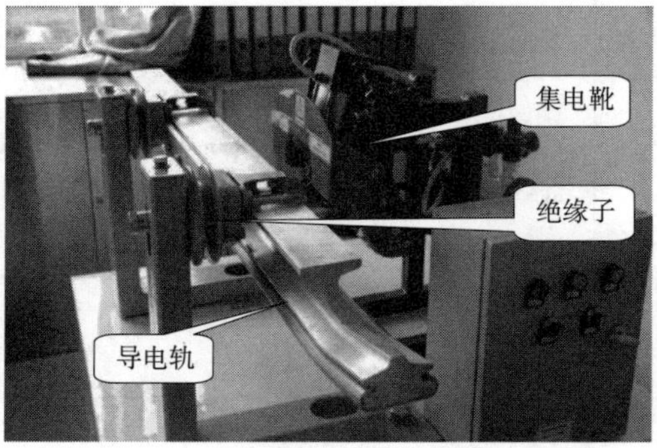
6	牵引电动机及变速箱认知	观察牵引电动机、联轴器、齿轮变速箱的内部构造,结合理论教学内容进一步熟悉其结构及工作原理。	

项目三　电气检修常用工具和仪表的认知

实训项目简介		初步认识城轨车辆电气检修中常用工具仪表的名称、外观结构和用途。	
条件、设备		螺丝刀、扳手、钳子、万用表、兆欧表、直流电桥等。	
注意要点		(1)正确使用工具、仪表。 (2)实训完毕要将工具、仪表分类装入箱柜中。	
序号	实训任务	内容及要求	
1	认识螺丝刀	螺丝刀又名螺钉旋具,是用来紧固和起松螺钉的工具。其中扭力螺丝刀可以设置拧紧力矩。	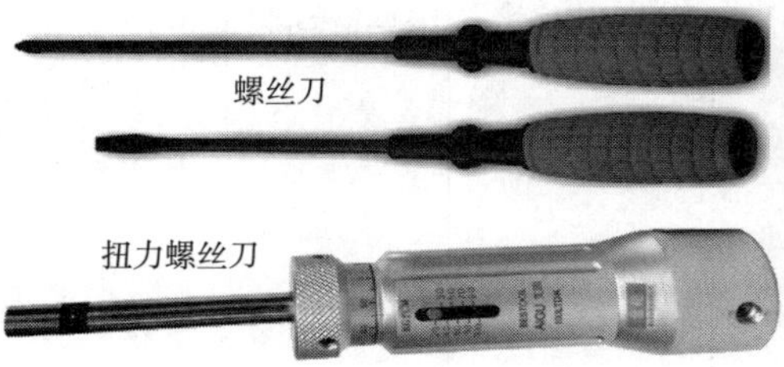

续上表

序号	实训任务	内容及要求	
2	认识低压试电笔	低压验电器又称试电笔，用于检验导体的带电状况，其检测范围为 60～500 V。	接触式螺丝刀式试电笔 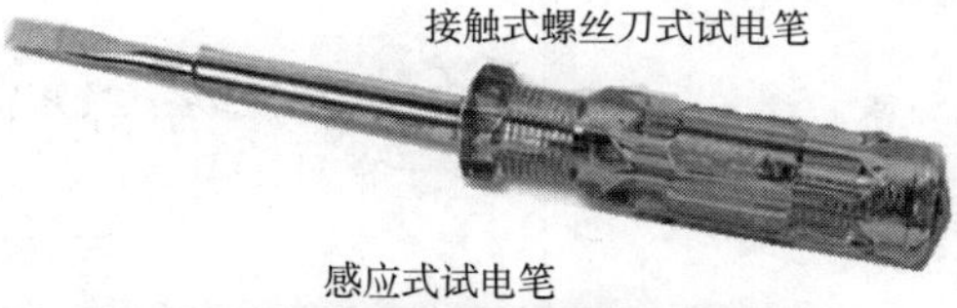 感应式试电笔 
3	认识各类钳子	克丝钳，可用于弯铰或钳夹导线线头，旋紧或起松螺母，剪切导线、剖切导线绝缘层等。	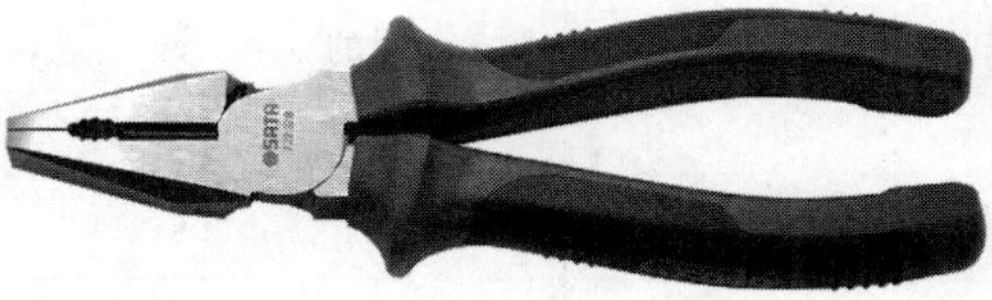
		尖嘴钳的头部尖细，适用于狭小的工作空间。	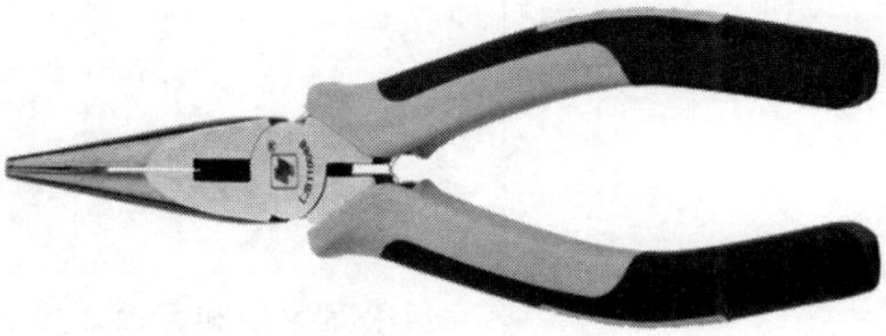
		斜口钳专用于剪断较粗的金属丝、线材及电线电缆等。	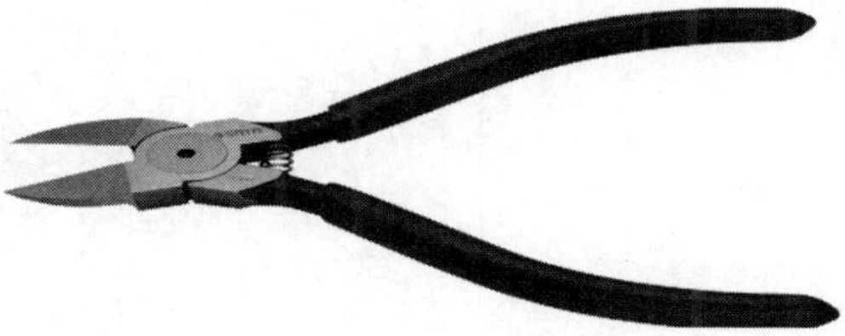
		剥线钳是剥削 6 mm^2 以下电线端部塑料线或橡皮绝缘的专用工具。	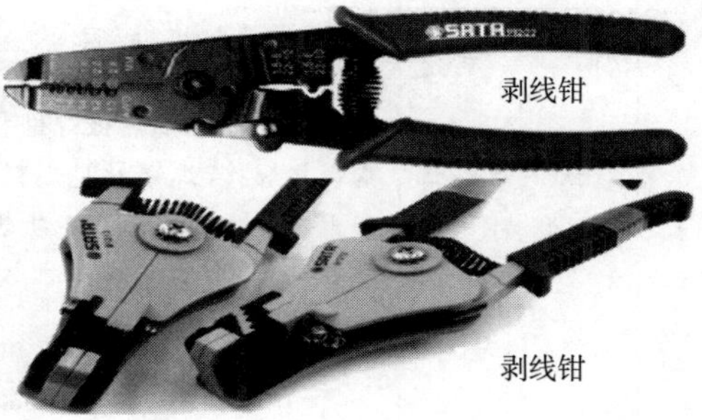

续上表

<table>
<tr><th>序号</th><th>实训任务</th><th colspan="2">内容及要求</th></tr>
<tr><td rowspan="2">3</td><td rowspan="2">认识各类钳子</td><td>压线钳是压接各类冷压接线端子的专用工具。</td><td>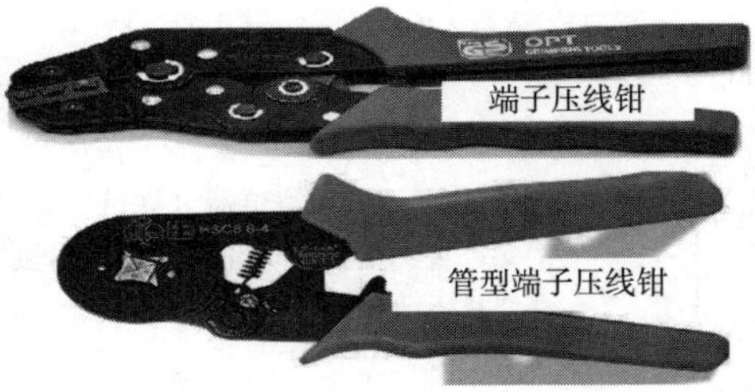
</td></tr>
<tr><td>卡簧钳是取出或者安装定位卡簧时的专用工具。</td><td>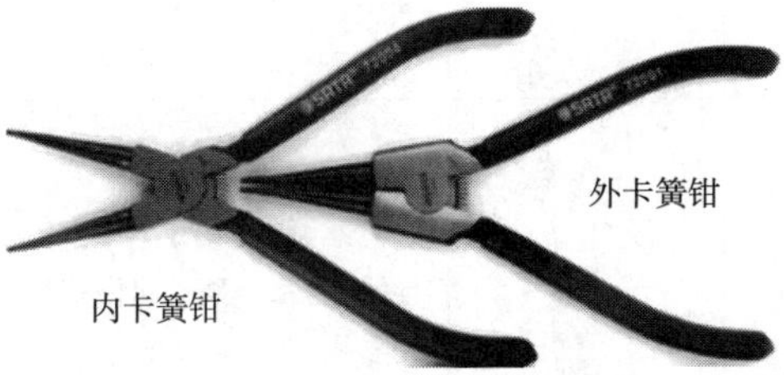
</td></tr>
<tr><td rowspan="2">4</td><td rowspan="2">认识各类扳手</td><td rowspan="2">扳手是紧固和起松螺栓螺母的一种专用工具。其中扭力扳手可以设置拧紧力矩。</td><td>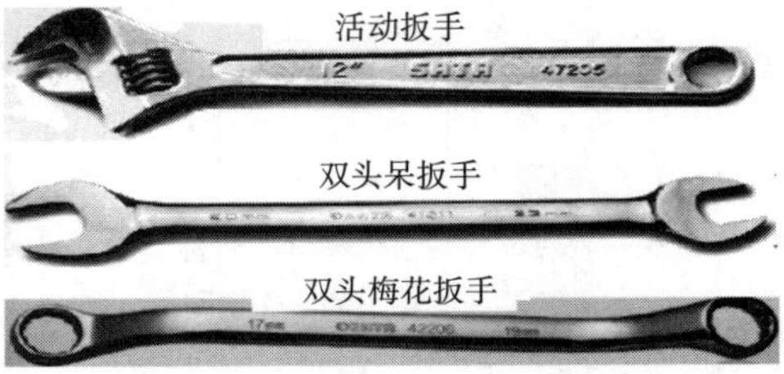
</td></tr>
<tr><td>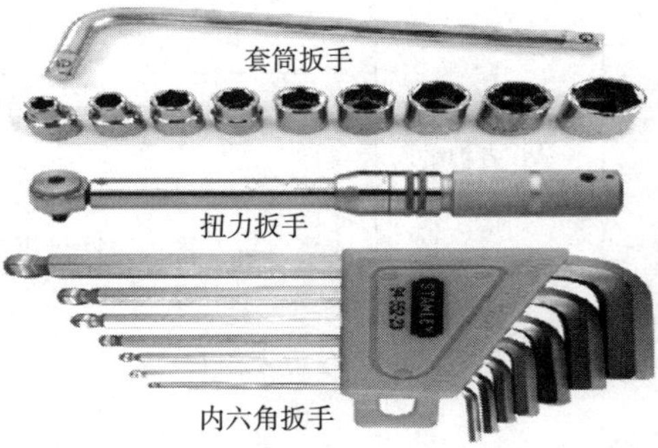
</td></tr>
<tr><td>5</td><td>认识软钎焊工具套装</td><td>电烙铁用于加热被焊件和焊料并焊接，焊锡丝是焊料，松香是助焊剂，吸锡器是拆焊工具。</td><td>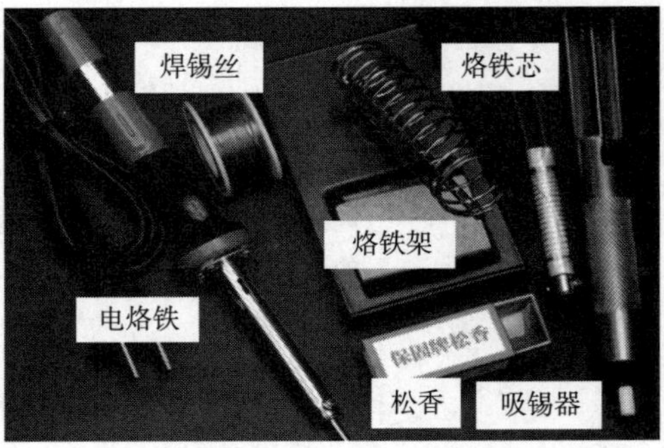
</td></tr>
</table>

续上表

序号	实训任务	内容及要求	
6	认识电热风枪和充电式手电钻	(1)电热风枪是电器维修中加热的专用工具，如热缩套管、热缩膜的加热等。 (2)手电钻是钻孔的工具，调速功能下还可以夹持螺丝刀头等小型螺丝、螺栓的安装拆卸工具。	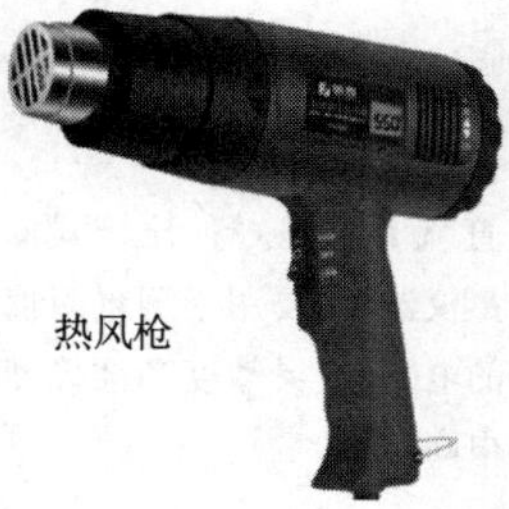 热风枪 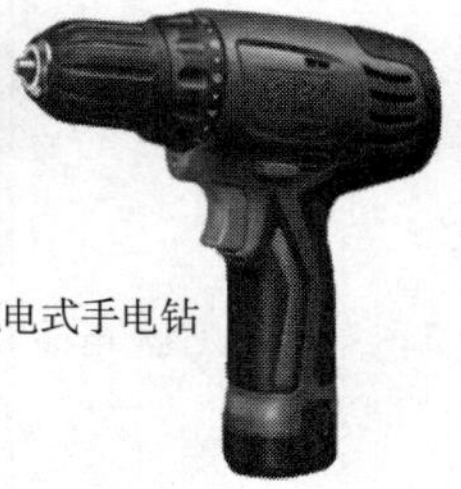 充电式手电钻
7	认识各类锤子	在检修中常用的敲击工具有纯钢手锤、紫铜锤、木锤、橡胶锤、紫铜棒等，其中纯钢手锤不能够直接用来敲击检修的设备，必要时可用木块或紫铜棒隔垫。	
8	认识电工刀具	在电气维修中常用的刀具有电工刀和裁纸刀等，主要用来剖削导线绝缘皮、削制木棒等。	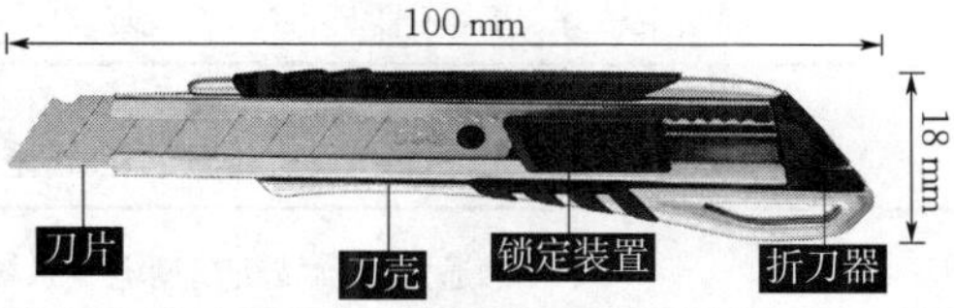
9	认识组合工具	指将各种规格的螺丝刀、内六角扳手、套筒扳手、棘轮扳手组合在一起的多用途工具套装。	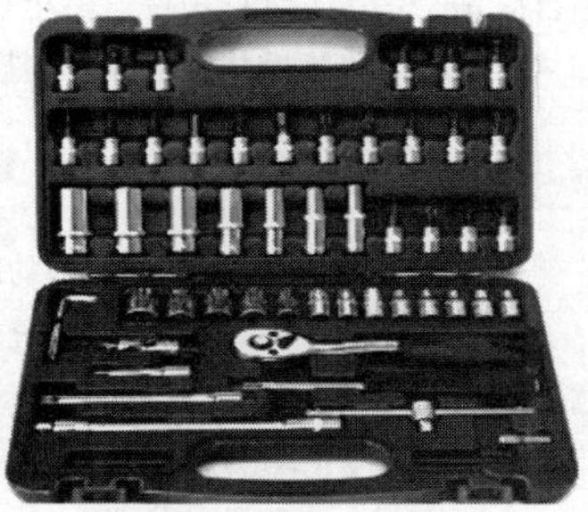
10	认识万用表	(1)万用表能测量电流、电压、电阻，有的还可以测量频率、电容值等。按结构可分为机械指针式和数字式两种。 (2)万用表使用完毕，将转换开关置于 OFF 挡或交流电压的最大挡。	 带钳流数字万用表 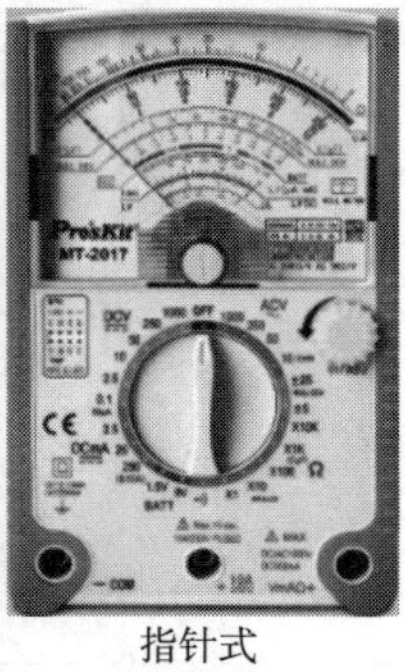 指针式万用表
11	认识绝缘电阻表	又称兆欧表或摇表，是用来测量被测设备的绝缘电阻和高值电阻的仪表，有电子式和手摇机械式两种类型。	 机械式 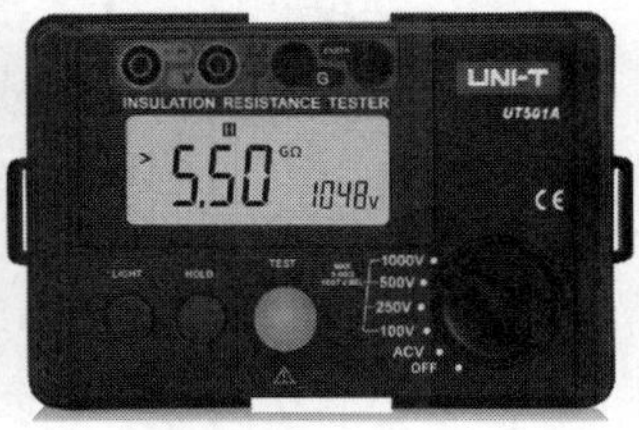 电子式

续上表

<table>
<tr><th>序号</th><th>实训任务</th><th colspan="2">内容及要求</th></tr>
<tr><td>12</td><td>认识直流电桥</td><td>直流电桥是一种比较式的测量仪器，主要用于测量阻值小的电阻，其灵敏度和准确度都很高。</td><td>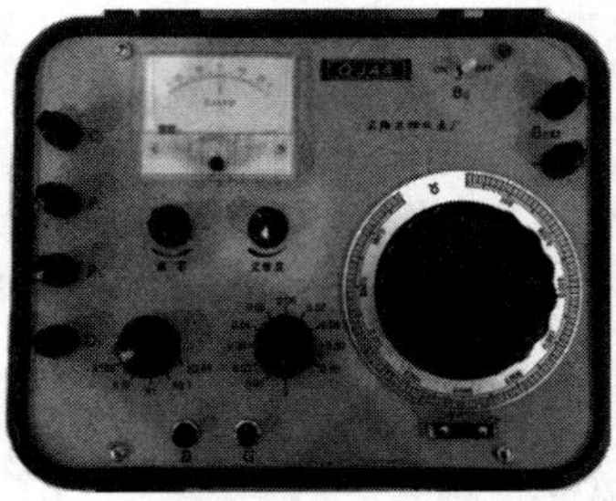</td></tr>
<tr><td>13</td><td colspan="3">实训结束整理、清点工器具，并清扫现场。</td></tr>
</table>

项目四　城轨车辆电气系统电路图识读及电路认知训练

<table>
<tr><td colspan="2">实训项目简介</td><td colspan="2">通过识读城轨车辆电气系统的电路图，使学生掌握电路图的读图方法，并通过将电路图与实际电气电路相联系，进一步熟悉城轨车辆控制电路的基本控制原理，为今后分析电路，查找电路故障夯实基础。</td></tr>
<tr><td colspan="2">条件、设备</td><td colspan="2">城轨列车电气系统、电气系统电路图册。</td></tr>
<tr><td colspan="2">注意要点</td><td colspan="2">(1)爱护所使用的图册。
(2)进行电气系统电路认知时需切断系统供电。
(3)严禁摇晃、扳动系统电器设备。
(4)严禁拉扯电气系统连接导线及线头；如果不小心扳动或旋动了电气系统的空气开关、旋钮等的位置，必须将其恢复原状。</td></tr>
<tr><td>步骤</td><td>作业内容</td><td colspan="2">作业标准及要求</td></tr>
<tr><td>1</td><td>电路图的识读内容</td><td colspan="2">(1)了解电路图功能组说明；熟悉电路类型的分类、功能以及应用意义。
(2)了解电路图的命名系统；熟悉设备位置、元件、线号以及交叉引用标识的命名方法及应用意义。
(3)了解电路图的位置号说明；熟悉位置号与实际位置的关系。
(4)了解电路图的元件号说明；熟悉与元件相关的标记(具体见列车电气系统电路图册的0101～0104页)。</td></tr>
<tr><td>2</td><td>图纸标题栏识读</td><td>标题栏主要内容包括：项目名称代号、该页图内容、该图所属功能组、图纸页码、该功能组总共页数。</td><td>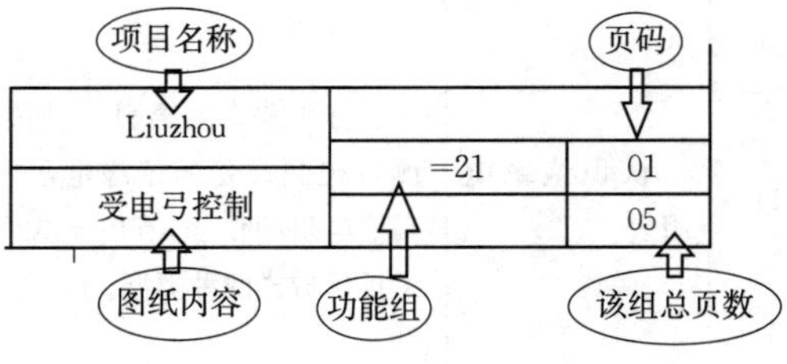
</td></tr>
</table>

续上表

步骤	作业内容	作业标准及要求	
3	认识接线端子排及其在电路图中的表示方法	城轨车辆电路采用的接线端子主要是弹簧端子，有普通连接端子和二极管端子两种，点位数有 2 点位、3 点位和 4 点位三种。如图，普通连接端子的同一片端子所有点位都是互通的，二极管端子的 A、C 点位和 B、D 点位为分别连接，而 A、C 点位和 B、D 点位之间是经过二极管连接的。	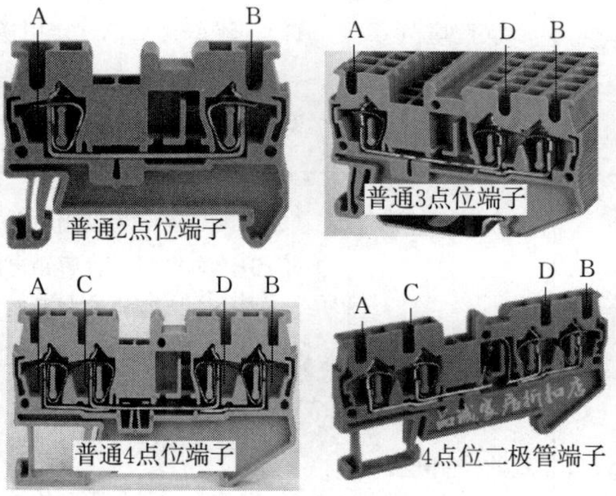
		端子排的命名：例如，＝99-XT201.01 中，＝99-XT 表示端子排，201 位置号(表明端子排的安装位置)，01 是端子排号，也就是该位置的第一排端子。	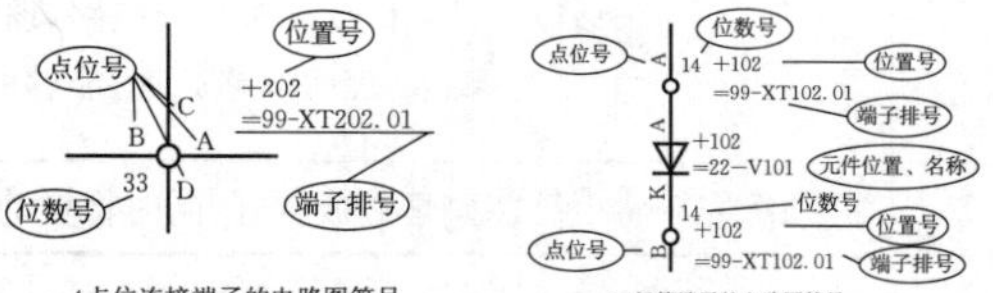4点位连接端子的电路图符号　二极管端子的电路图符号 
4	认识设备元件标注的意义	根据图中标注可知，器件＝22-K111 是向前继电器，安装位置＋102，该继电器共有 8 对触点，其中有 3 对触点有应用，有应用的 4 和 12 这对常闭触点在＝51 类图纸中的第 1 页第 5 区位置可以找到(用交叉引用标识＝51/01.5 注明)。	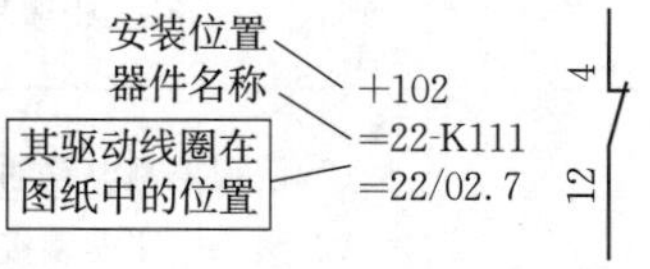 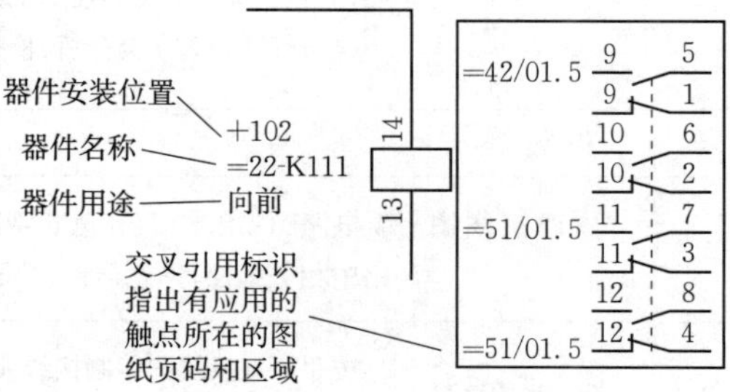

续上表

步骤	作业内容	作业标准及要求
5	识读电气系统的主电路	(1)了解车辆主电路图的基本组成,对照实际接线熟悉主电路。 (2)了解车辆 VVVF 牵引逆变电路图的基本组成,对照实际接线熟悉 VVVF 电路。 (3)熟悉车辆交流 380 V 电路图的基本组成,对照实际接线熟悉交流 380 V 电路。 要求:理解电路原理,能够根据电路图找到对应的设备、导线、点位。
6	识读电气系统的控制电路	(1)识读车辆激活控制电路,理解电路工作原理(图 7201)。 (2)识读车辆司机台解锁电路,理解电路工作原理(图 2201)。 (3)识读车辆升弓控制及监视电路,理解电路工作原理(图 2101～2102)。 (4)识读车辆高速断路器控制及监视电路,理解电路工作原理(图 2103～2104)。 (5)识读车辆方向控制电路,理解电路工作原理(图 2202)。 (6)识读车辆牵引指令、制动指令及警惕电路,理解电路工作原理(图 2203)。 (7)识读车辆紧急制动及快速制动指令电路,理解电路工作原理(图 2104～2106)。 (8)识读车辆停放制动控制及监视电路,理解电路工作原理(图 2701～2703)。 (9)识读车辆车门控制及监视电路,理解电路工作原理(图 8101～8106)。 (10)识读列车零速电路,理解电路工作原理(图 2207)。 要求:理解电路原理,能够根据电路图找到对应的设备、导线的连接点位。
7	训练完毕将电路图整理并放置好,同时将扳动的开关按钮恢复到原来状态。	

项目五　高速断路器控制电路组装及调试训练

实训项目简介		一方面,通过训练,进一步提高学生的电路图读图能力,使学生能够根据电路图编制安装接线表,掌握电路安装及施工的基本能力;另一方面,通过对电路的调试检查,使学生熟悉电路工作原理,掌握电路故障检查的基本程序和分析方法,为今后对城市轨道交通电动车辆控制电路的检修实践奠定基础。
条件、设备		(1)工具:螺丝刀、53 件组合工具、常用电工工具一套、万用表、电缆线号打印机一台。 (2)材料:按钮、接触器、中间继电器、时间继电器、冷压接线端子、接线端子排、熔断器、高速断路器、导线、线缆号码管等若干。
注意要点		(1)认识控制电路的组成及工作原理,学会编制接线表。 (2)熟悉电路安装接线方法及技巧,严格按照要求施工。 (3)施工过程中正确使用工具及仪表。 (4)开动脑筋,学会分析、检查电路故障。
步骤	作业内容	作业标准及要求
1	原理接线图识读	电路图见附件 2:高速断路器控制电路原理接线图。要求:理解电路工作原理,熟悉电路中相关标注,熟悉器件、端子的接线关系。
2	接线表的编制	按照原理接线图编制接线表(用列表的形式来表示平面布置图、设备布置图中每一根连接导线的起点、终点、路径、导线的线径及其他要求的图表)。接线表示例见附件 4。

续上表

步骤	作业内容	作业标准及要求	
3	电路器件认识	认识按钮、接触器、中间继电器、时间继电器、冷压接线端子、接线端子排、熔断器、高速断路器等器件，注意观察其安装方法及端子接线方法。	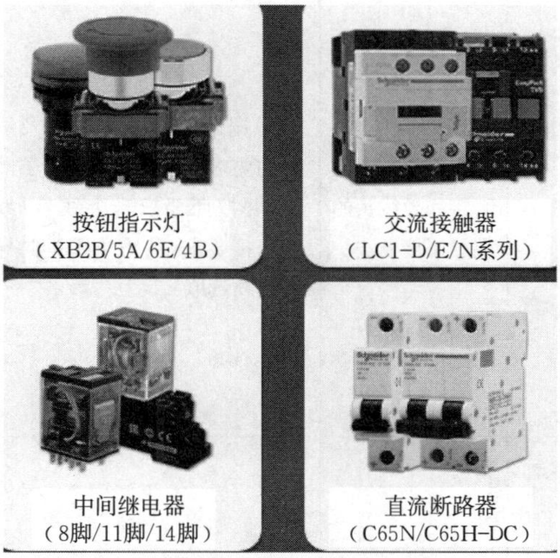
4	认识器件的接线点位与标记的关系	如果无法从电器接线端子的标注上确认端子与电路图的关系，必须利用万用表通过测量确认清楚（例如图中的继电器面板 13NO、71NC 究竟对应哪个接线柱，可以通过测量来判断）。	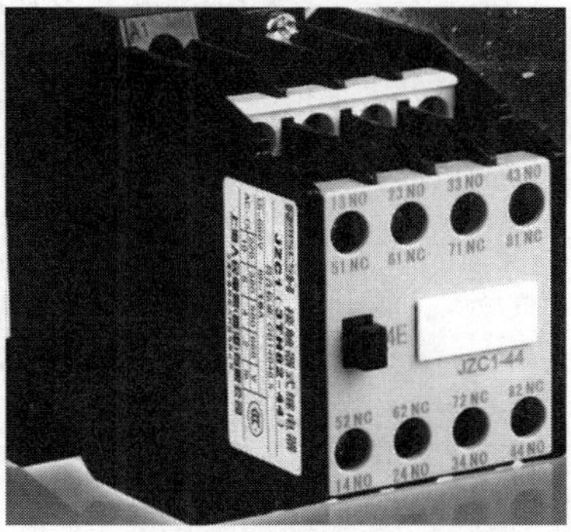
5	器件安装	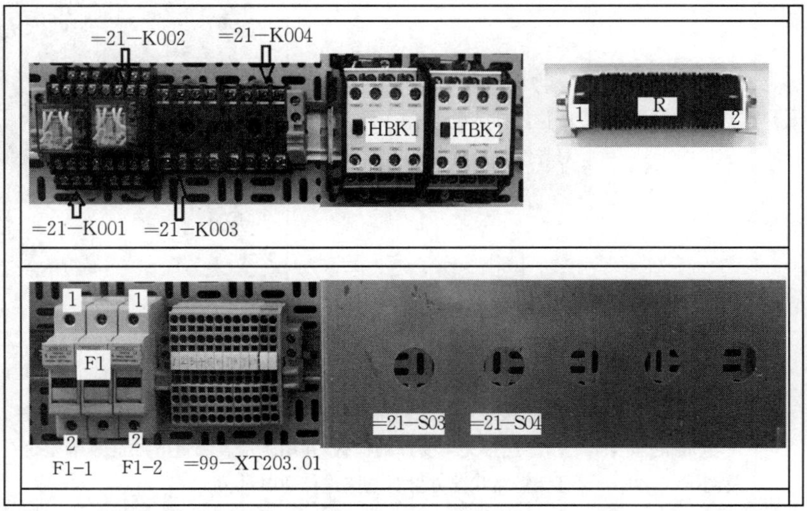 将器件按照布置图进行安装安装，要求导轨及线槽安装牢固，器件安装方向正确（器件布置图见附件 3）。	

续上表

步骤	作业内容	作业标准及要求	
6	导线线号的套接和导线头的端子压接方法	根据电器端子的情况及线头的要求，制作针型和叉子端子，并按照要求套上线号（线号套接要求：号码从线头向导线方向读取）。	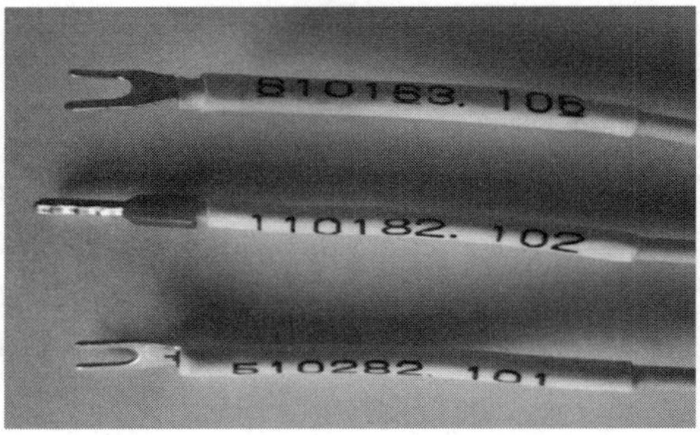
7	端子排在导轨上的安装及拆卸方法	如图，将螺丝刀插入该部位，撬动并将端子上提即可取出；先将端子一端扣入导轨，再下压另一端直至“咔”的一声扣入（不需撬动）即可完成安装。	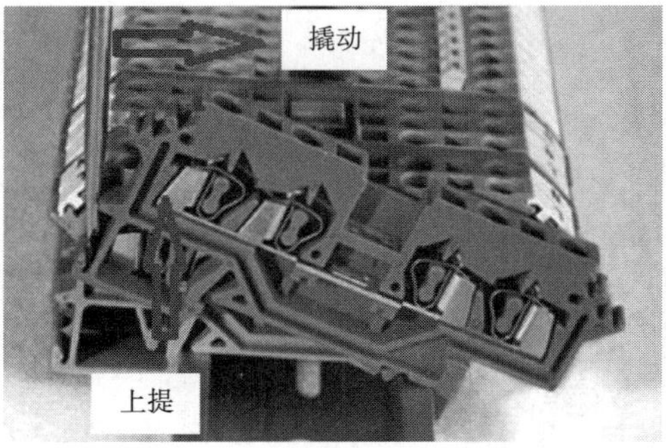
8	弹簧端子连接导线的拆装方法	将小型一字螺丝刀按照如图位置插入安装操作孔，即可对导线进行拆装。	
9	电路的安装及调试	（1）按照接线表制作所有连接导线并进行电路连接，连接导线除了标明的短接连线外，所有导线必须在线槽内布置走线，导线线号向外显示以方便观察。 （2）连接完毕要仔细检查，并用万用表测量电源进线端是否存在短路，确认电路连接无误且无短路状况方可对电路进行通电试验。 （3）通电试验中出现问题后，由小组组织分析，并报告老师。在老师的指导下采用电位检查法判断回路故障。	

续上表

步骤	作业内容	作业标准及要求
10	电路的故障检查方法	(1)先进行一般的外观检查:检查控制电路的相关电气元件。如接触器、继电器、熔断器等有无硬裂、烧痕、接线脱落、熔体是否熔断等,同时用万用表检查线圈有无断线、烧毁,触点是否熔焊。 (2)根据故障现象分析:通过分析电路的逻辑关系结合故障现象判断故障回路。 (3)回路电阻检查方法:在断电状态下可以通过使用万用表的低阻挡测量回路电阻,通过判断回路的通断锁定故障。(注意,采用电阻测量的方法必须在电路断电的情况下进行)。 (4)回路电路节点电位检查方法:在通电的情况下,观察电气系统各电器元件是否按要求顺序动作,根据故障现象分析,发现哪部分动作有问题,就在那部分回路找故障点,通过测量该回路节点的电位逐步缩小故障范围,直到全部故障排除为止。(采用节点电位测量时必须根据电路电源的性质及大小选择万用表的挡位及量程,本电路电源均为直流 110V)。 注:不论电路通电还是断电,要特别注意不能用手直接去触摸金属触点,必须借助仪表来测量。
11	实训完毕,整理、清点工器具,并将工位清扫干净。	

项目六 三相交流异步电动机的分解及检查训练

实训项目简介		对三相交流异步电动机进行分解和检查。通过训练进一步熟悉三相交流异步电动机的结构及接线方法;掌握三相交流异步电动机的拆装方法及技巧,掌握绕组直流电阻测量、绝缘电阻检测的方法。	
条件、设备		扭力扳手、螺丝刀、53 件组合工具、万用表、直流电阻测试仪(直流电桥)、绝缘电阻测试仪、三相交流异步电动机、毛刷、抹布、锂基润滑脂。	
注意要点		(1)认识三相交流异步电动机结构。 (2)熟悉三相交流异步电动机的绕组直流电阻测量、绝缘电阻检测的方法。 (3)清洁电动机外部、内部灰尘时需戴上口罩和护目镜。 (4)正确使用工具及仪表。	
步骤	作业内容	作业标准及要求	
1	清洁电动机外部可视部分	用毛刷或抹布清洁电动机外部,使电动机无明显积尘、积垢。	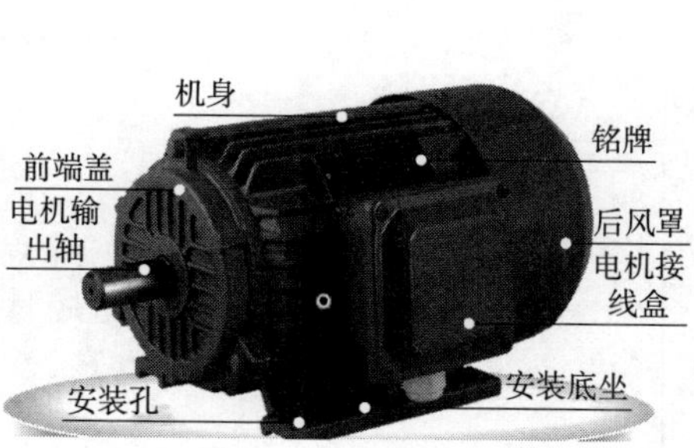

续上表

<table>
<tr><th>步骤</th><th>作业内容</th><th colspan="2">作业标准及要求</th></tr>
<tr><td rowspan="4">2</td><td rowspan="4">分解三相交流异步电动机</td><td>(1)拆卸风叶罩:将风叶轴端的卡簧取下,取出风叶,所有拆卸下的配件、螺栓都放入盒内,以免丢失。</td><td>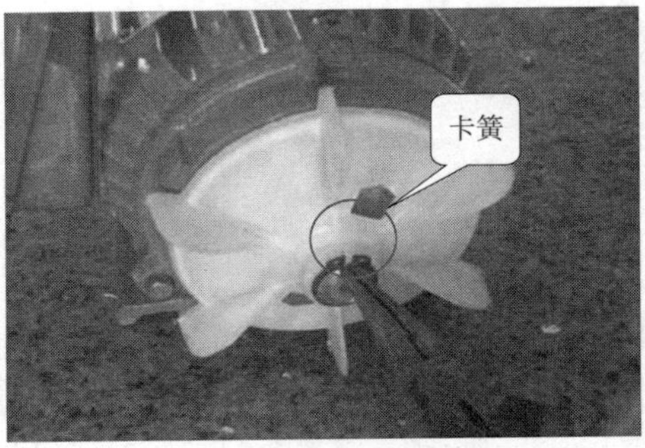</td></tr>
<tr><td>(2)拆卸前后端盖:卸下前后端盖的 M6 螺栓(拆卸前在端盖和机体间做好标记,便于装配时对位),用紫铜棒或紫铜锤轻轻从机体上敲松,取下前后端盖。</td><td></td></tr>
<tr><td>(3)拆卸转子:用双手前后配合从机体中取出转子(注意抽出前在转子与定子端部之间垫一层厚青壳纸,防止取出转子时刮伤定子铁芯和绕组),安放在专用的 V 形支架上。</td><td></td></tr>
<tr><td>(4)对电机内部进行清洁,并目视检查有无绕组过热、烧损、绝缘破损、机械损伤等问题。</td><td></td></tr>
</table>

续上表

步骤	作业内容	作业标准及要求	
3	三相交流异步电动机的装配	(1)按照分解拆卸相反的顺序重新装配电动机。 (2)装配前要保证定子、转子及各个装配表面清洁,并擦拭油污,对于已经达到加油期限的轴承要加抹润滑油。 (3)装配端盖时要对准拆卸时所作的记号,同时用紫铜棒或木锤、橡胶锤轻轻敲入,紧固螺栓时先预紧,然后用扭力扳手按 7 N·m 的力矩紧固。	 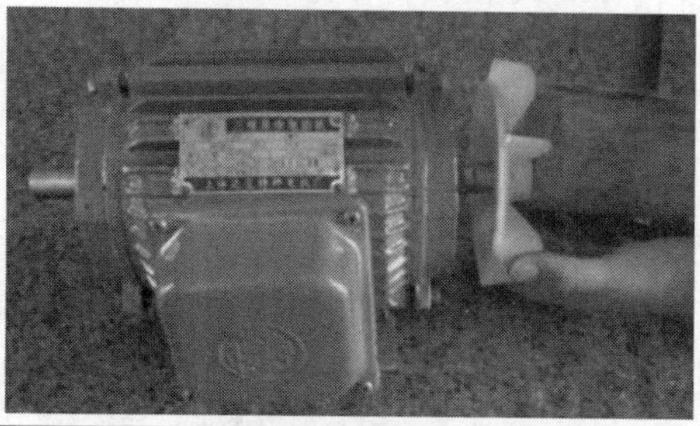
4	用直流电阻测试仪测量电机定子每相绕组阻值	(1)先用万用表初步测量每相绕组阻值。	
		(2)将测试仪表与被测绕组可靠连接。打开电桥电源,将检流计调到 0 位,灵敏度旋钮调到最低位置。根据初步测量值选择合适的倍率,先按"B"开关,再按"G"开关,检流计发生偏转,通过调节量程旋钮、步进读数旋钮和滑线读数盘使检流计重新回 0 位,先松开"G",然后松开"B"。 电阻的测量值=量程×(步进读数+滑线读数)。 测量完毕将量程旋钮调至最大位置,步进读数旋钮和滑线读数盘调至 0 位置,并关闭电桥电源。	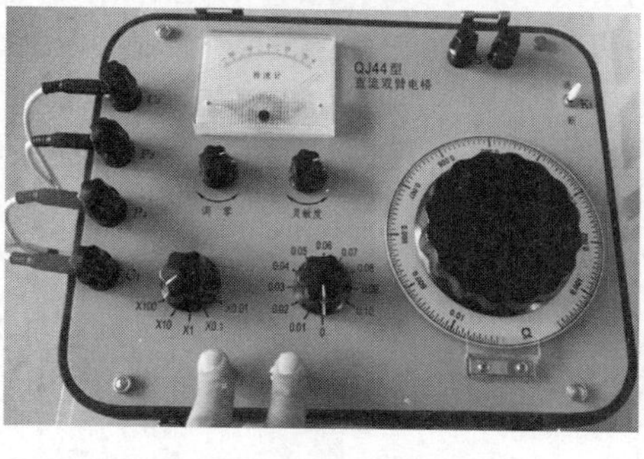 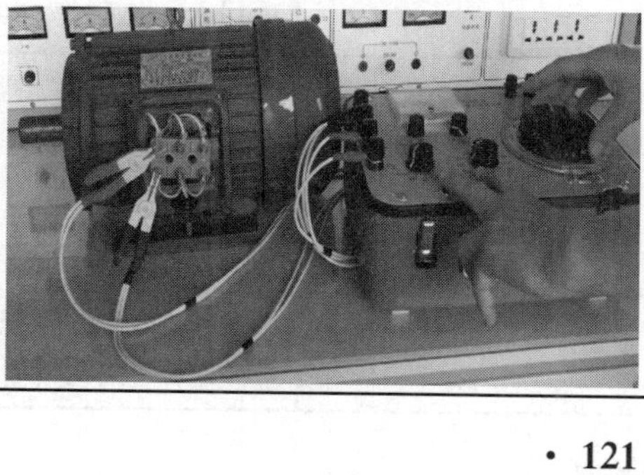

续上表

<table>
<tr><th>步骤</th><th>作业内容</th><th colspan="2">作业标准及要求</th></tr>
<tr><td rowspan="2">5</td><td rowspan="2">用机械式绝缘电阻测试仪测量电机绝缘电阻值</td><td>(1)选用电压等级符合的摇表,测量前先进行校表。具体校表方法如右图。</td><td>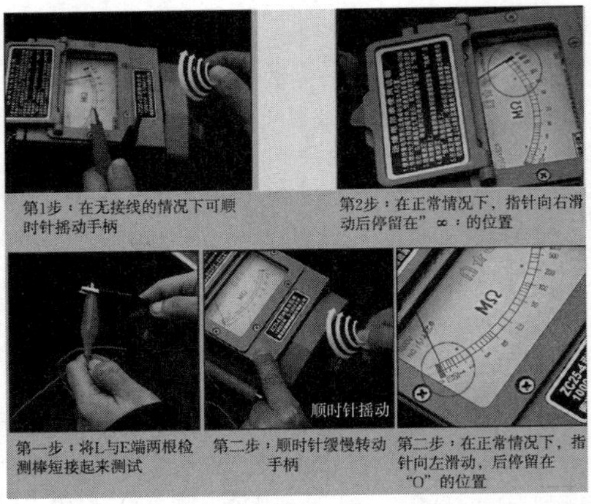
</td></tr>
<tr><td>(2)测量绕组—绕组、绕组—地(机壳)间的绝缘电阻。将连接在"L"和"E"端的测量导线与被测部位连接,顺时针摇动摇把,速度 120 r/min 左右并保持匀速转动,1 min 后读数(要边摇边读数,不能停下来读数),并记录所测数据。</td><td>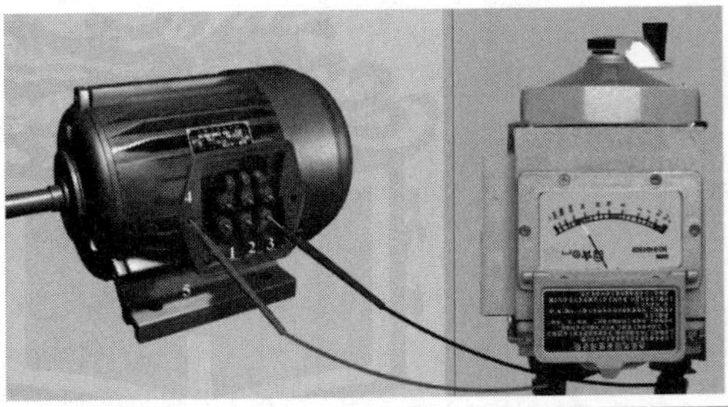</td></tr>
<tr><td>6</td><td>用数字式绝缘电阻测试仪测量电机绝缘电阻值</td><td>测量绕组—绕组、绕组—地(机壳)间的绝缘电阻值:将仪表测量导线与被测设备或线路连接,按下测试按钮 TEST,仪表自动完成测试并显示测量值,测量值取 1 min 测量值,并记录所测数据。</td><td>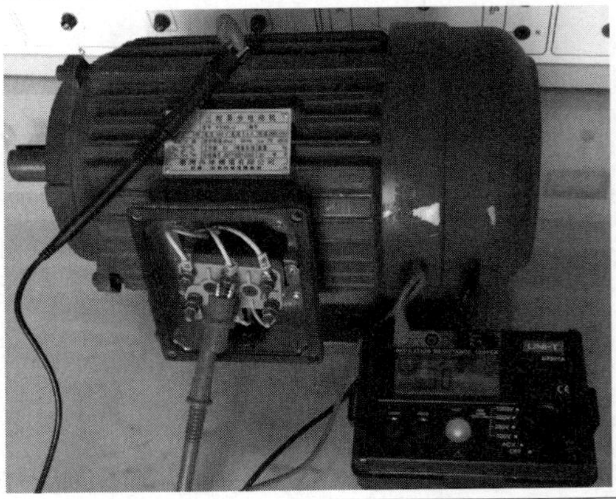</td></tr>
<tr><td>7</td><td colspan="3">实训完毕,整理、清点工器具,并将工位清扫干净。</td></tr>
</table>

项目七　城轨车辆典型电器设备的分解及检查

<table>
<tr><td>实训项目简介</td><td>通过本项目,使学生了解城轨车辆典型电器设备的基本功能及用途,熟悉城轨车辆典型电器设备的结构及工作原理,熟悉城轨车辆典型电器设备的分解拆装方法及技巧;掌握性能检查、检测方法</td></tr>
<tr><td colspan="2">项目七(一)　高速断路器的分解及检查</td></tr>
<tr><td>条件、设备</td><td>高速断路器、扭力扳手、螺丝刀、53 件组合工具、万用表、游标卡尺、专用量规、棉布、酒精、划线笔、砂纸、橡胶手套。</td></tr>
</table>

续上表

<table>
<tr><td colspan="2">注意要点</td><td colspan="2">(1)高速断路器灭弧罩约重 27 kg，下部触头盒与线圈盒约重 13 kg，搬动过程中注意安全，安放要牢靠，防止跌落。
(2)要严格按照拆检步骤进行拆检。
(3)安装时所有螺栓螺帽必须按照规定的力矩用扭力扳手紧固。
(4)正确使用工具及仪表。
(5)穿戴橡胶手套。</td></tr>
<tr><td>步骤</td><td>作业内容</td><td colspan="2">作业标准及要求</td></tr>
<tr><td>1</td><td>外观检查</td><td colspan="2">(1)清洁、检查高速断路器壳体，壳体表面应无明显污垢，禁用腐蚀性清洗剂。
(2)壳体无贯穿性裂纹。</td></tr>
<tr><td>2</td><td>分离灭弧罩</td><td>松开灭弧装置与断路器连接部位的 4 个 M8 螺栓，将灭弧装置与断路器分离，并将灭弧罩倒下平放在牢固的桌面上或放在保持稳定垂直的垫片上(也可倒置放置)。</td><td>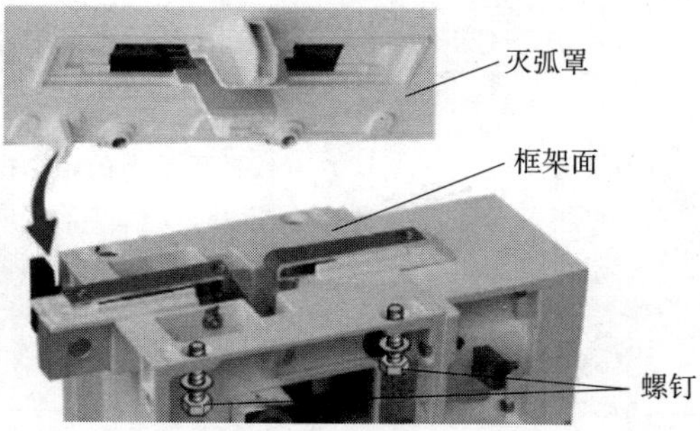</td></tr>
<tr><td rowspan="2">3</td><td rowspan="2">分解灭弧罩</td><td>(1)拆除 6 个顶板塑料盖形螺帽、顶板、6 个钢垫圈和 6 个钢螺母(M6)、最后一片去离子板及其上部导流片。</td><td>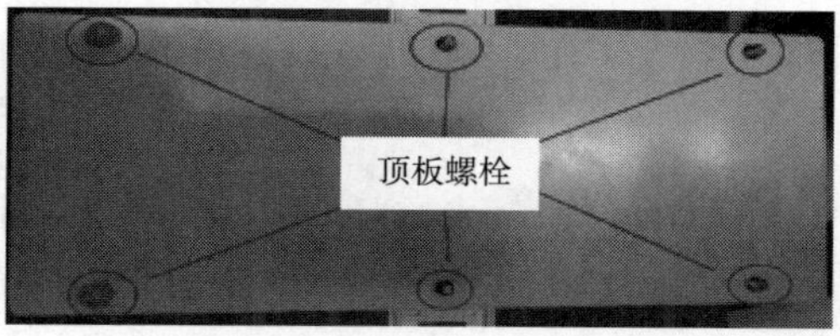</td></tr>
<tr><td>(2)按照先拆除一个去离子器，然后再拆导流片的顺序，直到拆至灭弧罩板为止。
(3)用刷子或者干布清洁灭弧罩板和去离子器，更换磨损严重的导流片。</td><td></td></tr>
<tr><td>4</td><td>检查灭弧栅片</td><td>检查灭弧栅片有无击穿现象，其烧损深度不超过 1/3，烧损面积不超过 1/3。</td><td>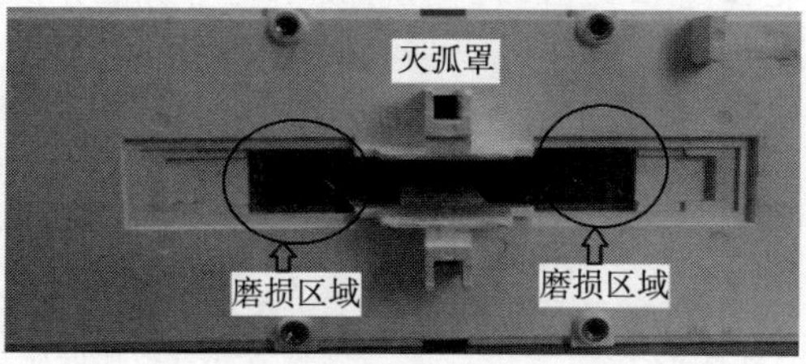</td></tr>
<tr><td>5</td><td>清洁、检查灭弧罩去离子器及层压板</td><td colspan="2">表面无裂纹、无烧损痕迹。使用专用量规[壁厚(1±0.5) mm，钢、铝及聚酯等刚性材料，尺寸 80 mm×200 mm]测量灭弧栅片间的间隙，底部五个隔板均能插入。</td></tr>
</table>

续上表

步骤	作业内容	作业标准及要求	
6	分离触头盒与线圈盒	松开线圈盒前端四个 M6 螺栓(紧固扭力 7 N·m),分离触头盒与合闸机构线圈盒。	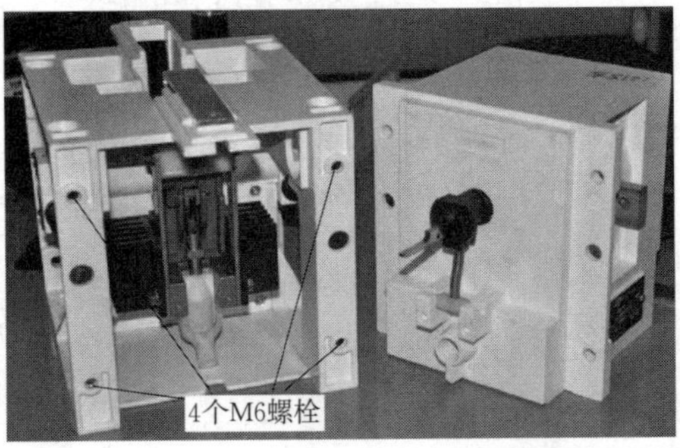
7	检查导杆组件	外观无变形、插销无断裂。	
8	拆卸检查驱动线圈	松开线圈后盖上的四个螺栓(紧固扭力 4 N·m),轻轻取出后盖、线圈。用万用表测量线圈电阻值,误差不大于 5%。	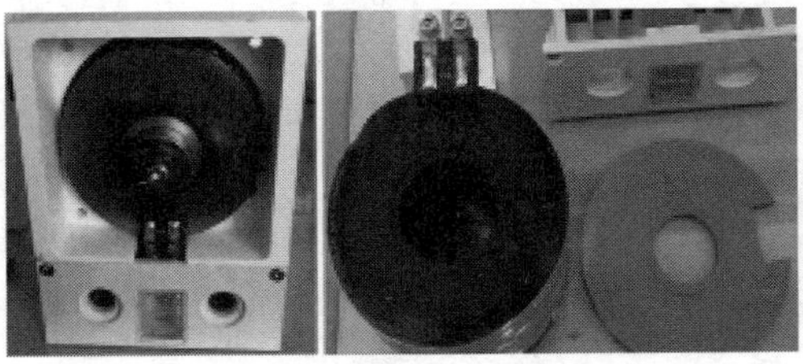
9	拆卸检查辅触头	拧开辅助触头盖上的 2 个 M4 螺丝(紧固扭力 3 N·m),拉出辅助触头盒,检查辅助触头状态,闭合时接触。检查辅助触头接触电阻阻值是否小于 0.5 Ω。	 辅助触头端子
10	拆卸、检查主静触头	(1)解体后引弧片和触头无烧损、无结瘤、无明显氧化。 (2)拆卸主静触头顶上的引弧片,将主静触头固定螺栓从一端壳体的孔中取出后,再将主静触头向前推并向上抬起取出。	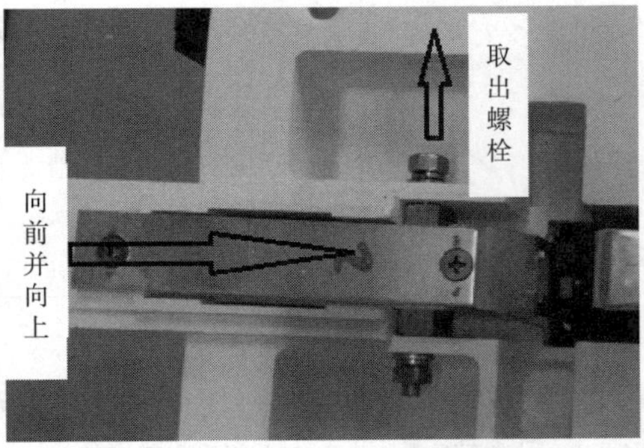
		(3)主触头的动、静触头,左、右线排连接部位如发现有锈迹用砂纸打磨,其他部分用酒精、布擦洗。	

续上表

步骤	作业内容	作业标准及要求
11	部件润滑	触头与输出铜排之间传动点以及其他传动点需要均匀涂抹锂基脂润滑油。
12	组装高速断路器	(1)安装顺序与拆卸顺序相反。 (2)合闸机构线圈盒的组装顺序:线圈→橡胶垫圈(注意大小)→线圈压盖(注意正反面)→铜垫圈(注意正反面)→防冲击胶圈→钢垫圈→后盖板。 (3)注意安装正确牢固,各个螺栓紧固力矩正确。
13	高速断路器动作试验	将组装完毕的高速断路器与高速断路器控制电路连接,通电测试其分合闸工作状态,分合闸应动作灵敏、无卡滞。
14	触头接触面积及磨损检查	(1)将复写纸置于触头之间,测量触头闭合后的接触面积,当接触面积小于80%时(以新备件接触面积为参考标准),则更换相应动、静触头(作分合闸检查时测量)。  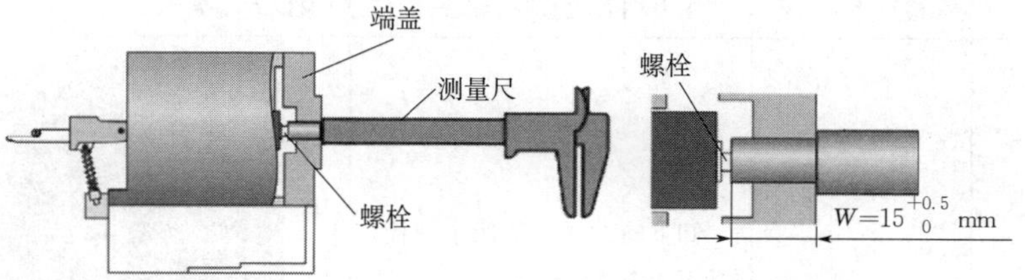 (2)使用深度计测量,当测量值小于(15+0.5) mm时,触头磨损未到限,如果大于或等于该值,表明磨损严重,应当立即更换(合闸时测量)。
15	整理、清点工器具,清洁工位。	

项目七(二)　直流主接触器的分解及检查	
条件、设备	扭力扳手、螺丝刀、53件组合工具、游标卡尺、万用表、棉布、酒精、划线笔、砂纸
注意要点	(1)直流主接触器及灭弧罩分离后安放要牢靠,防止跌落。 (2)要严格按照拆检步骤进行拆检。 (3)安装时所有螺栓螺帽必须按照规定的力矩用扭力扳手紧固。 (4)正确使用工具及仪表。 (5)穿戴橡胶手套。

续上表

步骤	作业内容	作业标准及要求	
1	分离灭弧罩	对接触器外表面的灰尘进行清扫，从对角方向向上推固定板，拆下灭弧罩。将灭弧罩与直流接触器本体分离。	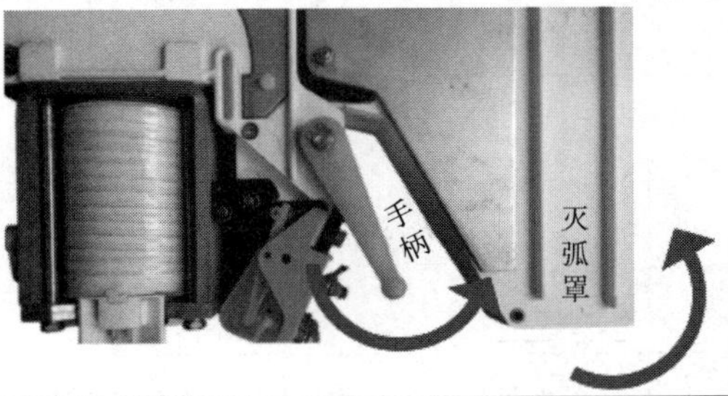
2	清洁程序	对接触器各电线、铜排、接触器灭弧罩内部以及各螺丝画线进行清洁。	
3	检查运动部件	检查分离接触器和可移动的机械部件移动灵活。	
4	检查触头	检查分离接触器主触头表面状态，如是否存在变黑、变粗糙的情况，如有则进行打磨处理；接触器主触头的厚度须大于 0.8 mm（不包含铜支架），否则更换主触头。	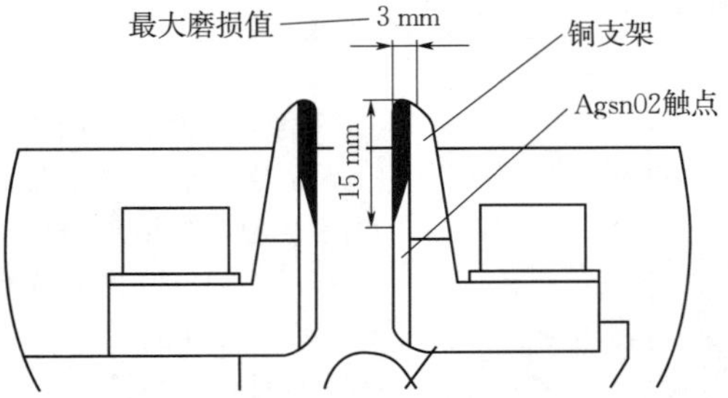
		检查分离接触器的辅助接触块。拆去辅助接触块罩的左侧部分，检查接触器的磨损情况，触头的磨损厚度不超过 0.5 mm，辅助接触块能够无阻碍地自由移动。测量辅助触头联锁阻值小于 0.5 Ω。	
5	检查线圈电阻	用万用表检查吸合线圈阻值，阻值偏差不大于 5%。	
6	分解接触器	卸下辅助触点的四个螺栓，拆下 4 个辅助触头。	
		取下辅助触头驱动块两根转轴一端的卡簧，取下辅助触头驱动块及两根转轴。	

续上表

步骤	作业内容	作业标准及要求	
6	分解接触器	拆卸单侧两个内六角螺栓以及两侧固定螺栓。拆掉灭弧罩分离手柄转轴上的卡簧，卸下灭弧罩分离手柄。	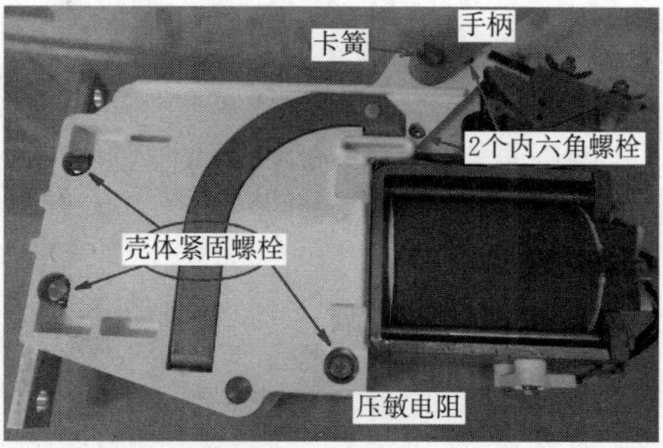
		拆卸线圈压板的四根螺栓，拆卸线圈与压敏电阻的两根连接线，取出线圈。	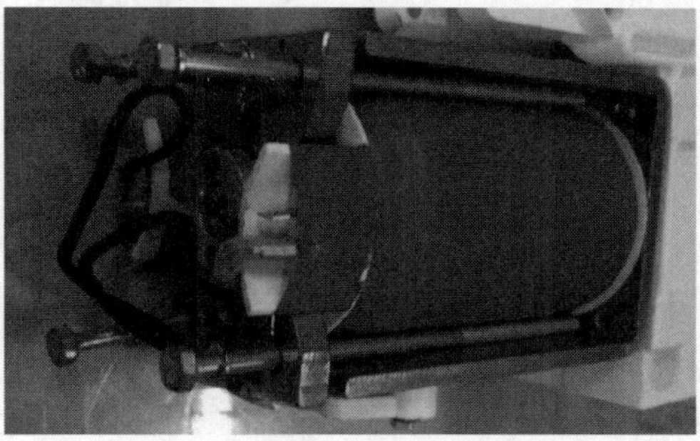
		用一字螺丝刀沿接触器壳体中间接缝轻轻撬开接触器壳体，分解完毕。	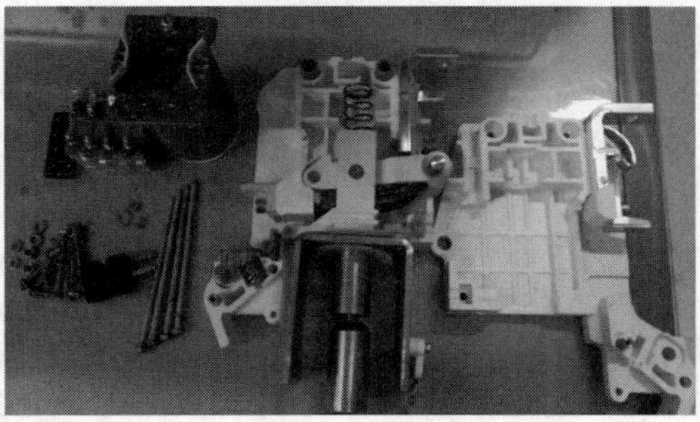
7	组装接触器	按照与分解顺序相反的顺序重新组装接触器，注意安装正确牢固，各个螺栓紧固力矩正确。	
8	接触器分合闸动作试验	将组装好的接触器连接 DC 110 V 试验电路，检查接触器的分合闸状况，分合闸动作灵敏、无卡滞。	
9	整理、清点工器具，清洁工位。		
项目七(三)　司机控制器的检查维护			
条件、设备		扭力扳手、内六角扳手、螺丝刀、53 件组合工具、万用表、绝缘电阻测试仪、酒精或无水清洗剂、棉纱、锂基润滑脂、硅油。	
注意要点		(1)司机控制器在调试、维护时应注意防止螺钉等异物掉入，造成手柄卡滞。 (2)检查过程中注意保护好旋转电位器。 (3)不需要润滑的部位禁止加润滑油。 (4)正确使用工具及仪表。	

续上表

步骤	作业内容	作业标准及要求	
1	外观检查	司机控制器部件紧固良好，无破损、变形。	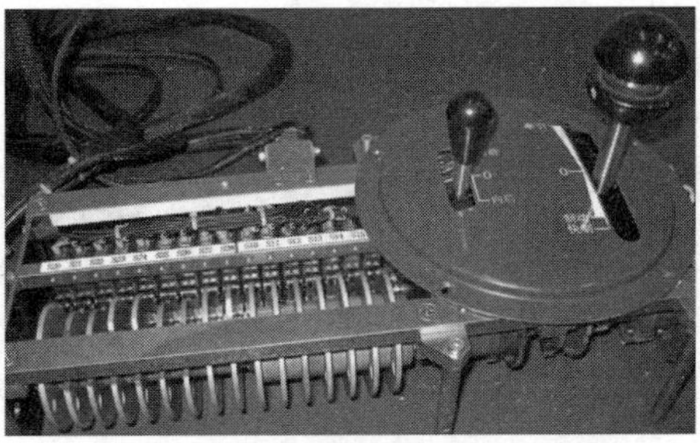
2	检查毛梳	松开司机控制器的圆盖板紧固螺丝。检查圆盖板里面的毛梳是否脱落大于 1/3，是则更换新毛梳。	
3	检查控制手柄及其机械连锁	(1)换向手柄在各个挡位之间应转动灵活，无机械卡阻，相邻两挡位之间不应出现停滞现象。 (2)钥匙在各个挡位之间应转动灵活，无机械卡阻。 (3)司机控制器控制、换向手柄与机械锁之间的联锁关系应正确无误。 (4)警惕按钮按下和复位应灵活、动作可靠。	
4	啮合齿轮检查	齿轮外观无变形、啮合对正良好。对齿轮啮合处、弹片定位处、连锁处加锂基润滑脂。	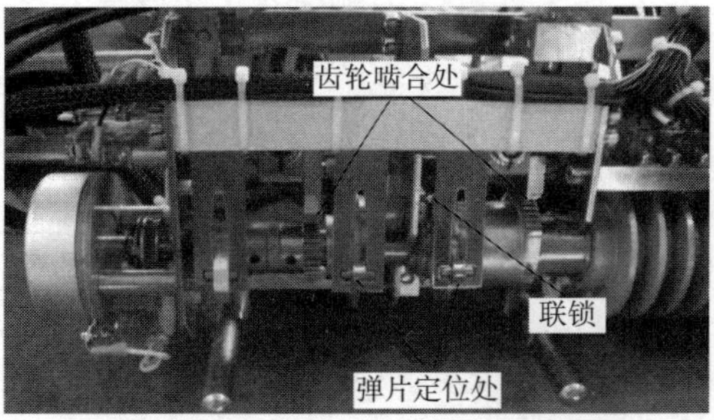
5	滚轮及转动轴检查	(1)滚轮应无变形和裂纹，转动轴无变形，与其他部件无干涉或表面无明显摩擦痕迹，转动顺畅。 (2)检查转动部件，是否足够润滑，转动灵活无异常阻力和摩擦。 (3)检查凸轮与滚轮结合是否正位。	

续上表

步骤	作业内容	作业标准及要求	
6	检查钢丝绳	检查钢丝绳是否有断股现象。对钢丝绳与外套间及各转动部位加注润滑脂硅油。	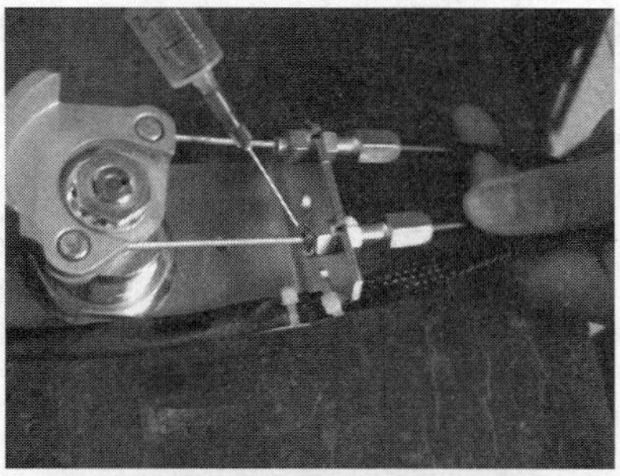 
7	检查触点	用万用表检查触点接触电阻小于 0.5 Ω。	
8	检查电位器	检查旋转电位器外观是否良好,是否出现漏油状况。 用万用表检查电位器阻值,阻值偏差应不大于 5%。 推动手柄,电位器牵引/制动位电阻值变化稳定。	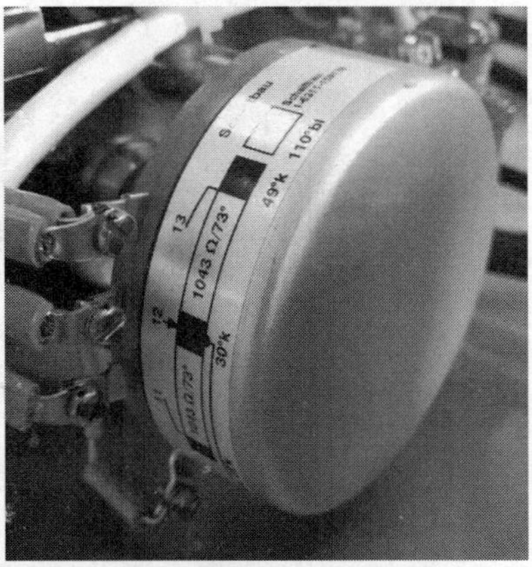
9	检查电缆及接插头	检查所有连接电缆完好正常、牢固可靠。检查插头完好,查看插针无明显缩退和弯曲现象,否则需要调整。	
10	绝缘电阻检测	(1)用 500 V 电子兆欧表测量速动开关各回路之间及各回路与机械装置之间的绝缘电阻不小于 10 MΩ(1 min)。 (2)用 500 V 电子兆欧表测量电位器回路与速动开关各回路、机械装置之间的绝缘电阻不小于 5 MΩ(1 min)。	
11	司控器组装	将司机控制器圆盖板安装在框架上并紧固。	
12	整理、清点工器具,清洁工位。		

续上表

<table>
<tr><td colspan="4">项目七（四）　接地装置检查</td></tr>
<tr><td colspan="2">条件、设备</td><td colspan="2">扭力扳手、内六角扳手、螺丝刀、53 件组合工具、钢尺、毛刷、红色划线笔、抹布</td></tr>
<tr><td colspan="2">注意要点</td><td colspan="2">(1)拆装接地装置时确认车辆已经断高压电 15 min 以上。
(2)拆装接地装置时应轻拿轻放，以免造成损坏。
(3)安装时必须按照规定的力矩紧固螺栓。
(4)正确使用工具和仪表。</td></tr>
<tr><td>步骤</td><td>作业内容</td><td colspan="2">作业标准及要求</td></tr>
<tr><td>1</td><td>外观检查</td><td colspan="2">接地装置外壳无裂纹、无损坏。</td></tr>
<tr><td>2</td><td>拆卸端盖</td><td>拆卸端盖，检查铜线缆是否有断股和散股，紧固螺栓划线无错位；内部清洁，无积碳、无油污、无杂物。</td><td></td></tr>
<tr><td>3</td><td>检查弹簧及密封胶圈</td><td colspan="2">检查弹簧卷伸缩自如，无破损，无铆钉脱落；O 形圈无损坏。</td></tr>
<tr><td rowspan="2">4</td><td rowspan="2">检查碳刷</td><td>使用扳手拆卸 3 颗 M10 紧固螺钉，轻轻取出接地装置（不需取出碳滑块），使用毛刷清除碳滑块表面碳粉及异物、油污，检查摩擦表面无裂纹、划痕等。</td><td>
</td></tr>
<tr><td>(1)轻轻推动碳滑块，观察碳滑块是否可以在槽内自由活动。
(2)测量碳滑块长度，使用刻度尺从碳滑块端部表面至刻度线进行测量，碳滑块磨耗不应超过距离刻度线 3 mm 的位置，否则更换碳滑块。</td><td>
</td></tr>
</table>

续上表

步骤	作业内容	作业标准及要求	
5	检查接触盘	检查轴端接触盘安装螺栓是否松动，表面是否光滑无裂纹，使用毛刷清除表面碳粉，清扫时应往外清扫。	 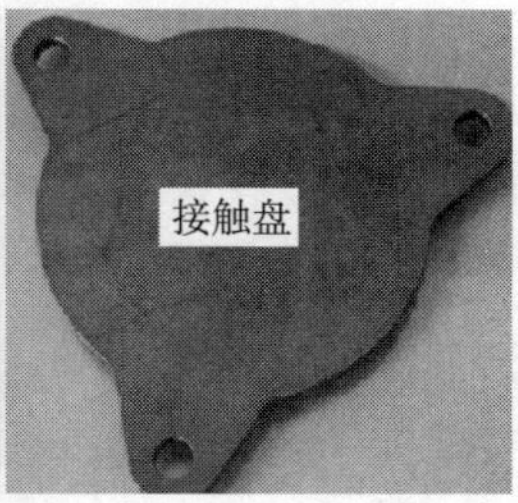
6	重新安装接地装置	(1)检查完成后将接地装置重新安装，M10 螺栓头涂抹锂基润滑油脂，安装时需注意将螺栓全部固定后，再统一使用 35 N·m 力矩拧紧，划防松线，涂抹防锈油。 (2)安装端盖时，在安装端盖前仔细检查弹簧是否卡入本体，安装端盖注意检查端盖是否顶到白色弹簧支架，如顶到则重新调整，安装到位后，使用 5.7 N·m 力矩拧紧，划放松线。	
7	整理、清点工器具，清洁工位。		
项目七(五)　制动电阻检查			
条件、设备		扭力扳手、螺丝刀、53 件组合工具、绝缘电阻测试仪、热风枪、电桥、绝缘电阻测试仪。	
注意要点		(1)确认车辆断电隔离高压 15 min 以上，并且在车辆两端挂好禁止动车牌。 (2)拆装制动电阻排时应轻拿轻放，以免损坏设备。 (3)进行耐压、绝缘测试时，防止因误操作导致高压伤人。	
步骤	作业内容	作业标准及要求	
1	清洁制动电阻	(1)对制动电阻箱体外观进行清洁，然后拆除制动电阻箱体顶盖板。 (2)用刷子将箱体进出风口内部、风机滤网的灰尘刷下后，用压缩空气及湿棉布清洁箱体出风口内部，清洁完后，检查是否有棉絮布碎遗落在固定挡板之间。 (3)用刷子将电阻排上的灰尘刷下后，使用压缩空气清洁制动电阻排，确保电阻片和绝缘子不被脏物和外来东西覆盖。 (4)检查风机风叶运转是否出现干涉或者机械损坏现象。	 

续上表

步骤	作业内容	作业标准及要求	
2	检查风机及电阻排	(1)检查制动电阻排外观：电阻片镀锡层均匀、无损伤及脱落缺陷，电阻片无变形、击穿、短接现象，电阻排支撑座外观良好无变形，无异常损伤、无明显松动。 (2)检查制动电阻排支撑座绝缘子是否外观良好，无裂纹、无损伤。	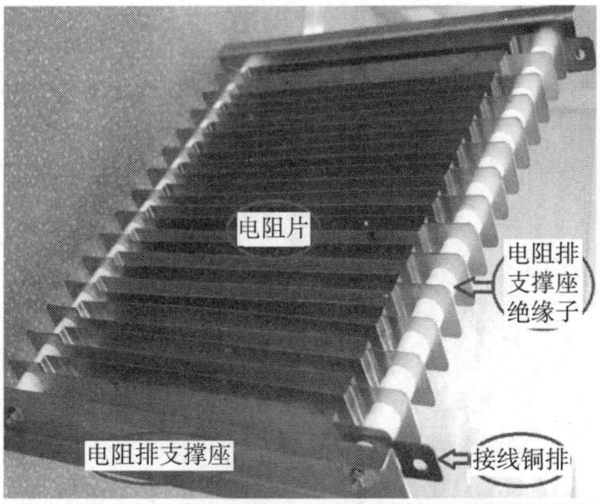
3	测量电阻值	使用直流电桥测试每组电阻排阻值。阻值误差不超过5%。	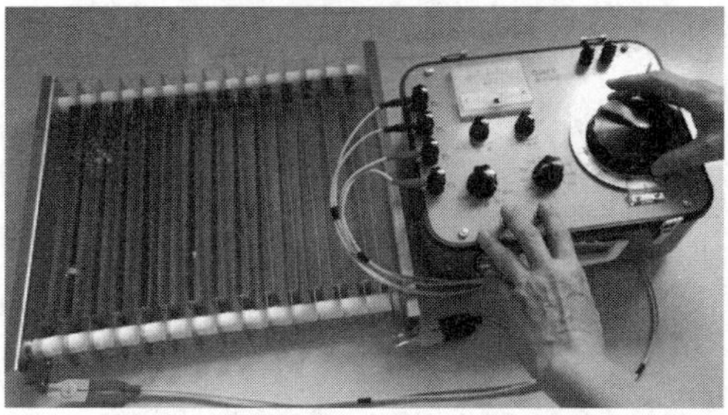
4	绝缘测试	使用绝缘电阻测试仪测试单组电阻排端子与电阻排支撑座之间绝缘电阻阻值，DC 1 000 V电压下，1 min其值应≥400 MΩ。	
5	重新安装电阻排	(1)确认电阻排上导风板位置正确，然后按照拆卸时标注的电阻排序号依次安装至箱体内。 (2)安装紧固制动电阻排之间的短连接片。安装制动电阻排与接线端子的连接线。 (3)给风扇送电，用热风枪给温度传感器加热，观察风扇能否启动。	

续上表

步骤	作业内容	作业标准及要求	
6	测量制动电阻总阻值及绝缘电阻	使用直流电桥测试制动电阻总阻值。阻值误差不超过5%。	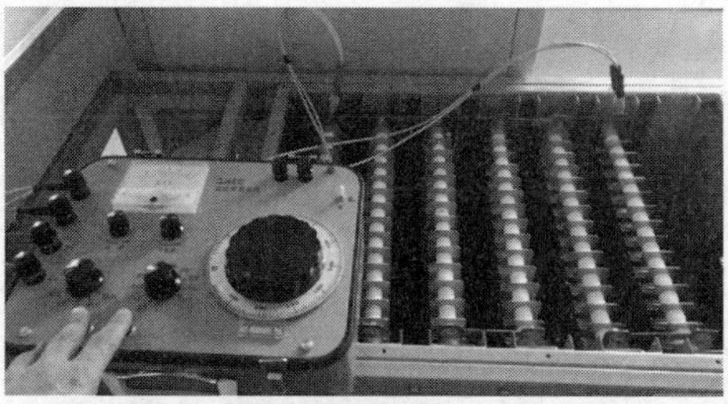
		使用绝缘电阻测试仪测试电阻排端子与电阻箱外壳之间绝缘电阻阻值，DC 1 000 V 电压下，1 min 其值应≥400 MΩ。	
7	整理、清点工器具，清洁工位		

七、实训报告

实训结束，学生必须及时撰写并按照上交时间要求上交实训报告；实训报告要统一选用《柳州铁道职业技术学院实训报告》标准印刷版，要求统一使用黑色钢笔或签字笔填写，字体要工整。逾期上交或未上交，该项成绩为不得分。

八、考核标准

考核成绩分为五个等级：优（90 分以上）、良（80～89 分）、中（70～79 分）、及格（60～69 分）、不及格（59 分以下）。

实训成绩具体评定方法见下表：

序号	考核内容			评分标准	分值	备注
1	项目成绩	平时成绩 30%	实训纪律	1. 按时上下实训课，不迟到、不早退、不旷课。 2. 遵守实训室的规定及操作规程，无损坏仪器仪表的现象。	20	本部分成绩占总成绩的 90%。
			平时练习	练习积极，不串岗，不在实训教室开玩笑或打闹，不做与实训教学无关的事情。	40	
			团队合作	分工合理，配合紧密。	20	
			素质教育评介	尊重老师、团结同学，爱惜实训的设备和器材，工位整洁。	20	
2		操作项目考核 70%		按项目考核评分逐项考核打分。	100	

续上表

序号	考核内容		评分标准	分值	备注
3	实训报告	实训内容及目的	内容及目的要写全，不能缺项。	15	本部分成绩占总成绩的10%。
		实训报告	实训报告必须包括两个部分：一是实训概述；二是收获与体会，包括存在的主要问题及解决方法，不少于1 000字。	60	
		对本次实训的建议	有建议。	15	
		报告书写	字迹清晰，字体工整，书面整洁。	10	

九、附件

附件1 扭力单位换算表和铁质螺栓常用扭力值表

扭力(扭矩)单位换算表

BZ62B

单位数值	N·m（牛·米）	N·cm（牛·厘米）	gf·cm（克力·厘米）	kgf·cm（千克力·厘米）	kgf·m（千克力·米）	lbf·m（磅力·英寸）	lbf·ft（磅力·英尺）
1N·m		100	10 200	10.19	0.101 9	8.852	0.737 5
1gf·cm	0.000 098	0.009 81		0.001	0.000 01	0.008 68	0.000 072
1kgf·cm	0.098 1	9.81	1 000		0.01	0.868	0.072
1kgf·m	9.806 6	981	100 000	100		86.8	7.233
1lbf·in	0.113	11.3	1 150	1.152	0.011 5		0.083
1lbf·ft	1.355	136	13 800	13.83	0.138	12	
备注：所谓的“扭力”在物理学上应称为“扭矩”，定义是：“垂直方向的力乘以旋转中心的距离”，公制单位为牛·米(N·m)，除以重力加速度9.8 m/s^{2}之后，单位可换算成国人熟悉的千克力·米(kgf·m)。							

STEEL(铁)材质		
螺纹规格(公制)	组装扭力(cm-kg)	检验扭力(cm-kg)
M1.6	1.15±20%	0.92
M2.5	4.61±20%	3.69
M3	8.76±20%	7.03
M3.5	13.72±20%	11.07
M4	20.41±20%	16.26
M5	41.17±20%	37.13
M6	69.19±10%	62.27
M7	117.62±10%	106.09
M8	169.51±10%	153.37
M10	336.72±10%	303.28
M12	586.96±10%	528.15

附件 2　高速断路器控制电路原理接线图

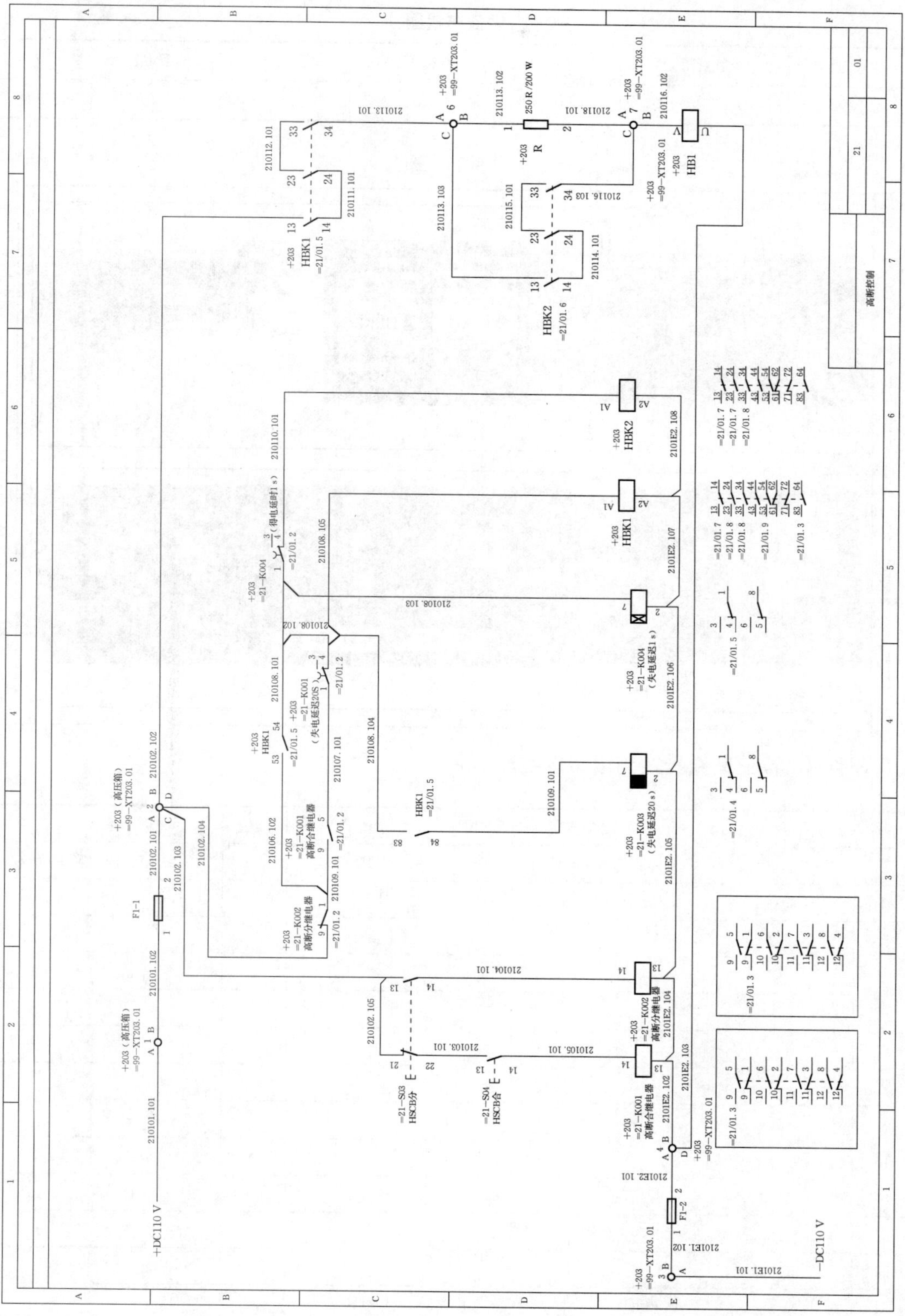

附件 3 高速断路器控制电路设备布置图及实际布置图

设备布置图

=21-K001	=21-K002	=21-K003	=21-K004	HBK1	HBK2	R
F1	=99-XT203.01	=21-S03	=21-S04			

实际布置图

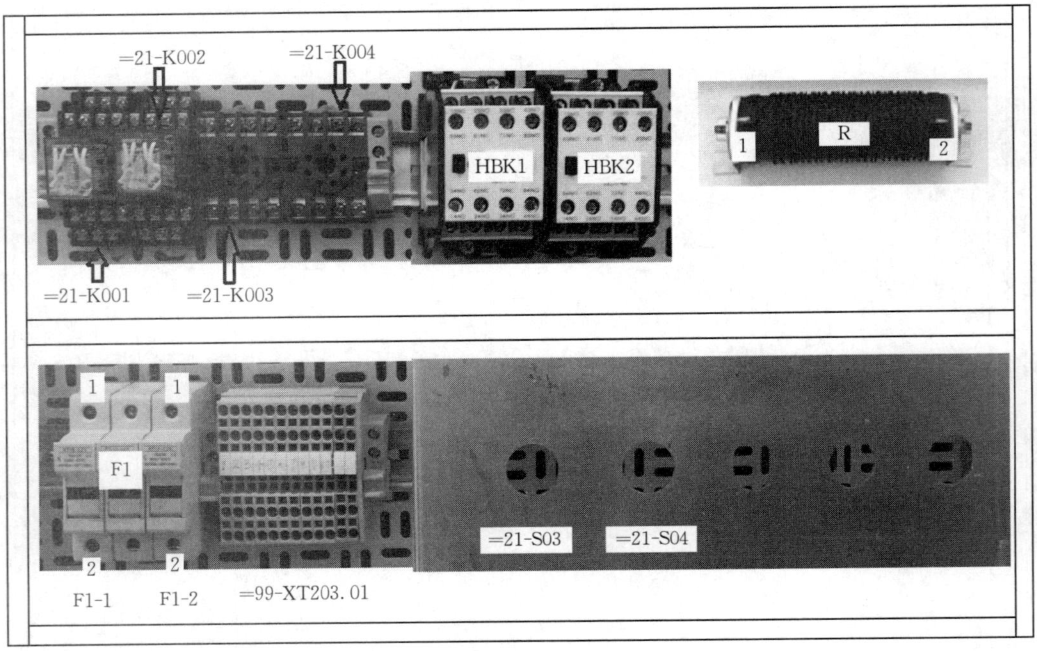

附件 4 高速断路器控制电路接线表

序号	线号	设备 1	点位	设备 2	点位	备注
1	210101.101	+DC110V	+	=99XT203.01	1A	线径、线长、路径等
2	210101.102	=99XT203.01	1B	F1-1	1	
3						
4						
5						
6						
7						
8						
9						
10						
11						
12						
13						

附件 5

高速断路器控制电路安装及调试考核

一、考核要求

1. 要求：根据原理接线图，在规定的时间内完成控制电路的接线表编制、器件安装、接线、调试，达到考核题规定的要求。

2. 时间：45 min。

二、评分原则

按照完成的工作是否达到了全部或部分要求，由考评员按评分标准进行评分。

三、考核内容

名称：高速断路器控制电路安装调试

内容：各元器件说明如高速断路器控制电路原理接线图、设备布置图所示，在自行分析电路功能后，完成考核要求。

四、考核要求

1. 根据原理图、安装接线图编制出接线表。

2. 在实训工作台的网孔板上按照高速断路器控制电路设备布置图安装好各器件，并按照地铁车辆电气安装的规范要求进行控制电路接线。

3. 能够正确规范使用工具及测量仪表。

4. 板面导线敷设复合要求，布线整齐美观；各节点接线必须合理、紧密。

5. 导线线号套装正确并利于观察。

6. 装接完毕后，提请监考人员到位方可通电试车。

7. 能正确、熟练地对电路进行调试。

8. 如遇故障，在老师指导下自行排除。

附件 6

《器件检查及电路安装调试》考核评分表

班级__________　　姓名__________　　学号__________　　成绩__________

考核项目	序号	考核内容及评分标准	分值	得分
维修工具及仪表的使用(20分)	1	能够正确认识各种维修工具的作用，合理选用维修工具。工具使用方法正确，操作熟练	10	
	2	能够正确认识万用表的作用，合理选用仪表量程，读数准确，操作熟练	10	
电气设备的拆装检修(30分)	3	能够正确认识继电器、接触器等器件的作用及结构，能够熟练的进行拆装及检修操作	15	
	4	能够熟练地进行高速断路器拆装操作	15	
控制电路安装调试(50分)	5	识图能力：能够认识电路图、设备布置图、接线明细等图表的作用并熟练应用于实践	10	
	6	电器器件安装：器件安装位置正确，安装牢固无损坏	5	

续上表

考核项目	序号	考核内容及评分标准	分值	得分
控制电路安装调试(50分)	7	布线合理,整齐美观	5	
	8	断路器控制电路安装:导线接线端子压接正确牢靠,接线正确,线号标套接正确,线头连接牢固无裸露	25	
	9	系统调试方法正确、调试操作熟练	5	
职业素养安全意识(20分)	10	现场操作应符合安全操作规程	5	
	11	工具摆放、包装物品、导线接头等的处理应符合职业岗位的要求	5	
	12	分工合理,配合紧密	5	
	13	遵守训练纪律,尊重老师、团结同学,爱惜实训的设备和器材,工位整洁	5	
合计			100	

课程十　城市轨道交通车辆制动实训

一、实训目的

本次实训的主要目的是提高学生的动手能力,通过理论与实际相结合,使学生能够系统地了解城市轨道交通列车制动系统组成,掌握制动系统设备的检修及维护常识;掌握车辆制动系统检修技能以适应城市轨道交通列车检修与司机岗位技能的需要。

1. 熟悉城市轨道交通车辆制动系统检修的常用工具,熟悉使用方法、技巧及使用注意事项。
2. 熟悉城市轨道交通车辆制动系统主要部件的结构、工作原理及作用。
3. 掌握城市轨道交通车辆制动系统日常检修的技能。
4. 能够对整个制动系统进行功能调试。
5. 熟知检修作业中的安全知识。

二、实训任务

(一)安全知识教育

熟知实训室安全注意事项和检修过程中的安全知识。

(二)认知城轨车辆制动系统部件

(1)认知供风系统各部件。

(2)认知制动控制系统各部件。

(3)认知基础制动装置各部件。

(4)识读城轨车辆制动系统部件工艺卡。

(三)城市轨道交通列车制动系统日检

制动系统日常检查。

(四)电客车闸瓦更换

(1)掌握电客车闸瓦更换的条件。

(2)熟悉电客车更换闸瓦的流程。

(3)常用检修工具的使用。

三、实训预备知识

(1)城市轨道交通列车制动系统专业知识。

(2)城市轨道交通列车制动检修专用工具及仪器的使用方法。

(3)城市轨道交通列车制动系统的检修知识。

四、主要仪器设备及使用、操作安全注意事项

1. 主要仪器设备

禁动牌、铁鞋、强光手电筒、拆卸闸瓦专用工具、干净抹布、闸瓦等。

2. 实训工具、仪器仪表使用注意事项

(1)严禁将工具未按其用途而当锤击工具使用。

(2)各种量具在使用过程中必须保持清洁。

(3)工具使用完毕应当立即装入盒中保存,不能随地乱扔,保持实训场地整洁。

3. 实训操作安全注意事项

(1)训练过程中必须注意检查并保持工作台、架的牢固性。

(2)拆卸的设备必须放置在专用的台、架或垫子上,并安放牢固。

(3)其他未尽事项应参照实训室安全注意事项的具体要求进行。

4. 实训课堂要求

(1)参加实训的学生要服从教师的指导和安排,以确保学生的人身及实训设备的安全。

(2)严格遵守实训纪律,遵守实训的操作规则,穿好劳动安全保护用品,在教师的指导下按照指导书的要求完成实训任务,不违章蛮干。

(3)不迟到、不早退、不旷课,不在实训教室打闹,不做与实训教学无关的事情。

(4)爱护教学设施和实训设备,每天的实训教学结束以后实训设备应摆放整齐,做好教室的清洁卫生,关好门、窗、风、水、电。

五、实训的组织管理

1. 实训分组安排:每组 5～6 人。

2. 时间安排具体如下:

教学时间		实训单项名称(或任务名称)	具体内容(知识点)	学时数	备注
星期	节次				
一	1～2	安全教育	实训现场安全规定,并考核,考核合格方可参加实训操作	2	
	3～6	认知城轨车辆制动系统部件	识别供风系统各部件的结构	4	

续上表

教学时间		实训单项名称(或任务名称)	具体内容(知识点)	学时数	备注
星期	节次				
二	1～6	制动系统日检	制动系统日检	4	
三	1～6	制动系统日检	制动系统日检	4	
		更换闸瓦	更换闸瓦	2	
四	1～6	更换闸瓦	闸瓦拆卸、安装	6	
五	1～2	更换闸瓦	闸瓦拆卸、安装	2	
课时合计				24	

六、实训项目简介与实训步骤指导

项目一　安全教育

实训项目简介	本任务的主要内容是对操作实训室作业的安全知识及相关的规章制度进行学习，学生通过学习明白检修操作的安全知识及安全的重要性，并初步掌握实训室作业的规章制度	
条件、设备	多媒体、课桌椅	
要求	遵守课堂纪律、熟知安全操作内容和实训室安全规定	
作业步骤	作业内容	作业标准及要求
1	检修过程操作安全知识讲座	讲座过程中注意做好笔记。
2	实训室实训守则解读	教师对实训室的相关要求进行解读，提出训练要求

项目二　认知城轨车辆制动系统部件

实训项目简介	本项目的主要内容是对城轨车辆制动系统部件进行认知，通过现场认知能够指出整个制动系统各部件的名称及各部分的工作原理	
条件、设备	城轨车辆制动系统一套、手套、强光手电筒等	
要求	钻入车底认知部件的过程中，注意头顶不要碰到车底，脚下不要被钢轨绊倒	
	规定时间 4 min，每超时 30 s 扣 1 分(不足 30 s 按 30 s 计算)，超过 2 min 后停止考试	
步骤	认知内容	实物操作图片
认知供风系统各部件	(1)空气压缩机组 螺杆式空气压缩机组由五大主要部件构成：驱动装置、空气压缩机体、风冷却装置、空气净化装置和吊架，它们用螺栓连接在一起组成一个紧凑单元。	

续上表

步骤	认知内容	实物操作图片
认知供风系统各部件	(2)冷却器 冷却空压机输出的高温压缩空气。	
	(3)空气干燥器 空气压缩机输出的压缩空气中含有较高的水分、油分和机械杂质等，必须经过空气干燥器将其除去，以达到车辆上用风设备对压缩空气的要求。	
	(4)微油过滤器 微油过滤器用于去除压缩空气中的残油。安装在压缩空气管路中，位于双塔干燥器下游。	
	(5)风缸模块 主风缸、制动风缸、空气悬挂风缸是用于储存压缩空气的，用钢板制成，具有很高的耐压性，是一种高压容器。	

续上表

步骤	认知内容	实物操作图片
认知制动控制系统各部件的结构	(6)智能阀 一般分布在A车的二位端为智能阀(一位端为网关阀)B车的一位端和二位端,C车的一位端(二位端为网关阀)。	
	(7)网关阀	
	(8)辅助控制箱 控制停放制动的施加/缓解。	

续上表

步骤	认知内容	实物操作图片
认知基础制动装置各部件的结构	(1)不带停放制动踏面制动单元 不带弹簧机构的常用制动单元是空气制动的执行装置,实现常用制动和紧急制动的施加与缓解。	
	(2)带停放制动踏面制动单元 带停放制动踏面制动单元是在不带停放制动踏面制动单元的基础上增加了停放制动缸,增加了停放制动施加与缓解的功能,并且可以手动缓解停放制动。	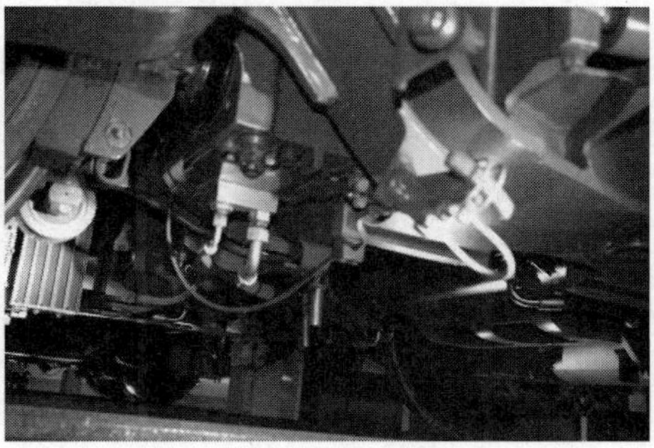
结束	作业完成后清理现场,确认所携带的检修工具齐全,未遗留在作业现场。	

项目三　城市轨道交通车辆制动系统日检

实训项目简介	城市轨道交通车辆的日检是检修中必须要进行的一个修程,本实训项目通过对城市轨道交通列车制动系统的日检培训,使学生掌握一定的检修技能。
工具、计量工器具、材料	城市轨道交通车辆制动系统一套、禁动牌、手套、强光手电筒等。
安全、注意要点	车底作业的过程中,注意头顶不要碰到车底,脚下不要被钢轨绊倒。
	规定时间 8 min,每超时 30 s 扣 1 分(不足 30 s 按 30 s 计算),超过 2 min 后停止考试。

续上表

步骤	作业内容	实物操作图片
制动系统日检	(1)检查踏面制动单元外观完好，闸瓦完好，闸瓦钎无丢失，开口销完好，无漏气声，停放制动缓解拉绳外观状态良好，手柄保护扣无丢失，安装螺栓紧固完好。	  
	(2)检查 EP09S 阀箱体外观良好，部件无丢失，明显损伤等异常情况，检查盖板方孔锁锁闭良好链条锁挂良好无丢失。	 EP09S箱

续上表

步骤	作业内容	实物操作图片
制动系统日检	(3)检查 EP09G 阀箱体外观良好，部件无丢失，明显损伤等异常情况，盖板方孔锁锁闭良好链条锁挂无丢失。	
	(4)检查空气弹簧辅助风缸外观状态良好，安装紧固无松动，无漏气声，防松线无错位。	
	(5)目视检查风缸模块安装紧固无松动，防松线无错位，风缸外观状态良好。	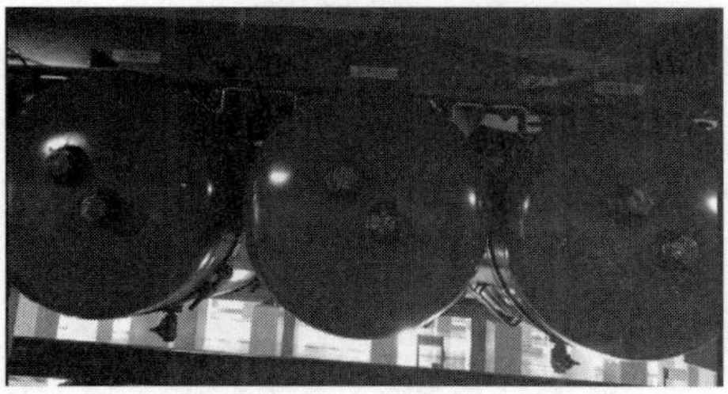

续上表

步骤	作业内容	实物操作图片
制动系统日检	(6)检查空压机吊装框架无变形、裂纹;空压机外观完好,部件无丢失、明显损伤等异常情况。	
	(7)操作司控器方向手柄"向前"或"向后",推动主控制手柄,检查 HMI 上牵引制动级位柱状图随级位改变而正常。	
	(8)检查停放制动:按压"停放制动缓解"按钮,确认指示灯亮。	
	(9)紧急制动按钮检查 检查紧急制动,按压"紧急制动"按钮(=27-S02),确认指示灯亮,确认方向手柄和控制手柄都置于"0"位,HMI 上应显示"紧急制动",双针压力表红色指针读数显示为(320±40) kPa。	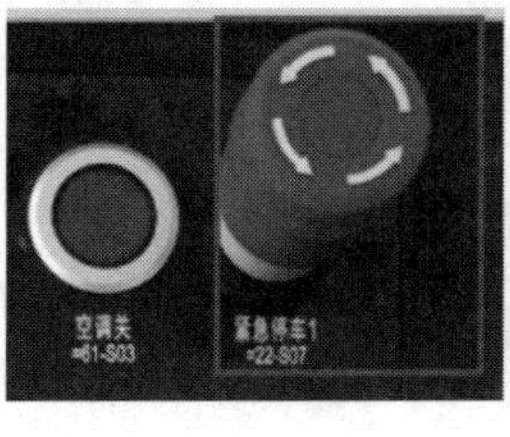 紧急停车 1  紧急停车 2

续上表

<table>
<tr><th>步骤</th><th>作业内容</th><th>实物操作图片</th></tr>
<tr><td rowspan="5">制动系统日检</td><td>(10)检查常用制动
操纵控制手柄拉到“100%制动位”,HMI 上显示“制动”,双针压力表红色指针读数为(300±20) kPa。</td><td rowspan="2"></td></tr>
<tr><td>(11)检查快速制动
操纵控制手柄拉到“快速制动位”,HMI 上显示“快速制动”,双针压力表红色指针读数为(300±50) kPa。</td></tr>
<tr><td>(12)确认“停放制动”处于缓解状态,确认方向手柄位于向前位,牵引手柄位于 100%制动位,在 HMI 上激活制动系统自检程序,进行自检作业。</td><td></td></tr>
<tr><td>(13)确认自检完成后,操作方向手柄和控制手柄均置于“0”位。</td><td></td></tr>
<tr><td>(14)按压“停放制动施加”按钮,车辆停放制动应施加,按钮指示灯亮。</td><td></td></tr>
</table>

续上表

步骤	作业内容	实物操作图片
制动系统日检	(15)检查客室所有 B05 的盖板锁闭紧固,外观完好,无脏污。	
	作业完成后清理现场,确认所携带的检修工具齐全,未遗留在作业现场。	

项目四　电客车闸瓦更换

实训项目简介	闸瓦是基础制动单元中通过与车轮踏面相互摩擦的方式释放车辆动能的零部件。如果超过闸瓦规定的磨耗极限,闸瓦有可能会对车轮踏面造成伤害,必须进行更换。通过此项目的实训,使学生进一步熟悉城轨列车制动检修方面的技能。
工具、计量工器具、材料	禁动牌、手套、强光手电筒、46＃开口扳手、虎口钳、橡胶锤、开口销、卷尺、方孔钥匙等。
安全、注意要点	(1)车底作业的过程中,注意头顶不要碰到车底,脚下不要被钢轨绊倒。
	(2)工服着装整齐,安全防护用齐全。
	规定时间 10 min,每超时 30 s 扣 1 分(不足 30 s 按 30 s 计算),超过规定时间 5 min 失格。

步骤	作业内容	实物操作图片
闸瓦更换	(1)在两 Tc 车的右侧防爬器装置上挂好"严禁动车"牌。	

续上表

步骤	作业内容	实物操作图片
闸瓦更换	(2)作业前检查车轮及闸瓦温度，以免发生烫伤事故。	
	(3)切除 B05。	
	(4)停放制动缓解。	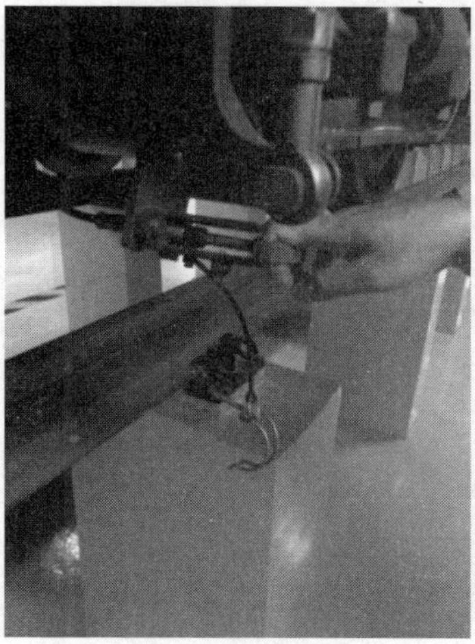
	(5)取出闸瓦钎开口销。	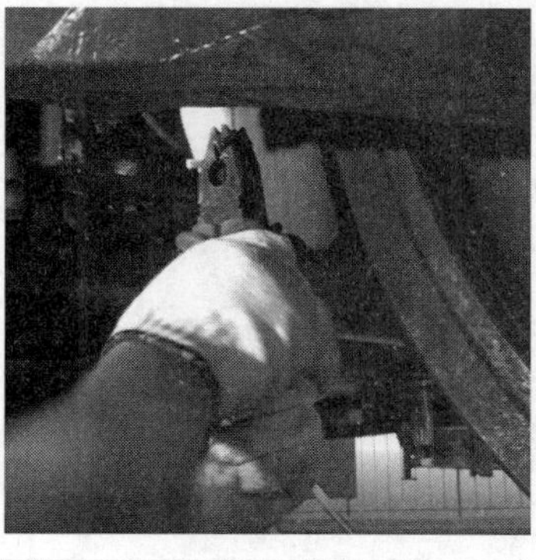

续上表

步骤	作业内容	实物操作图片
闸瓦更换	(6)拆除闸瓦钎。	
	(7)取下磨耗闸瓦 过程中注意:用 46＃开口扳手调整间隙到 15 mm 以上,保证闸瓦托与车轮踏面之间有足够的闸瓦拆卸空间,不要将手伸入闸瓦间隙中。	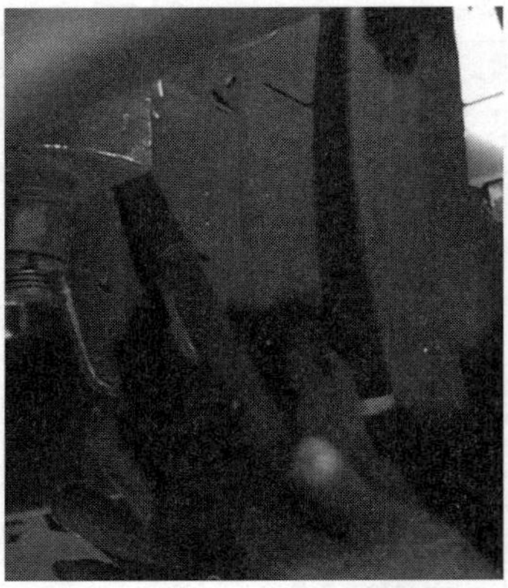
	(8)换上新闸瓦。	

续上表

步骤	作业内容	实物操作图片
闸瓦更换	(9)安装闸瓦钎 闸瓦阡要一定穿过闸瓦背面固定孔，开口销一定穿过插钎的孔。装好闸瓦钎后，用手活动一下闸瓦，检查确认闸瓦钎是否装好。	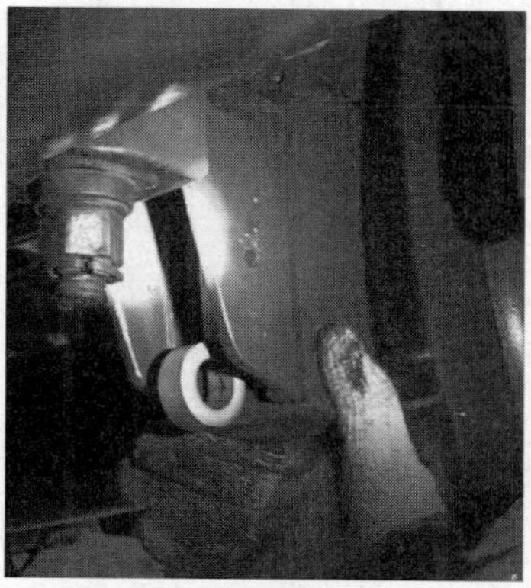
	(10)安装新的闸瓦销。	
	(11)调整闸瓦间隙，闸瓦间隙调整，间隙要求 8～12 mm。	
	(12)恢复 B05 阀。	
	(13)撤除两 Tc 车的右侧防爬器装置上挂好“严禁动车”牌。	
结束	作业完成后清理现场，确认所携带的检修工具齐全，未遗留在作业现场。	

七、考核标准

1. 实训报告内容及目的要写全，不能缺项。其中内容必须包含两个部分：一是实训概述；二是收获与体会，说明存在的主要问题及解决方法，不少于 1 000 字。学生须对本次实训提出建议。要求字迹清晰，字体工整，书面整洁。

2. 总成绩＝实训纪律 10%＋实训报告 10%＋实训成绩 80%（答辩和实操）。

3. 考核成绩分为五个等级：优（90 分以上）、良（80～89 分）、中（70～79 分）、及格（60～69 分）、不及格（59 分以下）。

城市轨道交通车辆制动实训评分表

班级：__________　　姓名：__________　　序号：__________　　小组：__________

序号	项目	评分		考试内容及评分标准	扣分	实得分	备注
1	项目二	10	考核内容	(1)设置防护信号。 (2)能准确认识部件。 (3)能说出主要部件的作用。 (4)收工具、撤信号			
			扣分标准	(1)不能认知部件，每个部件扣 1 分。 (2)无法答出主要部件的作用，每项扣 2 分。 (3)不能合理选用工具，每种工具扣 1 分；无法正确拆装机组，每项扣 2 分。 (4)本项目总分 10 分，扣完为止			
2	项目三	40	考核内容	(1)检修内容准确无遗漏。 (2)检修流程正确。 (3)正确选用操作工具，工艺操作规范。 (4)收工具、撤信号			
			扣分标准	(1)检修流程错误一处扣 2 分。 (2)工艺不规范每处扣 2 分。 (3)本项目总分 40 分，扣完为止			
3	项目四	30	考核内容	(1)切除 B05、缓解停放制动。 (2)操作过程中操作步骤正确。 (3)间隙调整合理			
			扣分标准	(1)使用工具不规范每次扣 1 分，损坏一样扣 5 分。 (2)手伸入闸瓦间隙中扣 5 分，皮肤划伤每道扣 5 分，造成人体受伤扣 10 分。 (3)未缓解制动或者拉绳缓解后卡扣未恢复扣 5 分。 (4)调整间隙大于 15 mm，未测量尺寸扣 2 分；未调整闸瓦间隙扣 5 分。 (5)造成闸瓦托损伤扣 3 分；开口销直接掉落地面扣 5 分			

续上表

序号	项目	评分	考试内容及评分标准	扣分	实得分	备注
4	安全	10	(1)未设防护信号作业,失格。 (2)不按规定着装扣5分。 (3)操作过程发生安全问题,失格。 (4)工具、材料未收到位每件扣2分。 (5)出现其他不安全因素每次扣3分。 (6)损坏工具,扣10分。 (7)本项目总分10分,扣完为止			
5	其他	10	(1)PPT汇报及实训报告(团队合作中成绩突出者,可酌情加综合素质分5分)。 (2)本项目总分10分,PPT汇报采用学生互评分形式成绩			
6	合计	100				

考评员(签字):　　　　　　　　　　　　　　　　　　日期:

课程十一　城市轨道交通车辆空调实训

一、实训目的

通过城市轨道交通车辆空调实训,要求学生掌握空调检修中的安全生产知识,使学生认识空调装置的结构,读懂空调装置的控制电路,掌握空调系统检修的常用方法,并会使用相关工量具,同时,提高学生的动手能力和团队合作能力。

1. 熟悉空调装置的结构。
2. 掌握铜管配做的一般方法。
3. 熟悉空调机组部件的拆装、测量和检测的过程和方法。
4. 会识读空调电路图。
5. 熟悉故障检查和处理一般的方法。
6. 熟知空调检修过程中的安全知识。

二、实训任务

(一)安全知识教育

熟知《实训室安全注意事项》和空调检修过程中的安全知识。

(二)空调机组部件认识

(1)熟悉空调机组部件的拆解、组装过程和方法。

(2)熟知空调装置的结构和部件作用。

(三)空调机组检查

熟悉空调机组部件的拆解、组装、检测和维护的过程和方法。

(四)铜管连接口制作

能正确使用工具扩杯形口,并掌握扩孔的方法和配合要求。

(五)空调电路认知及故障检测训练

(1)会使用钳形数字万用表和兆欧表(摇表)、电笔等。

(2)会识读空调电路图。

(3)能根据电路图检测电路一般故障。

三、实训预备知识

(1)空调制冷原理。

(2)空调机组的组成。

(3)主要部件的结构、作用。

(4)认识空调电路图。

(5)空调检修的一般方法。

四、实训仪器仪表使用、实训操作及安全注意事项

1. 检修作业时安全要求

(1)不带电作业前确认相应机组和控制柜已断电。

(2)空调机组连接控制柜运行时禁止对机组进行任何检修作业。

(3)空调机组连接控制柜运行时禁止眼睛正对着风机的出风方向,以免铁屑等杂物伤害眼睛。

(4)在风机运转还没有停下来、电源没有切断的时候,不能掀开冷凝室与送风室的盖板。

(5)出现故障,千万不要带故障继续工作。

(6)带电调试时前,确保外壳接地、接零保护线连接正确。检查接线插头是否完好,手动开关是否灵活,有无异常。

(7)不过载使用检修工具,安全操作避免发生机械损伤。

(8)绝对禁止带水进入工作区域以及在工作区域吸烟。

2. 实训课堂要求

(1)参加实训的学生要服从教师的指导和教育,以确保学生的人身及实训设备的安全。

(2)严格遵守实训纪律和操作规则,穿好劳动安全保护用品(女生速发),在教师的指导下按照实训指导书的要求完成实训任务,不违章蛮干。

(3)不迟到、不早退、不旷课、不串岗,不在实训教室开玩笑或打闹,不做与实训教学无关的事情。

(4)爱护并维护好教学设施和实训设备,每天的实训教学结束后,确保实训工具、设备摆放整齐,搞好教室的清洁卫生,关好门、窗、风、水、电。

五、实习的组织管理

实习分组安排:8 个小组,每个小组 6～7 人。

(一)实训学时安排表

实训项目名称	课时	实训内容	主要仪器仪表设备
安全教育	2	实训现场安全规定,并考核(考核合格方可参加实训操作)	PPT 课件
空调机组部件认识	4	熟悉对空调机组部件的拆解、组装,熟悉认知空调装置的结构和部件作用	38 件套、手电筒、8 号方孔钥匙、T 型 6 号内六角、活动扳手、棉纱手套等
空调机组检查	6	机组检测与维护	38 件套、手电筒、8 号方孔钥匙、T 型 6 号内六角、斜口钳、尖角钳、活动扳手、空调控制柜、万用表、500 兆欧表、棉纱手套、酒精等
铜管连接口制作	4	会手动制作铜管杯形口和喇叭口	扩孔器(套)、铜管、割管刀、砂纸、弯管器等
空调电路认知及故障检测训练	10	能读懂空调控制电路图,并结合图纸进行线路的故障排查(掌握方法)(电路图单独下发)	万用表、电笔、螺丝刀等

六、实训项目简介与实训步骤指导

项目 1　实训室安全知识教育

实训项目简介	本任务的主要内容是让学生对操作的安全知识和实训室作业的安全知识及相关的规章制度进行学习,让学生明白空调检修操作的安全知识及安全的重要性,并初步掌握实训室作业的规章制度	
条件、设备	多媒体、课桌椅	
要求	遵守课堂纪律、熟知安全操作内容和实训室安全规定	
作业步骤	作业内容	作业标准及要求
1	检修过程操作安全知识讲座	讲座过程中注意做好笔记
2	实训室实训守则解读	对实训室的相关要求进行解读,提出训练要求

项目 2　空调机组部件认识

<table>
<tr><td colspan="2">实训项目简介</td><td>本任务的主要内容是了解实训室设备的整体布置，可根据制冷原理认知空调机组组成及各部件的作用，熟悉对空调机组部件拆解、组装的过程和方法</td></tr>
<tr><td colspan="2">条件、设备</td><td>空调机组、控制柜</td></tr>
<tr><td colspan="2">工具、计量工器具、材料</td><td>38 件套、手电筒、7 号方孔钥匙、10 mm 六角套筒、1/4 棘轮扳手、斜口钳、尖角钳、活动扳手、检查镜、酒精、铝材重垢清洗剂、万用表、500 兆欧表、棉纱、手套、手电、划线笔(红)等</td></tr>
<tr><td colspan="2">安全、注意要点</td><td>①作业前确认相应供电位已经断电。
②作业时必须正确着工装，女生束发。
③作业时冷凝风机需采用双杆支撑。
④作业后确认各空调盖板锁闭良好。
⑤作业完成后清理现场，确认工具、材料未遗留在作业现场。
⑥作业完成后必须将三位置开关恢复“运行位”，作业需 2 人进行操作并形成互控。
⑦确认控制柜装置上放置“严禁动车”牌。</td></tr>
<tr><td>步骤</td><td>作业内容</td><td>具体操作及实物图片</td></tr>
<tr><td>1</td><td>空调机组总体认知</td><td>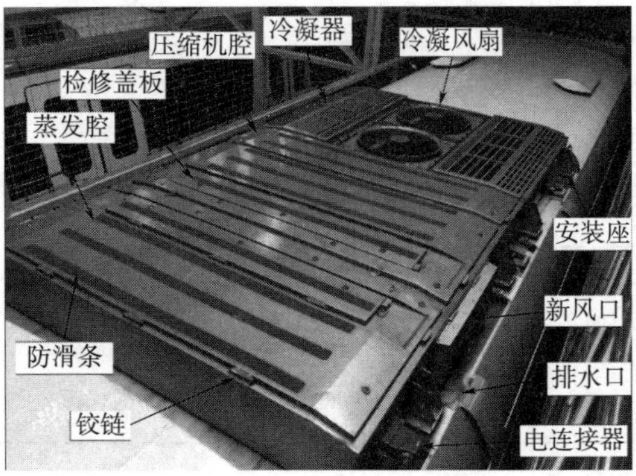
</td></tr>
<tr><td>2</td><td>打开冷凝室、蒸发室的盖板锁扣</td><td>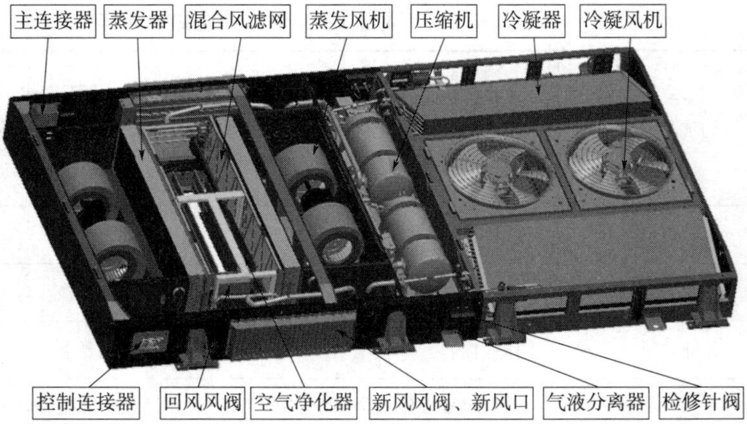
</td></tr>
</table>

续上表

步骤	作业内容	具体操作及实物图片
3	客室空调系统制冷原理如图所示	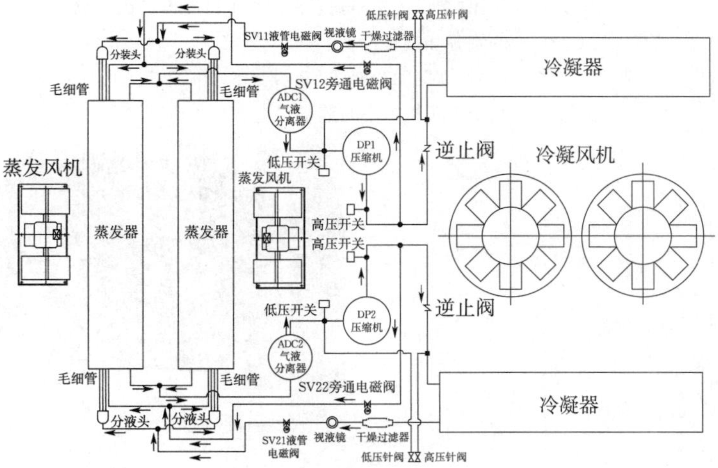
4	压缩机	作用：压缩机吸入蒸发器制冷剂蒸汽，压缩为高温高压制冷剂气体进入冷凝器 型号：ZRH87KTE-TFD-650 类型：全封闭卧式涡旋压缩机 额定功率：6.88 kW 防护等级：IP56 润滑油类型：酯类油 每个空调机组中的数量：2 
5	冷凝器	作用：冷凝器管内高温高压制冷剂气体被管外循环空气冷却，冷凝成高压中温制冷剂液体 类型：冷凝器为铜管、铝翅片管式换热器 型号：B38F1000/F2000 管路：内螺纹铜管，交错排列 散热片：覆亲水膜铝箔 框架：铝板；内螺纹铜管与亲水膜铝散热片间机械胀紧 每个空调机组中的数量：2 
6	轴流风机	作用：强制外界空气循环通过冷凝器换热。将空气从机组两侧吸入，吸入的空气吸收冷凝器管内制冷剂气体热量，使其冷凝；被加热的管外空气被轴流风机从机组顶部排出。 型号：B38C1000 类型：轴流式 风量：80 000 m^3/h 静压：85 Pa 额定功率：0.55 kW 电机防护等级：IP56 绝缘等级：F 级，适应在湿热环境下工作 每个空调机组中的数量：2 

续上表

<table>
<tr><th>步骤</th><th>作业内容</th><th>具体操作及实物图片</th></tr>
<tr><td>7</td><td>干燥过滤器</td><td>
作用：干燥过滤器安装在液管上冷凝器的出口处，其滤芯是100%分子筛，可除去制冷剂中的水分和杂质
型号：DML165S(023Z5068)
每个空调机组中的数量：2

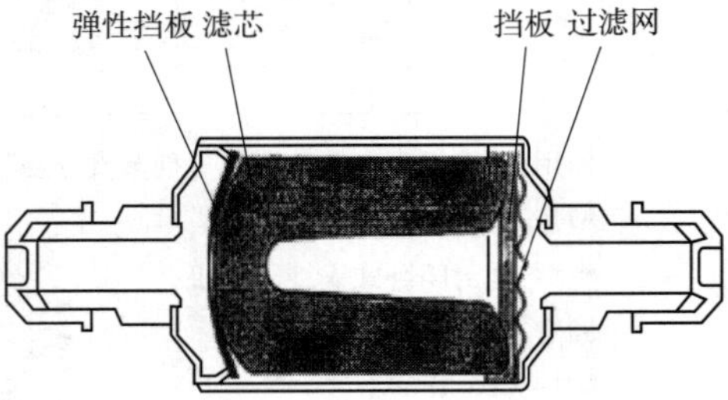

</td></tr>
<tr><td>8</td><td>视液镜</td><td>
作用：视液镜安装在干燥过滤器出口液管段；通过视液镜指示器的颜色和外部法兰所贴标签上的参照色进行比较，显示系统中是否具有过多的水分
型号：SGN16S(014-0204)
每个空调机组中的数量：2
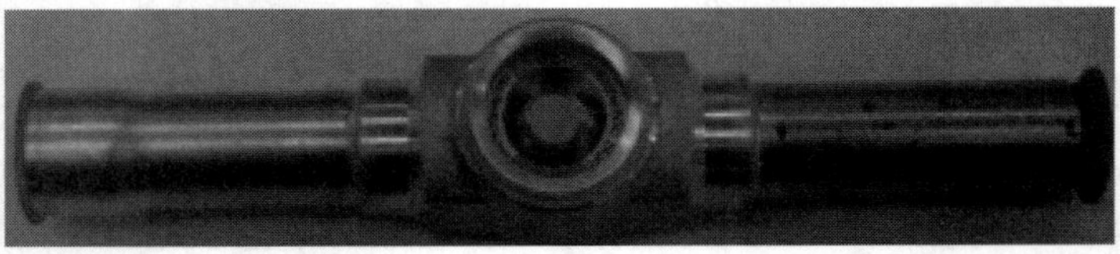
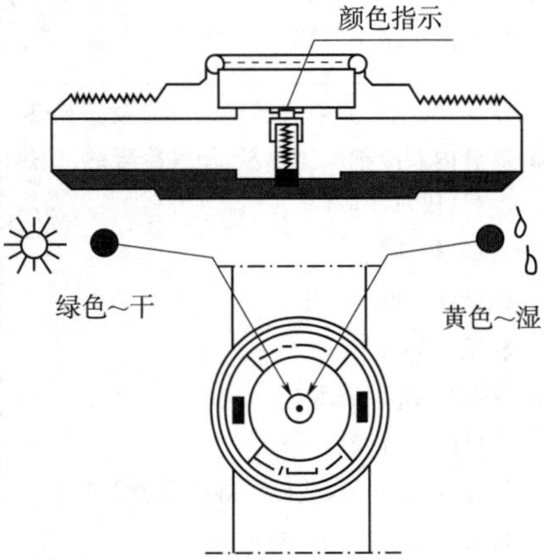

</td></tr>
</table>

续上表

步骤	作业内容	具体操作及实物图片
9	离心风机	作用：室外新风和室内回风混合后，经蒸发器冷却，经离心风机送入空调系统主风道送入客室，降低客室温度。 型号：D40B1000 类型：离心式 风量：2 200 m³/h 静压：350 Pa 额定功率：750 W 电机防护等级：IP55 绝缘等级：F 级，可在潮湿的环境下长期运行。 每个空调机组中的数量：2 
10	蒸发器	作用：蒸发器管内的液态制冷剂蒸发吸热，降低管外室内回风和室外新风的混合风温度、湿度。 型号：B38E1000 管路：内螺纹铜管，交错排列 散热片：覆亲水膜铝箔 框架：铝板内螺纹铜管与亲水膜铝散热片间机械胀紧 每个空调机组中的数量：2 
11	混合风滤网	作用：空调机组蒸发器前安装混合风滤网，对进入室内的空气过滤净化；防止尘土及其他可能附在蒸发器翅片上的固体物质堵塞蒸发器，导致制冷系统能力下降。 型号：B38O0002 框架：铝 滤料：FL200(尺寸 20 mm×625 mm×265 mm) 

续上表

步骤	作业内容	具体操作及实物图片
12	温度传感器	位置:温度传感器包括新风、送风和回风温度传感器,分别设置在机组新风阀口、离心风机送风口(2个)和车内。 作用:KPC控制器通过采集温度来控制空调机组运行在所需的运行模式,为乘客提供最舒适的环境。 规格型号:902044/99-370-1-6-50-124-26/000 每个空调机组中的数量:4 
13	回风风阀	位置:回风风阀由电气伺服电机驱动,安装在回风入口内。 作用:紧急通风运行时回风阀关闭。机组正常操作时风阀保持打开状态。 执行器型号:LMS24-FS/10035WM 电源:DC 24 V 运行时间:35 s/90° 每个空调机组中电动回风阀的数量:1 
14	空新风阀	位置:空新风阀位于蒸发腔侧板上,左右新风入口处各一。 作用:在空调机组预冷模式下,新风风阀为关闭状态,机组正常操作时风阀保持打开状态;根据车内乘客负载信号可控制在1/3、2/3、3/3开度状态。 执行器型号:LMS24-FS/10035WM 电源:DC 24 V 运行时间:35 s/90° 每个空调机组中电动新风阀的数量:2 

续上表

步骤	作业内容	具体操作及实物图片
15	充注阀	作用:充注阀是一种带气门芯的单向检修用阀。旋开阀帽可接压力表或充注设备接头等。 型号:太平洋 61-9450T 每个空调机组中的数量:4 
16	高压压力开关	位置:高压压力开关位于排气管路近压缩机排气口处。 作用:用于检测压缩机排气压力,防止压力过高,保护压缩机。 型号:ACB-QB33 动作值:电路断开为(2.90±0.15)MPa;电路接通为(2.40±0.15)MPa 每个空调机组中的数量:2 工作温度:－30～＋100 ℃ 更换要点:用钥匙打开轴流风机盖板,拆下 DT 连接器,烧开连接管路,松开固定螺栓,即可取下 
17	低压压力开关	位置:低压压力开关位于回气管路近压缩机回气口处。 作用:用于检测回气压力,防止压力过低,保护压缩机。 型号:LCB-QA11 动作值:电路断开为(0.1±0.03)MPa;电路接通为(0.2±0.03)MPa 每个空调机组中的数量:2 工作温度:－30～＋100 ℃ 更换要点:用钥匙打开轴流风机盖板,拆下 DT 连接器,烧开连接管路,松开固定螺栓,即可取下 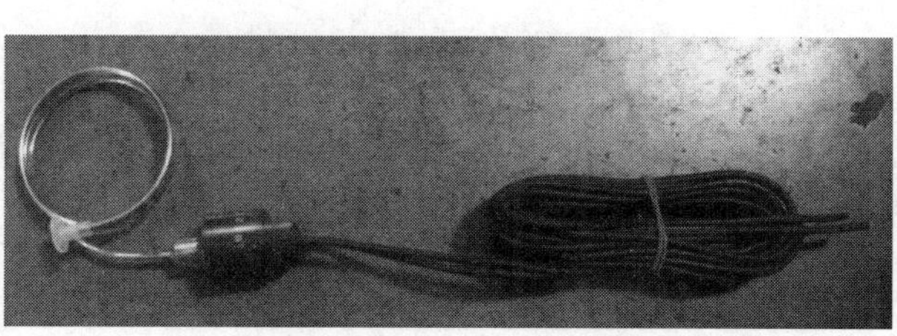

续上表

步骤	作业内容	具体操作及实物图片
18	新风口及新风滤网	位置:空调机组包括四个新风口,位于蒸发腔外部侧板上。每个新风口外侧有一个新风滤网,材质为不锈钢丝网,可以在机组外部直接抽出,便于清洗和维护。 型号:D38T0000 新风口本体材质:铝合金 新风滤网材质:不锈钢丝网 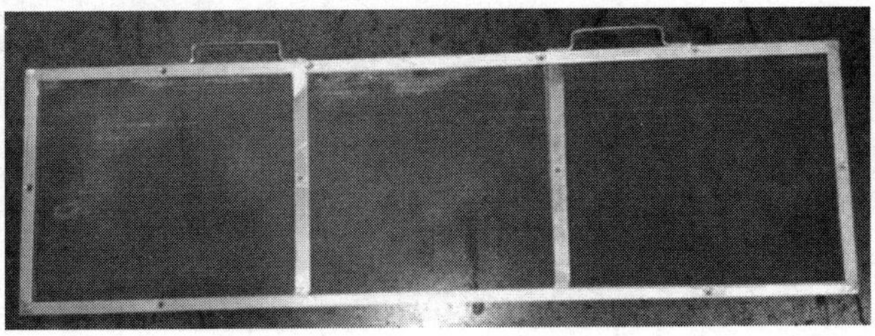
19	空气净化器	作用:每台空调机组共安装一台空气净化器,位于回风口上侧,过空气的流动带动和加速光等离子(PHOTO PLASMA)的扩散,从而达到全面、彻底的空气净化目的。 型号:BK-G-5003 

项目3　空调机组检查

实训项目简介	熟悉对空调机组部件的拆解、组装、检测和保养的流程、检修内容和方法
条件、设备	空调机组
工具、计量工器具、材料	38件套、手电筒、8号方孔钥匙、T型6号内六角、斜口钳、尖角钳、活动扳手、回收抽空充注机、检查镜、酒精、铝材重垢清洗剂、万用表、500兆欧表、棉纱、手套、手电、划线笔(红)等
安全、注意要点	①作业前确认相应供电位已经断电。 ②作业时必须正确着工装,女生束发。 ③作业时冷凝风机需采用双杆支撑。 ④作业后确认各空调盖板锁闭良好。 ⑤作业完成后清理现场,确认工具、材料未遗留在作业现场。 ⑥确认控制柜装置上放置“严禁送电”牌

续上表

步骤	作业内容	具体操作及实物图片
1	整体外观检查	(1)目视检查空调机组外观状态是否完好。 (2)检查防滑条外观状态,应无丢失,无卷边1/3以上。 (3)检查机组减振器、主回路和控制回路连接器插头安装紧固有无松动,防松线清晰有无错位。 (4)检查新风口外观状态,确保无破损堵塞,无异常现象。 (5)检查接地线外观状态,确保安装紧固无松动,防松线清晰无错位,接地线无散股,断股不超过10%,走线无干涉。 (6)检查蒸发腔、压缩机腔合页外观状态,确保开口销无丢失,二次压板锁部件无缺失、无损坏。 (7)检查检修盖板合页外观状态,确保开口销无丢失,二次防护销锁闭到位。 (8)检查冷凝腔及风机盖板外观状态,确保安装螺栓紧固无松动,防松线清晰无错位,盖板无裂纹、变形;检查冷凝风机盖板合页有无脱焊,盖板锁锁芯螺栓有无松动。 (9)检查冷凝风机防护格栅外观状态,确保安装螺栓紧固无松动,防松线清晰无错位,无变形、无脱焊。 (10)检查冷凝器外观状态,确保翅片无变形,管路无泄漏;通过将视液镜指示器的颜色和外部法兰所贴标签上的参照色进行比较,判断系统中是否具有过多的水分,绿色表示正常,黄色表示不正常,如视液镜为黄色则需要更换相应管路中的干燥器,如视液镜中间有气泡表明有泄漏、管路中制冷剂不足,需要视情况查漏、充制冷剂。 (11)检查管路及其接口位置有无油污
2	新风滤网检查	清洁新风滤网,如有损坏则更换滤网 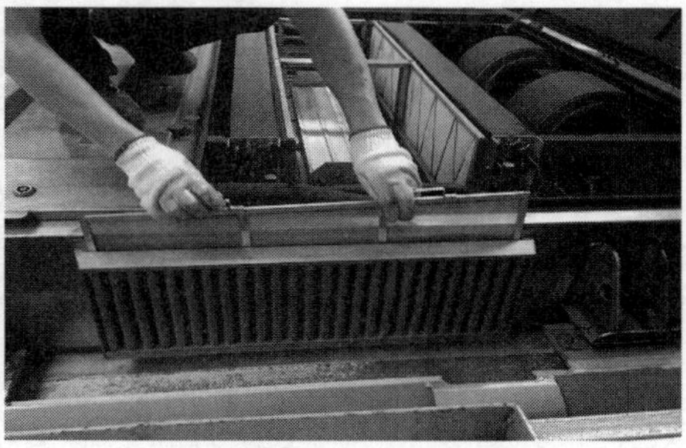
3	混合风滤网	清洁混合风滤网、框架,如有损坏则更换 

续上表

步骤	作业内容	具体操作及实物图片
4	清洗冷凝器、冷凝风机、混合风腔(根据现场设备选做)	(1)将水管连接高压清洗机,打开水源,高压清洗机通电,通电调整冲洗水压为3～4 MPa,调整水枪喷射角度约30°。 (2)把铝材重垢清洗剂倒入喷水壶中并装入自来水,1∶10进行调配(每列车1.2 L铝材重垢清洗剂,如喷水壶不够可分2次进行配置),喷洒到蒸发器翅片、冷凝翅片上。 (3)用喷水枪对蒸发腔、冷凝器、冷凝腔、新风口进行清洗,要求蒸发器、冷凝器及腔体内清洁、无异物堵塞,在清洗时应避免冲洗到风机电机、新风、回风阀执行器、离心风机电,细小的毛细管等部件。 (4)在完成清洗一个空调机组时应关断水枪移步到另一个空调机组后才能开启水枪进行下一个空调机组的清洗。 
5	蒸发腔检查	(1)目视检查蒸发腔盖板内部状态,确保方孔锁安装紧固无松动,支撑杆外观状态良好,蒸发腔内海绵无丢失、破损,盖板连接地线无断股散股现象。  (2)目视检查蒸发器翅片外观状态,确保无变形,管路无泄漏,破损现象,蒸发室底部排水孔未被异物堵塞,否则进行清洁。 (3)目视检查毛细管确保无断裂,包扎牢固,与其他部件无干涉,各管路及连接处制冷剂无铜绿、无泄漏现象。 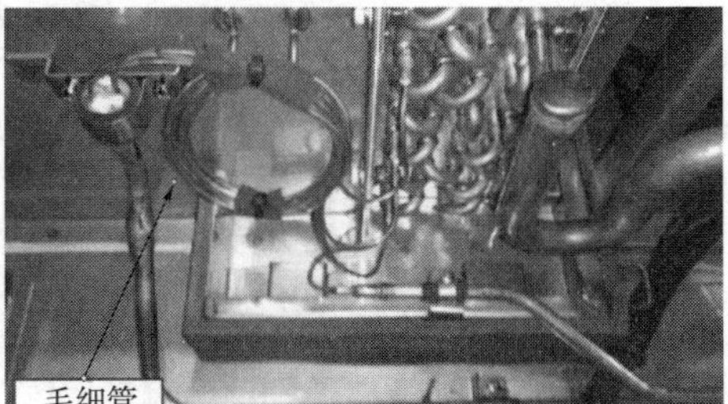

续上表

步骤	作业内容	具体操作及实物图片
5	蒸发腔检查	(4)新风阀及回风阀外观状态完好,紧固件安装紧固无松动,防松线清晰无错位,风阀连杆卡簧无断裂无丢失、连杆无脱落、无变形。 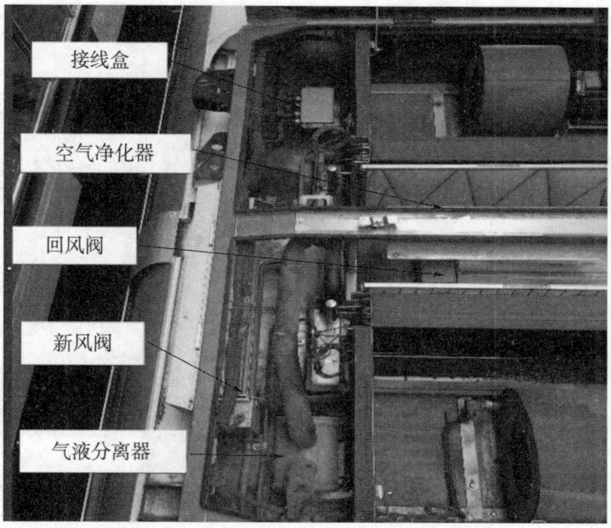 (5)检查确保新风腔、混合风腔、送风腔内部无异物。 (6)检查确保新风阀及回风阀紧固无松动,动作正常,卡簧无丢失断裂、防松标记清晰可见无错位;与盖板连接地线无断股散股现象。 (7)检查确保空气净化器外观状态良好,安装紧固无松动,防松线清晰无错位,走线无干涉、无破损现象,打开净化器外壳,查看光等离子管状态,两端内管钨丝表面全黑时更换光等离子管;用毛刷、棉布清洁空气净化器内部及外壳表面灰尘,使空气净化器无明显积尘。 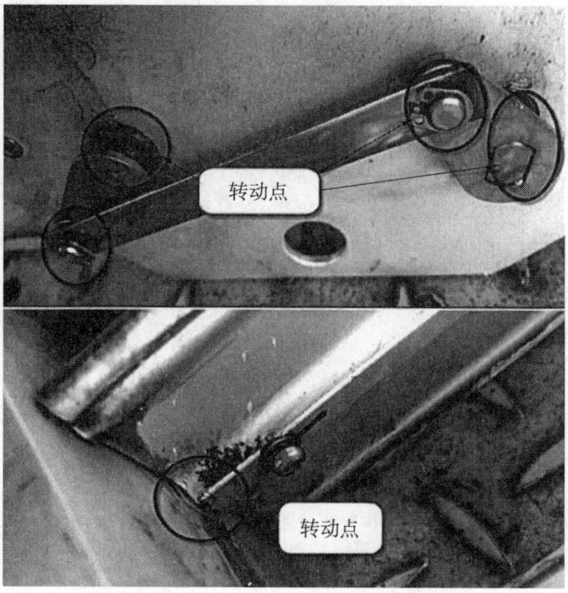

续上表

<table>
<tr><th>步骤</th><th>作业内容</th><th>具体操作及实物图片</th></tr>
<tr><td>5</td><td>蒸发腔检查</td><td>(8)检查离心风机电机、叶片外观，确保状态完好，安装紧固无松动，防松线清晰无错位，要求离心风机叶片无裂纹、无变形，手动检查叶片转动灵活、无异响、转动时与其他部件无干涉。
(9)检查新风温度传感器、送风温度传感器、回风温度传感器外观及安装状态良好，并用酒精清洁。

</td></tr>
<tr><td>6</td><td>压缩机腔检查</td><td>(1)用方孔钥匙松开压缩机盖板的方孔锁，打开至适当的位置后，用支撑杆固定；目视检查压缩机腔盖板外观状态，确保方孔锁安装紧固无松动。
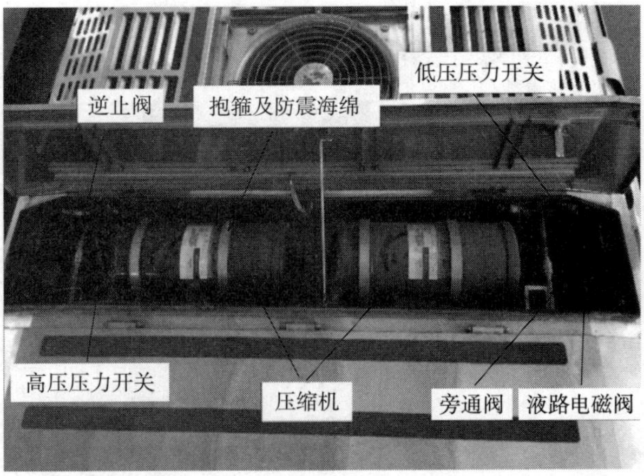

(2)用抹布清洁压缩机组表面积尘，目视检查压缩机组外观，确保状态完好，安装螺栓紧固无松动，防松线清晰无错位，抱箍紧固无松动，防震海绵无丢失，机组管路外观状态完好、无泄漏，电源线和控制线无干涉、无破损。
(3)目视检查高、低压开关外观状态，确保安装紧固无松动。
(4)目视检查液路电磁阀、旁通阀外观状态，确保接线无松脱，走线无干涉。
(5)目视检查压缩机腔有无异物，如有则将异物清除。</td></tr>
</table>

续上表

步骤	作业内容	具体操作及实物图片
7	冷凝风机检查	(1)用1/4″棘轮扳手(配六角套筒1/4″－10mm)打开冷凝机二次防护盖板，用方孔钥匙松开冷凝风机盖板的2个方孔锁，打开至适当的位置后，用支撑杆固定。  (2)目视检查冷凝风机电机、安装支架、电源连接线及电机接地线外观状态，确保安装螺栓紧固无松动，防松线清洗无错位，安装支架无裂纹、脱焊现象，电源连接线及电机地线绑扎紧固，走线无干涉。 (3)目视检查冷凝风机安装面板及支撑杆外观状态，确保无裂纹及脱焊现象，方孔锁安装紧固无松动，防松线清晰无错位。 (4)目视检查冷凝风机扇叶外观状态，确保无裂纹、无变形，转动风机扇叶，冷凝风机扇叶转动灵活、无异响，扇叶在轴上无轴向位移。 (5)取出支撑杆并把支撑杆放置与规定的卡槽内，合上冷凝风机盖板，用方孔钥匙将盖板锁好，用手轻拉盖板，确认盖板锁闭良好，用10＃棘轮扳手拧紧二次防护压板螺栓。 (6)重复上述步骤对另外一台冷凝风机进行检查
8	盖板恢复确认	(1)取下支撑杆并把支撑杆放置于规定的卡槽内，合上冷凝风机盖板，用方孔钥匙将盖板锁好，用手轻拉盖板，确认盖板锁闭良好，用1/4″棘轮扳手(配六角套筒1/4″－10mm)拧紧二次防护压板螺栓。 (2)合上蒸发室盖板、压缩机室盖板，用7＃方孔钥匙将盖板锁好，用手轻拉盖板，确认盖板锁闭良好，用10＃棘轮扳手拧紧二次防护压板螺栓，并画好放松线。 (3)确认两个盖板锁闭好后，用1/4″棘轮扳手(配六角套筒1/4″－10mm)拧紧二次防护压板螺栓，(用力适当、均匀，避免紧固力不够、滑牙)，并画好防松标记；轻拉两个盖板，确认各盖板锁闭到位。 (4)组长或安全员确认各盖板锁闭良好
9	清理现场	清点各工器具无丢失，无留在作业现场，对作业现场进行清洁
10	记录文件	作业过程中及时填写作业记录表格(将问题及解决办法、结果记入实训报告)

项目4　铜管连接口制作

实训项目简介	本任务的主要内容是教学生正确使用扩管器扩杯形口或者喇叭口
条件、设备	操作台
工具、计量工器具、材料	扩孔器(套)、铜管、割管刀、砂纸、弯管器等
安全、注意要点	(1)作业时必须正确着工装，女生束发。 (2)注意操作过程中工具摆放工艺。 (3)作业完成后清理现场，确认工具、材料未遗留在作业现场

续上表

步骤	作业内容	具体操作及实物图片
1	加工杯形孔	(1)用割管钳切割断铜管(每次进刀约 1/4 圈,不易过深)。 (2)用锉刀或者砂纸去除毛刺(去毛刺侧面向地面,防止杂质进入管内)。 (3)用合适的夹版孔固定铜管(要求夹具孔径要与铜管管径一直,过小过大会使管子变形或者划丝,安装时管子与夹钳垂直,且铜管漏出夹具高度应大于管径 1～2 mm)。 (4)选择合适的扩孔器进行扩孔。 (5)流程:工具准备—切断铜管—打磨毛刺—夹持铜管—扩管—试装配 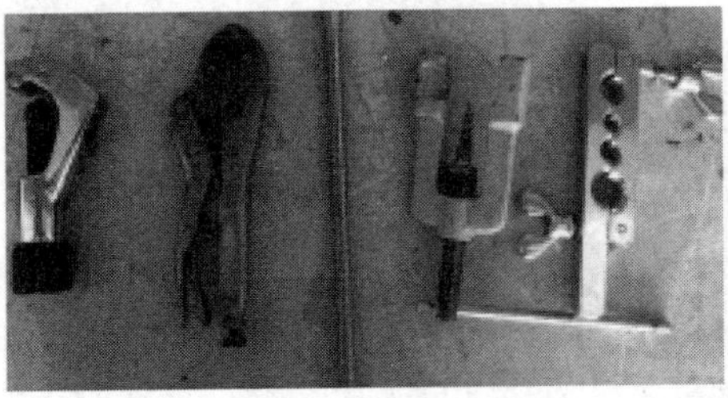 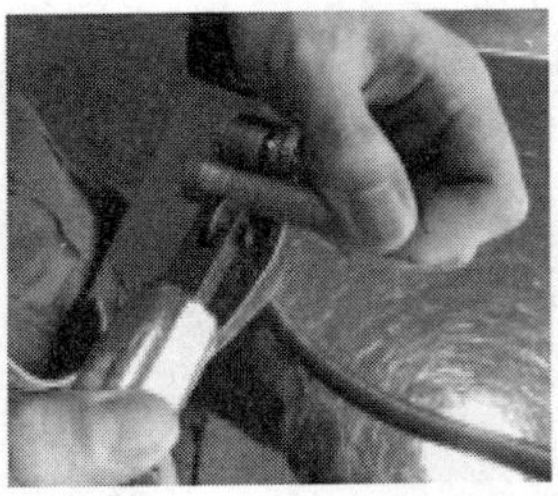 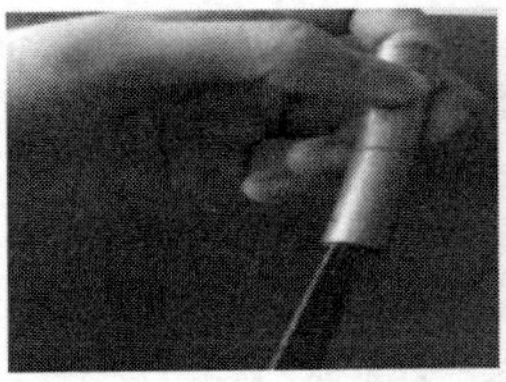 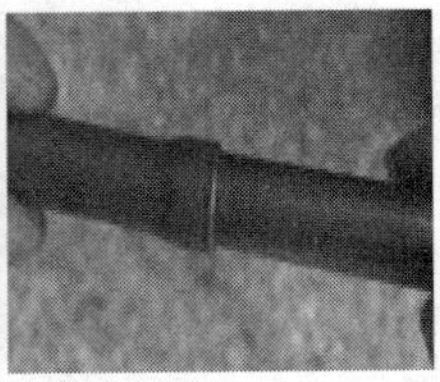  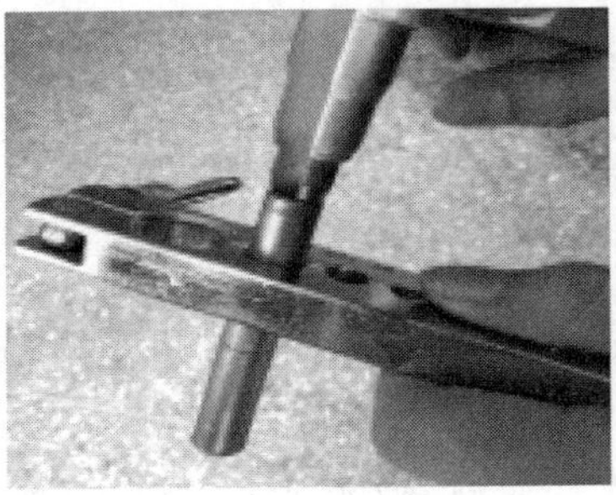 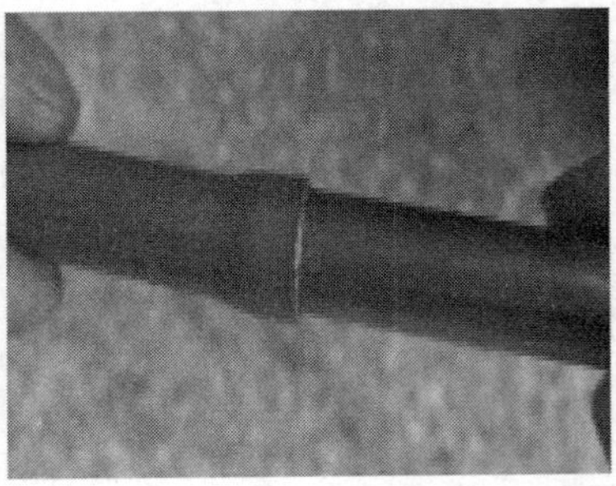
2	清理现场	清点各工器具无丢失,无留在作业现场,对作业现场进行清洁,清理废料回收

项目 5　空调电路认知及故障检测训练

实训项目简介	通过本项目,使学生能根据电路图准确认知空调控制柜内部件;并进行线路的故障排查(掌握方法)
条件、设备	空调控制柜
工具、计量工器具、材料	万用表、电笔、摇表、螺丝刀、导线等
安全、注意要点	(1)作业时必须正确着工装,女生束发。 (2)不带电检修时严禁带电操作。 (3)作业完成后清理现场,确认工具、材料未遗留在作业现场。 (4)带电作业时,需 2 人进行操作并形成互控

续上表

步骤	作业内容	具体操作及实物图片
1	空调控制柜元器件认识(具体部件请参看设备部件名签)	(1)空调控制器 型号:KPC-1T2-P57(带有MVB、以太网通信接口) 作用:空调控制器位于空调控制盘上,是空调控制系统的核心部件。根据规定的设定温度、室内温度、结合新风温度等,确定制冷需求,控制空调机组工作在通风、制冷等各工况。 (2)接触器 型号3RT6016-1KF41、3RT6027-1KF40(西门子产品) 作用:接触器位于空调控制盘上,是空调控制系统的操作部件,通过接触器的吸合与断开,可控制其相应设备的工作或停机。 (3)速动热继电器 型号TH-N20TAFS(设定参数19A) 作用:热继电器位于空调控制盘上,是空调控制系统的保护部件,当压缩机过载时,可切断压缩机电源,实现过载保护。过载恢复后热继电器自动复位。 (4)热磁断路器 型号3RV6011-1CA10[设定参数2.2 A(EFTHR)] 作用:热磁断路器位于空调控制盘上,是空调控制系统的保护部件,当通风过载时,可切断通风机电源,实现过载保护。过载恢复后通风机热磁断路器需手动复位。 (5)热继电器 型号3RU61 16-1CB0[设定参数2.1A(CFTHR)] 作用:热继电器位于空调控制盘上,是空调控制系统的保护部件,当通风过载时,将过载信号反馈到控制器,控制器控制相应接触器断开,切断风机电源,实现过载保护。过载恢复后可自动复位。 (6)断路器 型号5SY63508CC型、5SY63168CC型、5SY52047CC型 作用:断路器位于空调控制盘上,是空调控制系统的手动操作部件,可实现短路保护、过载保护、控制及隔离功能。当断路器由于短路或过载保护跳闸后,需手动重新合闸。 (7)漏电保护器 型号:5SM23350 作用:漏电保护器位于空调控制盘上,是空调控制系统的保护元件,可实现漏电保护功能。保护实施后,需手动重新将配套断路器合闸。 (8)转换开关 型号:P57O0001 作用:功能选择开关位于空调控制盘上,是空调控制系统的手动操作部件,可实现各模式切换 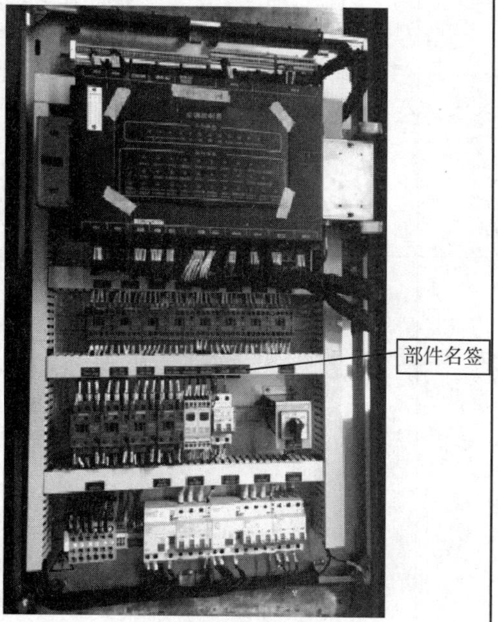

续上表

步骤	作业内容	具体操作及实物图片
2	控制柜检修	空调控制器、继电器、接触器接线状态良好，外观良好，无电流灼伤痕迹
3	电路图识读（电路图单独下发）	(1)读懂电路图（随机抽查答辩）。 (2)随机设置故障，请找到故障并排除。 (3)连接机组，调试
4	清理现场	清点各工器具无丢失，无留在作业现场，对作业现场进行清洁，清理废料回收。

七、考核标准

1. 总成绩中实习安全与素质表现占10%、实习报告占5%、实习成绩占85%（答辩和实操）。

2. 考核成绩分为五个等级：优（90分以上）、良（80～89分）、中（70～79分）、及格（60～69分）、不及格（59分以下）。

城市轨道交通车辆空调实训评分表

班级：__________ 姓名：__________ 序号：__________ 小组：__________

序号	项目	评分		考试内容及评分标准	扣分	得分	备注
1	项目一	10	考核内容	(1)检查工具、合理选用工具拆装机组。 (2)设置防护信号。 (3)能准确认识部件。 (4)能说出主要部件的作用。 (5)收工具、撤信号			
			扣分标准	(1)不能认知部件，每个部件扣一分。 (2)无法答出主要部件的作用，每项扣2分。 (3)不能合理选用工具，每种工具扣1分；无法正确拆装机组，每项扣2分。 本项目总分10分，扣完为止			
2	项目二	30	考核内容	(1)检修内容准确无遗漏。 (2)检修流程正确。 (3)正确选用操作工具，工艺操作规范。 (4)收工具、撤信号			
			扣分标准	(1)漏检一项内容扣2分。 (2)检修流程错误一处扣2分。 (3)工艺不规范每处扣2分。 (4)操作工具使用不当每处扣5分。 本项目总分30分，扣完为止			

续上表

<table>
<tr><th>序号</th><th>项目</th><th>评分</th><th colspan="2">考试内容及评分标准</th><th>扣分</th><th>得分</th><th>备注</th></tr>
<tr><td rowspan="2">3</td><td rowspan="2">项目三</td><td rowspan="2">10</td><td>考核内容</td><td>(1)扩孔最终工件管口形状、直径、深度、外表面合理。
(2)操作过程中工艺正确。
(3)工具选用正确</td><td></td><td></td><td></td></tr>
<tr><td>扣分标准</td><td>(1)扩孔最终工件管口形状、直径、深度不合理(管口不圆、直径不合适、深度不合适、有裂纹、有划痕),每项扣 2 分。
(2)操作过程中工艺错误每项扣 2 分。
(3)工具选用不当、操作后未整理每项扣 2 分。
本项目总分 10 分,扣完为止</td><td></td><td></td><td></td></tr>
<tr><td rowspan="2">4</td><td rowspan="2">项目四</td><td rowspan="2">30</td><td>考核内容</td><td>(1)能识读电路图。
(2)可以熟知电器柜原件。
(3)掌握一般故障检查方法。
(4)会根据工作状态判断电器柜主要元器件动作。
(5)会常见故障排查</td><td></td><td></td><td></td></tr>
<tr><td>扣分标准</td><td>(1)无法识读电路图扣 10 分。
(2)无法认知电器柜部件每项扣 1 分。
(3)无法根据工作状态判断电器柜主要元器件动作每处 2 分。
(4)无法运用一般检修方法排除基本故障每项 5 分。
本项目总分 30 分,扣完为止</td><td></td><td></td><td></td></tr>
<tr><td>5</td><td>安全</td><td>10</td><td colspan="2">(1)未设防护信号作业,失格。
(2)不按规定着装扣 5 分。
(3)操作过程发生安全问题,失格。
(4)工具、材料未收到位每件扣 2 分。
(5)出现其他不安全因素每次扣 3 分。
(6)损坏工具,扣 10 分。
本项目总分 10 分,扣完为止</td><td></td><td></td><td></td></tr>
<tr><td>6</td><td>其他</td><td>10</td><td colspan="2">PPT 汇报及实训报告(团队合作中成绩突出者,可酌情加综合素质分 5 分)。
本项目总分 10 分,PPT 汇报采用学生互评分形成成绩</td><td></td><td></td><td></td></tr>
<tr><td>7</td><td>合计</td><td colspan="6">100</td></tr>
</table>

考评员(签字): 日期:

课程十二　城市轨道交通车辆机械检修实训

一、实训目的

城轨列车维修制度是检查和维修相结合的定期维修制度。在各级修程中，检验工作是车辆修理过程中很重要的环节。测量检验法是利用各种量具测量零件由于磨损和变形所引起的尺寸与几何形状的变化情况。本实训项目是在学生学习城市轨道交通车辆检修工艺之后，通过对转向架各参数的测量，使其学会使用各种专用量具，并正确读取数值。掌握测量检验法。

1. 掌握量具的测量方法。
2. 掌握量具的读数与取值方法。
3. 掌握扭力扳手等工具的使用。
4. 熟悉对部件的拆解、组装、测量和调试的过程。
5. 熟悉处理一般故障的方法。

二、实训任务

（一）城轨车辆轮对参数的测量

（1）通过使用专用量具对轮对的测量，熟悉轮对的结构，掌握轮对的技术参数。

（2）掌握量具的使用方法。

（3）掌握量具的读数与取值方法。

（二）拆装油压减振器

（1）学会使用扭力扳手，通过使用扭力扳手安装油压减振器，掌握工具的使用方法，熟悉油压减振器的结构。

（2）提高对部件的拆解、组装的动手能力。

（三）转向架日检

（1）通过对转向架的日检，训练学生认知转向架部件的能力。

（2）识读并掌握转向架日检指导书。

（3）处理转向架日检故障。

三、实训预备知识

（1）现场作业安全知识。

（2）转向架的基本组成部件，各部件之间的相互关系；转向架各部件力的传递。转向架维护与检修。

（3）轮对的组成，轮缘与踏面的概念，轮对各部分的技术参数。

（4）检修工艺规程，城轨车辆机械部件的分解与组装方法。

（5）城轨车辆常用检修量具与工具的使用。

四、实训的组织管理

实习分组安排：每个小组 5 人。时间安排为 56 学时。

五、实训项目简介、实训步骤指导、注意事项

项目 1-1　车辆轮对测量

项目简介	本实训通过使用专用量具对轮对测量，使学生熟悉轮对的结构，掌握轮对的技术参数；掌握量具的测量方法以及读数与取值方法
条件、设备	城轨车辆转向架
工具、计量工器具、材料	铁道机车车辆第四种检查器 LM32 型、轮径尺、内矩尺、车辆车轮踏面样板、秒表 8 块、手套、手电、棉纱等
城轨车辆轮对主要技术参数	(1)轮缘高度 27～34 mm。 (2)轮缘厚度：23～34 mm。 (3)轮缘垂直磨耗高度：＜15 mm(测量轮缘垂直磨耗时，测尺读数≥0，视为合格) (4)踏面擦伤限度：一处以上＞75 mm；两处以上为 50～75 mm；四处以上为 25～50 mm；深度＞0.8 mm。 (5)轮辋宽度：标准值 135 mm，最大值 145 mm。 (6)踏面磨耗深度：≤4 mm
安全、注意要点	(1)钻入车底测量转向架轮对的过程中，注意头顶不要碰到车底，脚下不要被钢轨绊倒。 (2)在检查过程中，戴好手套，以免刮伤手。 (3)一人测量，一人帮助记录数据，测量者计算平均值
时间	时间 6 min，每超时 30 s 扣 5 分，超时 2 min 不及格
工具使用方法	1. 机车车辆第四种检查器 铁道机车车辆第四种检查器是轮对数据测量仪器，能够测量几种数据，如图所示。 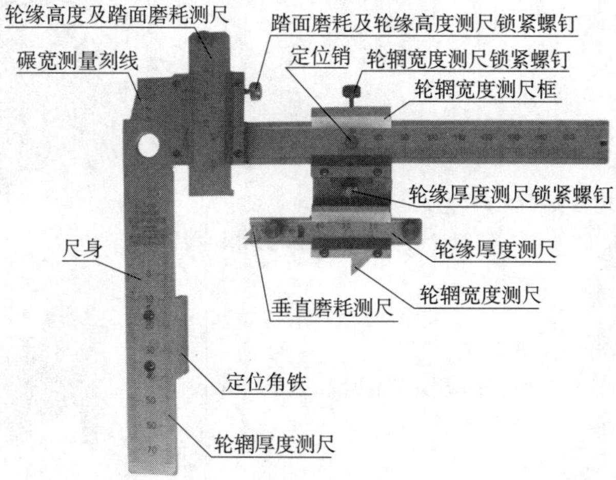 使用量具前，必须检查所有的量具是否具有检验合格证，且该证是否在有效期内

续上表

<table>
<tr>
<td>工具使用方法</td>
<td colspan="2">
2. 游标尺的读数方法
(1)以游标零刻线位置为准,在主尺上读取整毫米数。
(2)看游标上哪条刻线与主尺上的某一刻线(不用管是第几条刻线)对齐,从游标上读出毫米以下的小数。
(3)总的读数为毫米整数加上毫米小数
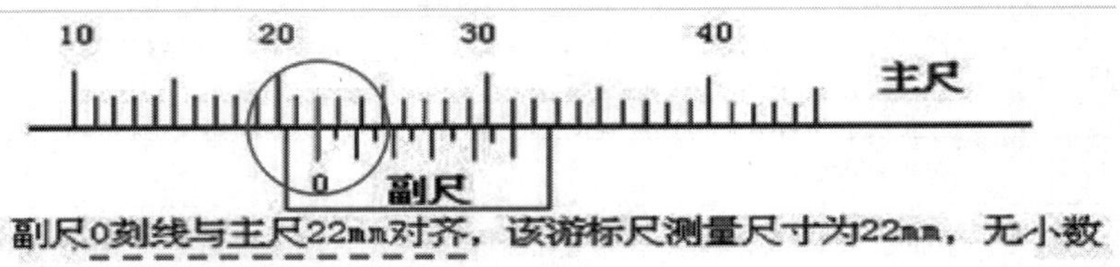

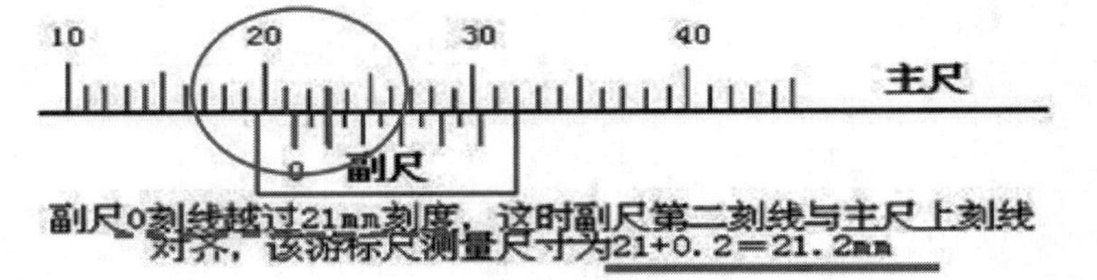

</td>
</tr>
<tr>
<td colspan="2">步骤及操作内容</td>
<td>实物操作图片</td>
</tr>
<tr>
<td colspan="2">
1. 测量踏面圆周磨耗及轮缘高度
(1)移动轮辋宽度测尺尺框,使定位销落入销孔内,然后锁紧其锁紧螺钉。
(2)将定位角铁与车轮内侧面密贴,并使轮辋宽度测头与车轮踏面接触。
(3)推动踏面磨耗测尺使其测量面与车轮轮缘接触,从左边游标读取踏面磨耗值,从右边游标读取轮缘高度值。
2. 测量轮辋厚度
同踏面圆周磨耗及轮缘高度测量步骤(1)、(2),读取轮辋厚度测尺刻线中与轮辋内侧边缘对齐的数值,该数值即为轮辋厚度。
3. 测量轮缘厚度及垂直磨耗
(1)同测量踏面圆周磨耗及轮缘高度步骤(1)、(2)。
(2)推动轮缘厚度测尺使其测量头与轮缘接触,从游标中读取轮缘厚度值。
(3)推动垂直磨耗测尺使其测量头与轮缘接触,如果轮缘厚度测尺上的“0”刻线与垂直磨耗测尺的“0”刻线对齐,则说明轮缘垂直磨耗到限了。(轮缘上小下大)
4. 测量轮辋宽度
(1)同踏面圆周磨耗及轮缘高度测量步骤(1)、(2)。
(2)推动轮辋宽度测尺尺框,使其测量头与车轮外侧面贴靠,从游标中读取轮辋宽度值。如果踏面有碾宽,应减去碾宽值
</td>
<td>
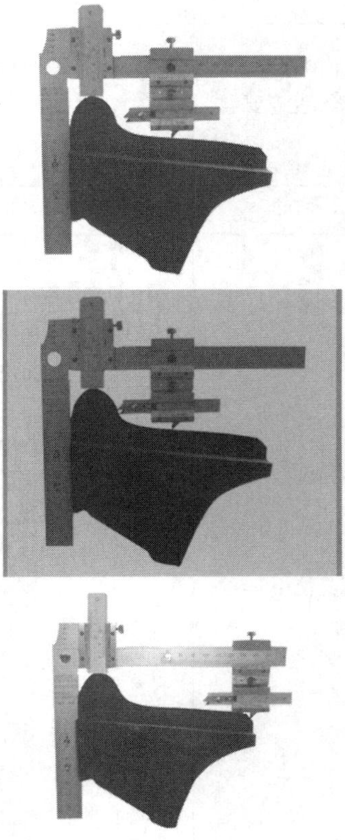
图4
</td>
</tr>
</table>

续上表

步骤及操作内容	实物操作图片
5. 测量踏面剥离深度 分别测量正常点的踏面磨耗与剥离点的踏面磨耗值，两者差值即剥离深度	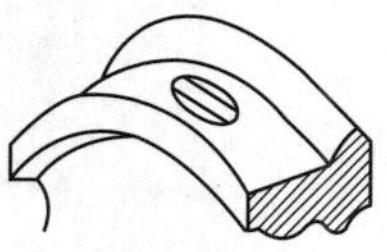
6. 测量踏面剥离长度 测量方法同踏面擦伤长度的测量。 (1)一处以上大于 75 mm。 (2)两处以上在 50～75 mm 之间。 (3)四处以上在 25～50 mm 之间。 (4)深度大于 0.8 mm	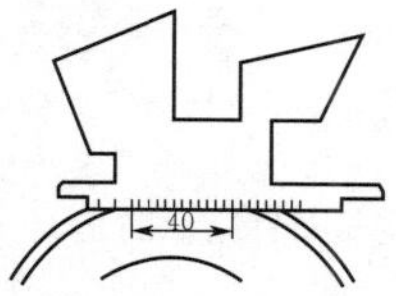
7. 测量轮辋宽度 推动轮辋宽度测尺尺框，使其测量头与车轮外侧面贴靠，从游标中读取轮辋宽度值	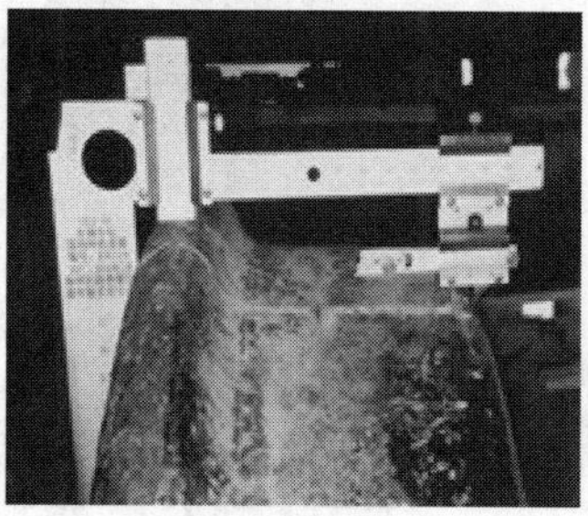
1. 撤离安全防护设施 2. 清点各工器具无丢失，无留在作业现场，对作业现场进行清洁	

项目 1-2　不落轮车轮外径测量仪测量

1. 把轮径尺放在标准圆上进行校正，通过调节数显表上的上下箭头按钮，校正轮径尺，使之显示值与标准圆标称值一致。不同型号的轮径测量尺标准圆标称值不一样(注意：先将数显表放在轮径尺上，再将表与尺一起放标准圆上)。

2. 轮径尺校正之后，轻轻拿起轮径尺，用手按压伸缩杆，观察数显表的读数范围(限度：城轨车辆原始尺寸 840 mm，半磨耗轮 805 mm，运用限度 770 mm)。

3. 将校正好的轮径尺，密贴置于轮饼上进行轮径测量，并读取轮径值。按要求每测一次(一个架)之后必须重新在标准圆上进行校正。每个轮都要测量至少三个数据，取其平均值。

(1)同一轮对上左右车轮直径差不能超过 2 mm。

(2)同一转向架的二个轮对上车轮直径差不能超过 4 mm。

4. 测量后注意事项

(1)检查量具是否有检验合格标签，确认有效使用日期。

(2)刻度线清晰无磨损、腐蚀现象。

(3)检查器外观无损坏、变形，各定位螺钉无断裂或缺损。

(4)使用过程当中要轻拿轻放，防止掉落、磕碰造成损坏。

(5)使用完毕清洁干净，无污渍残留于外表面，将其重新放回到存放盒内。

时间：3 min，超时 1 min 即为不及格

续上表

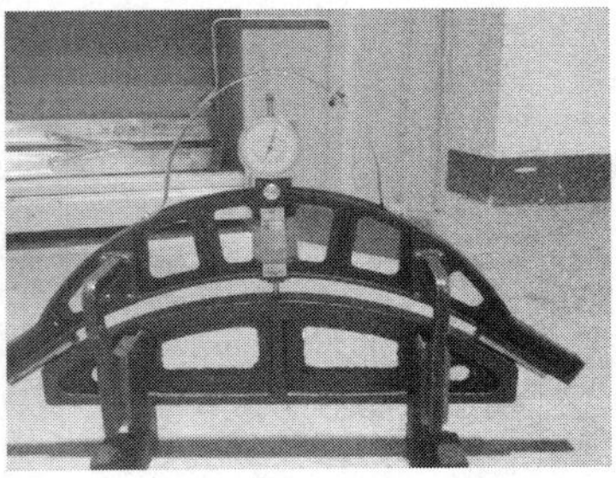

表分表指针是逆时针转

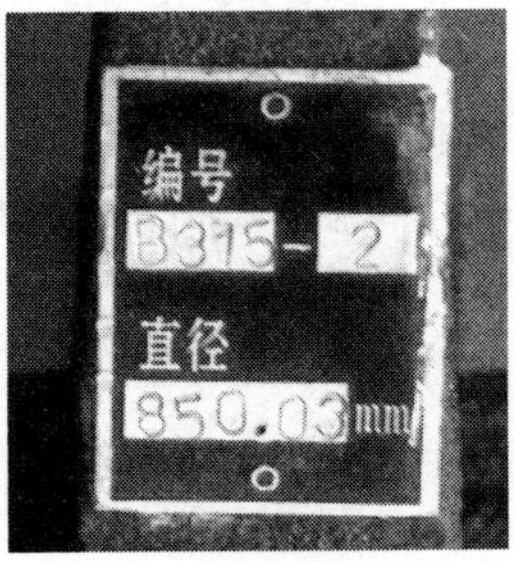

标准圆直径为:850 mm

指示表中短指针指示的是 10 mm 以上的数,长指针指示的是 10 mm 以下的数,分度值为 0.1 mm

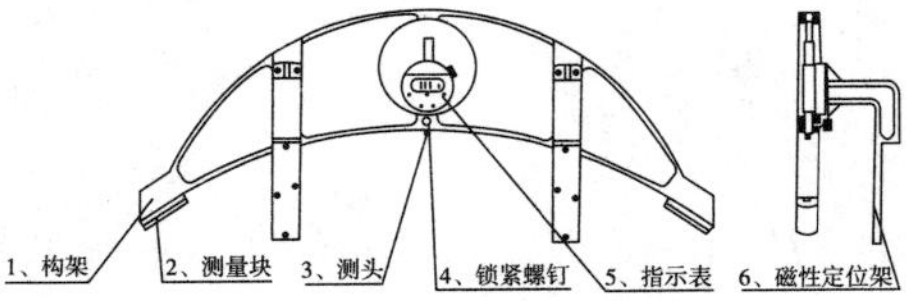

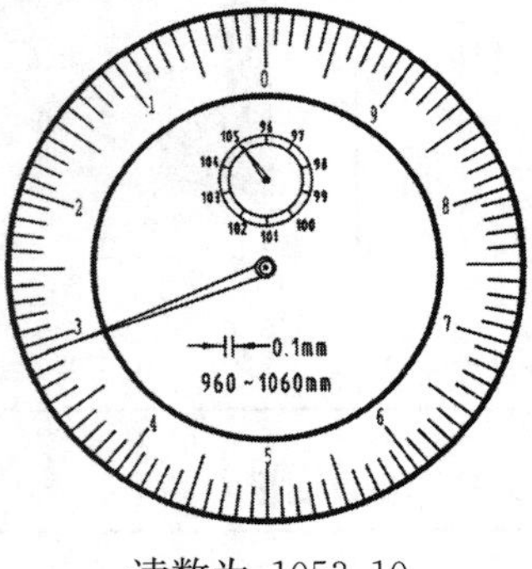

读数为:1053.10

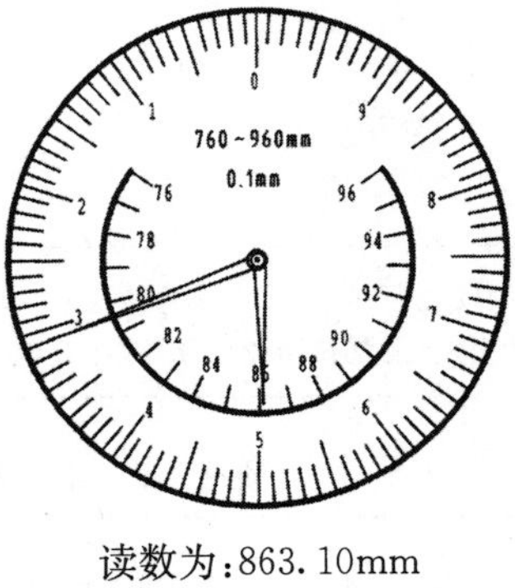

读数为:863.10mm

项目 1-3　车辆轮对内距尺测量工艺卡

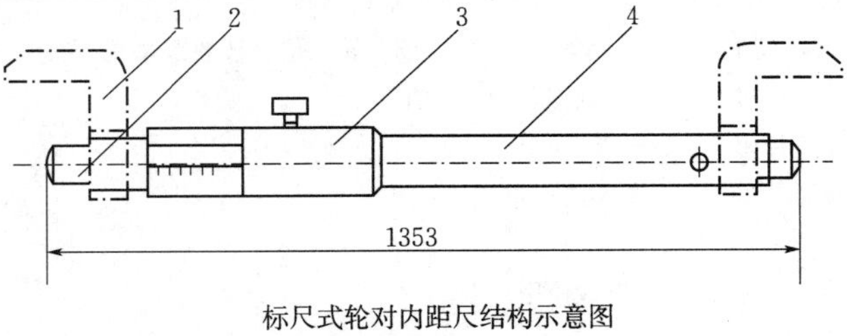

标尺式轮对内距尺结构示意图

1—限位钩;2—活动测杆;3—示值标套;4—尺身

标尺式轮对内距尺实物图

续上表

测量方法：

1. 将内距尺锁紧螺钉松开，使活动测杆处于自由状态。

2. 两手握住内距尺，将其放置于两车轮内侧，使两限位钩落在两车轮轮缘最高部位。

3. 目测杆身与车轴平行。

4. 在圆周方向移动内距尺活动测头端，找到最小的读数，即为轮对内距（因为不是平行的，所以，测值在圆周方向是变化的，我们取那个点的最小值）。

5. 轮对内侧距(1 353±2)mm。

6. 测量时，须沿车轮圆周方向每 120°测量一处，共测量 3 处，3 处之差≤3 mm。

时间：1 min30 s，超时 30 s 不及格

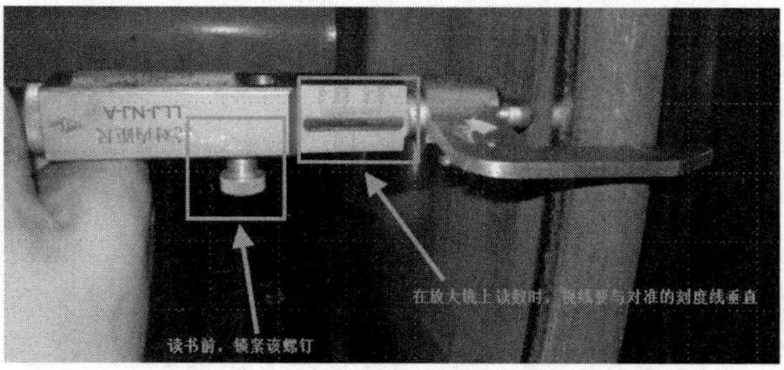

项目 1-4　车辆车轮轮缘踏面样板测量工艺卡

一、准备的量具

(1)检查样板——用于检查机车车辆轮缘踏面形状。

(2)校验样板——用于检验检查样板线轮廓度。

(3)塞尺一把。

二、型号：LW(LW32)型

三、使用方法

1. 检查样板

(1)将样板置于被测车轮上，其基准边与轮(箍)辋内侧面靠紧，踏面曲线边与轮缘或踏面上一点接触，样板平面应与车轴轴向剖面方向一致。

(2)用光隙法检查样板轮缘踏面曲线边与车轮轮缘踏面之间的间隙，也可以用塞尺测量间隙的大小。（要求：小于 0.7 mm）

2. 校验样板

(1)将检查样板与校验样板的基准边贴紧，移动校验样板或检查样板，使轮缘踏面曲线边上一点接触。

(2)用二级塞尺检查检查样板与校验样板之间的间隙。

四、使用注意事项与保养

(1)样板严禁摔碰，以免影响测量准确性。

(2)样板使用后要放回包装盒内保管。

时间：1 min

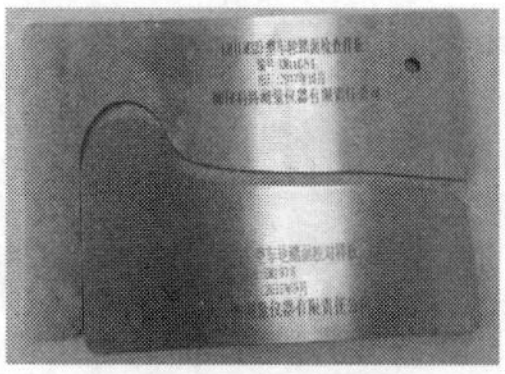

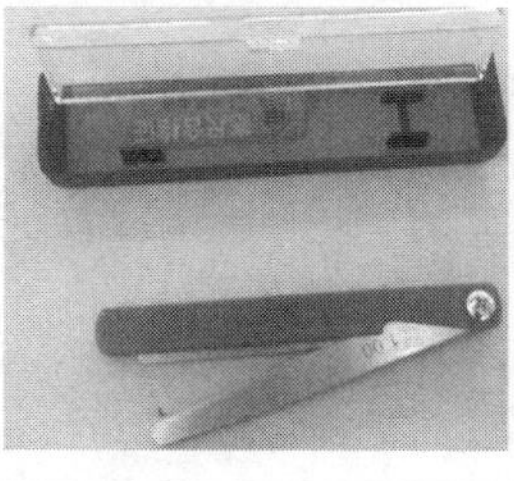

轮对测量数据记录表

班级：________　　　　姓名：________

测量内容	限度	第一点	第二点	第三点	计算平均值
轮辋厚度					
轮辋宽度					
轮缘高度					
轮缘厚度					
轮缘垂直磨耗到限					
踏面磨耗					
踏面擦伤深度					
踏面剥离长度					
车轮直径					
轮对内侧距离					
车钩高度					

项目2　拆装油压减振器

项目简介	通过对油压减振器的拆装，学会使用扭力扳手，掌握油压减振器的结构
条件、设备	城轨车辆转向架、扭力扳手(是否检验合格)、套筒扳手、梅花扳手或开口扳手、备用螺丝或螺帽(油压减振器用)
安全、注意要点	在操作过程中，戴好手套，以免刮伤手
时间要求	6 min

一、扭力扳手的使用方法

1. 设定扭矩

(1)将锁紧尾盖拉出，顺时针方向旋转手柄则扭力值增加，逆时针减少。

(2)设定好需要的扭矩值，如60 N。

(3)当施加的扭矩达到设定值时，扳手会发出“卡塔”声响或者扳手连接处折弯一点角度，这就代表已经紧固不用再加力了。

(4)扳手头部的销子搬到左边是松，右边是紧。

(5)右手扭动扳手的时候，左手压紧其头部，否则容易使得螺杆弯曲

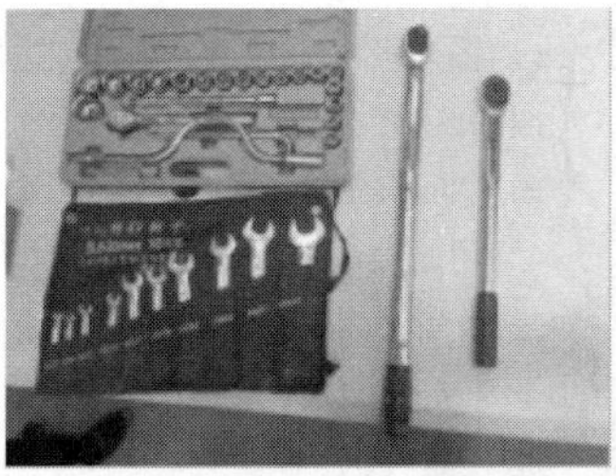

续上表

<table>
<tr>
<td>
2. 注意事项
(1)选用的扳手的开口尺寸必须与螺栓或螺母的尺寸相符合,扳手开口过大易滑脱并损伤螺件的六角。
(2)各类扳手的选用原则:一般优先选用套筒扳手,其次为梅花扳手,再次为开口扳手,最后选活动扳手。
</td>
<td>

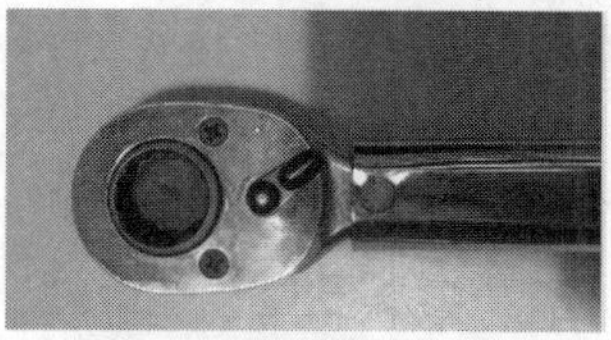
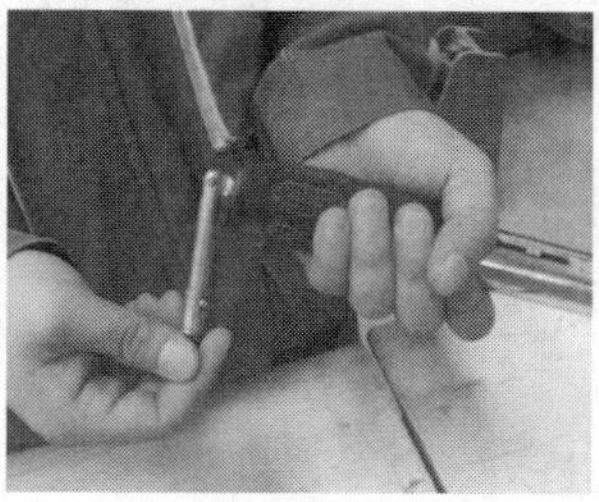
</td>
</tr>
<tr>
<td colspan="2">
二、工作任务
1. 拆卸转向架四角的 2 个油压减振器(CW-200 型转向架 3 台),两人合作。
2. 两人轮流操作,每人都必须掌握扭力扳手的使用方法。
3. 时间:5 min,超时 1 min 不及格
三、注意事项
(1)查看螺丝规格,选择合适的套筒。
(2)根据螺丝规定的扭力,选择扭矩。
(3)拆卸下来的工件和螺丝螺母摆放整齐后(不能放在地上),再进行油压减振器的检查。
(4)油压减振器安装时,铭牌朝外。
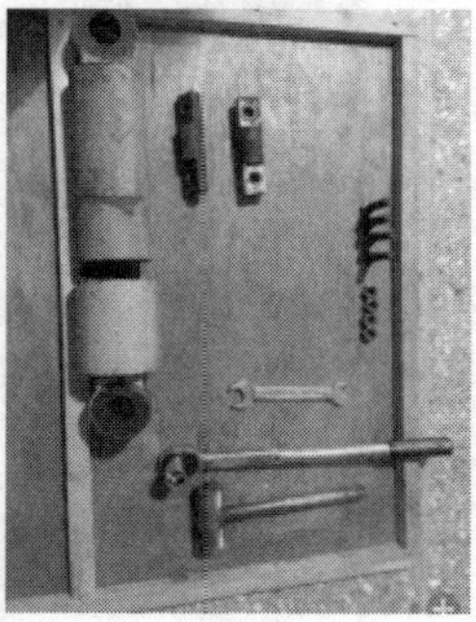
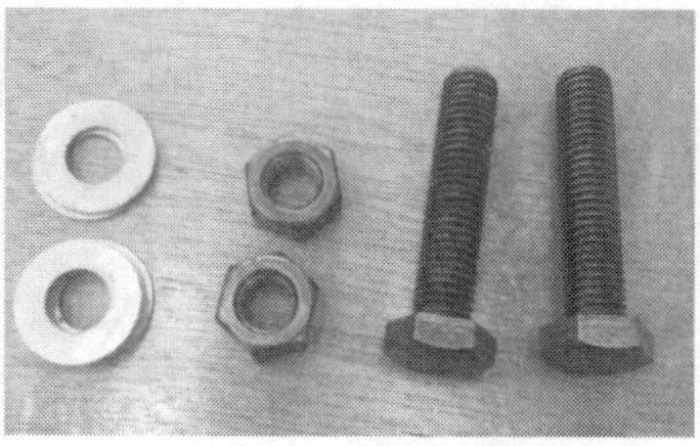
螺母螺丝垫片若干备用

梅花扳手 17-19

转向架 3 台
</td>
</tr>
</table>

项目 3　转向架日检作业

<table>
<tr><td colspan="2">项目简介</td><td>本实训基于地铁公司对于转向架日检的实际工作任务展开。要求学生结合现场实际工作任务，根据实训条件，针对不同转向架，对其主要部件进行日检。采取的日检方式为“口呼、手指、目测”。</td><td>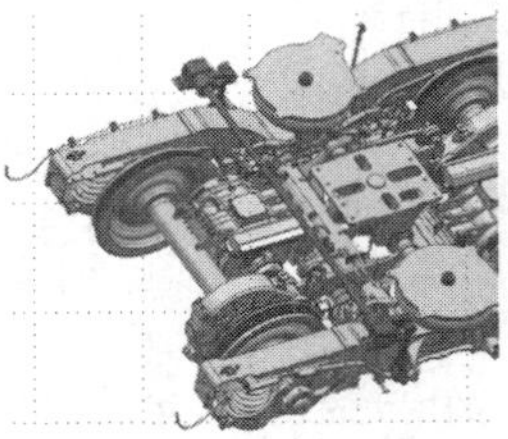</td></tr>
<tr><td colspan="2">条件、设备</td><td colspan="2">城轨车辆转向架 2 台</td></tr>
<tr><td colspan="2">工具、量具、材料</td><td colspan="2">手套、手电、反射镜、棉纱、电池等</td></tr>
<tr><td colspan="2">安全、注意要点</td><td colspan="2">在检查过程中，戴好手套，以免刮伤手</td></tr>
<tr><td>步骤</td><td colspan="2">作业内容</td><td>实物操作图片</td></tr>
<tr><td rowspan="2">1</td><td colspan="2" rowspan="2">一、转向架构架状态
1. 检查专用工具及材料
反射镜、手电
2. 检修内容
(1)工艺孔旋塞是否丢失。
(2)制动管路管路夹、盖板及紧固件有无丢失。
(3)轮缘润滑管路连接是否正常，管路夹、盖板及紧固件有无丢失。
3. 检修方法
目测。</td><td>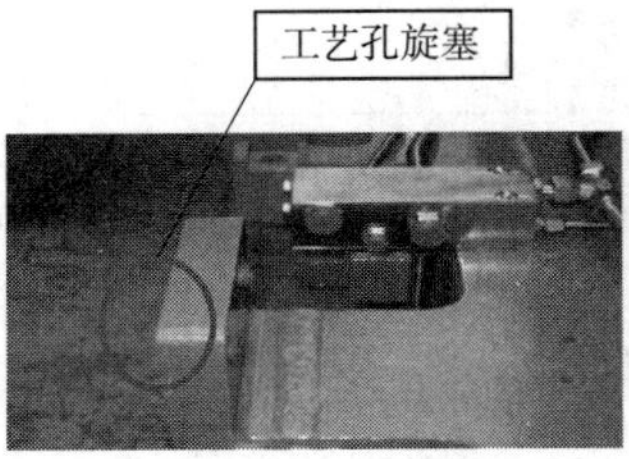</td></tr>
<tr><td>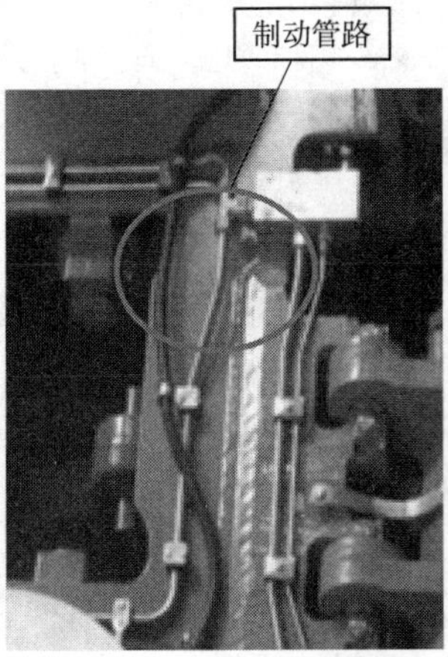</td></tr>
</table>

续上表

步骤	作业内容	实物操作图片
2	二、中心销牵引系统状态检查 1. 专用工具及材料 反射镜、手电。 2. 检查内容 (1)中心销/车体接口处的紧固件是否松动。 (2)牵引拉杆与构架、中心销紧固件是否松动。 (3)横向止挡表面是否完好，其与构架紧固件是否松动。 3. 检查方法 目测。	 
3	三、一系弹簧状态检查 1. 专用工具及材料 手电，反射镜 2. 检查内容 (1)弹簧单元 ①一系弹簧单元与构架紧固件是否松动。 ②检查弹簧外部橡胶是否有裂痕，是否从其金属端剥离。 (2)提升板止挡 ①检查板是否有损坏及变形。 ②确保紧固件的安全性。 (3)撞击止挡 ①检查撞击止挡的磨耗及损坏。 ②确保紧固件的安全性。 3. 检查方法 目测。	
4	四、二系空气弹簧状态检查 1. 专用工具及材料 反射镜、手电，深度测尺，即钝刀或塞尺，肥皂/热水 2. 检查内容 检查气囊外层是否损坏。 3. 检查方法 目测。	

续上表

步骤	作业内容	实物操作图片
5	五、轮对状态检查 1. 专用工具及材料 反射镜、手电 2. 检查内容 (1)检查车轴。 (2)检查踏面。 (3)检查车轮注油孔螺堵 3. 检查方法 目测。	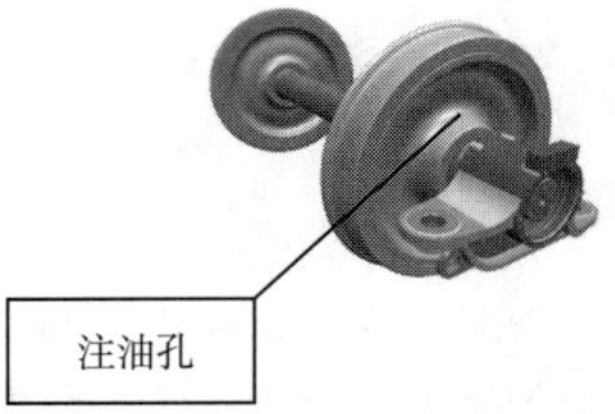
6	六、牵引电机安装状态检查 1. 专用工具及材料 反射镜、手电。 2. 检查内容 牵引电机与构架紧固件是否松动。 3. 检查方法 目测。	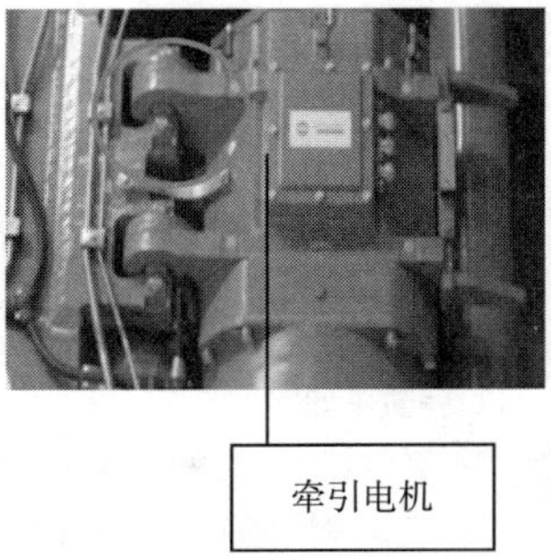
7	七、齿轮箱状态检查 1. 专用工具及材料 反射镜、手电。 2. 内容 (1)齿轮箱表面是否损坏,是否漏油。 (2)齿轮箱 C 型支架与构架紧固件是否松动。 (3)联轴节是否漏油。 3. 检查方法 目测。	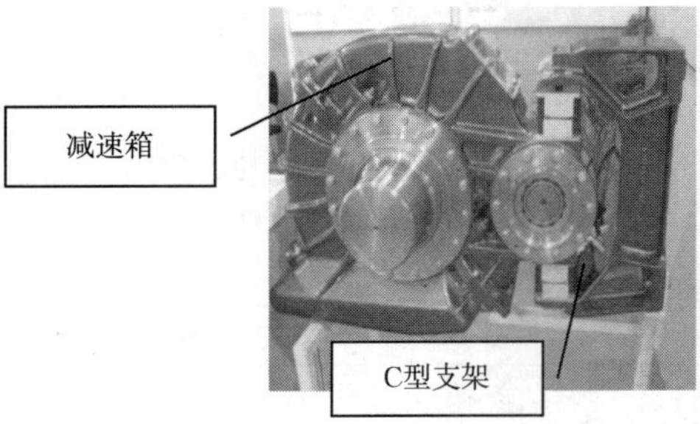
8	八、接地碳刷、BCU 传感器电缆状态检查 1. 专用工具及材料 反射镜、手电。 2. 检查内容 接地碳刷、传感器电缆安装是否紧固,有无损伤。 3. 检查方法 目测。	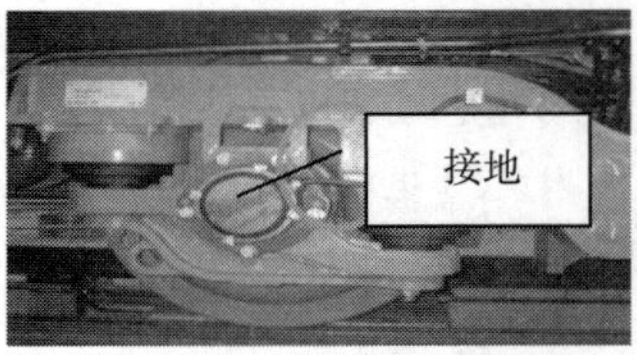 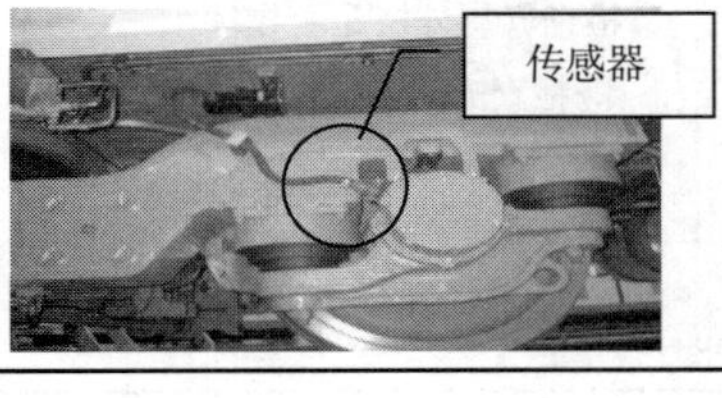

续上表

步骤	作业内容	实物操作图片
9	九、抗侧滚扭杆状态检查 1. 专用工具及材料反射镜、手电。 2. 检查内容 抗侧滚扭杆连接紧固件是否松动。 3. 检查方法 目测。	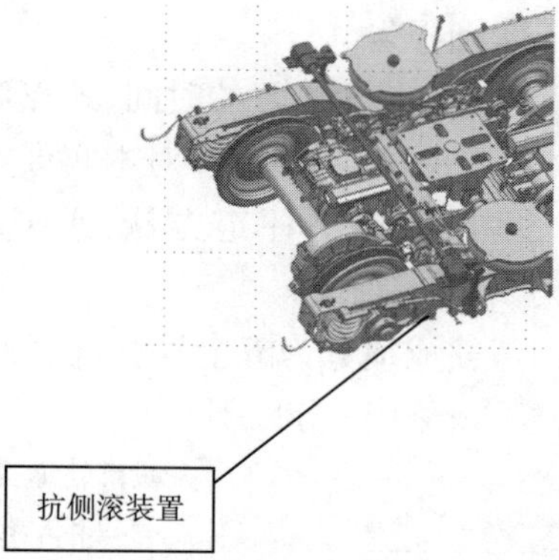
10	十、高度阀状态检查 1. 专用工具及材料 反射镜，手电。 2. 检查内容 高度阀连接件安装是否正常，与车体及转向架连接是否正常。 3. 检查方法 目测。	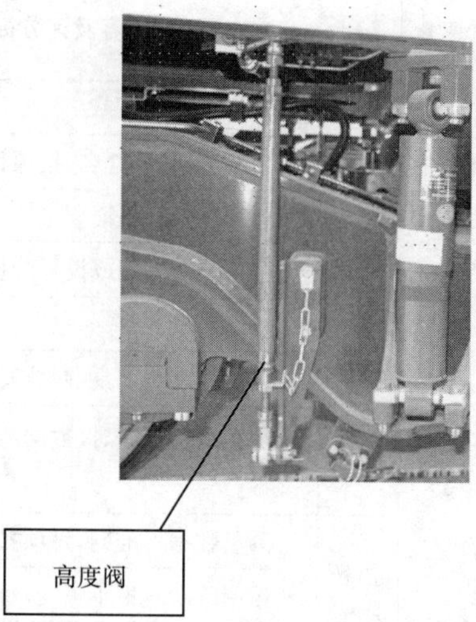
11	十一、油压减振器状态检查 1. 专用工具及材料 反射镜、手电。 2. 检查内容 (1)检查垂向油压减振器表面是否完好，有无漏油。 (2)检查垂向油压减振器与车体及构架连接紧固件是否松动。 (3)检查横向油压减振器表面是否完好，有无漏油。 (4)检查横向油压减振器与车体及构架连接紧固件是否松动。 3. 检查方法 目测。	
12	清点各工器具无丢失，无留在作业现场，对作业现场进行清洁。	

六、考核标准

1. 实训报告

实训内容包含实习的时间、地点和项目内容；总结自己在各实训项目中技能训练情况；实训过程中的体会与收获；对本实训安排的建议。

2. 本课程成绩评定方法：总成绩中实训纪律占10%、实训报告占10%、实训成绩占80%。

3. 考核成绩分为五个等级：优(90分以上)、良(80～89分)、中(70～79分)、及格(60～69分)、不及格(59分以下)。

城市轨道交通车辆机械检修考核评分总表

班级：__________ 姓名：__________ 序号：__________

	评分		考试内容及评分标准	减振扣分	日检扣分	检查器扣分	轮径尺扣分	内距尺扣分	高度尺扣分	样板扣分
操作过程			穿戴好工作服							
			准备工作(报姓名、报项目、报量具)							
			检查量具合格证							
			报告安全事项或设置防护设施							
			开始测量							
			测量结束收工具，撤掉安全防护							
			计算测量数据，报数据范围以及合格与否							
		扣分标准	测量数据不准确，每项扣2分							
			运用限度填报不正确，每项扣2分							
			质量判断不正确，每项扣2分							
时间			规定时间内完成							
			每超过10 s扣1分，超时1 min，失格							
安全及其他			漏报项目一次扣2分							
			不按规定着装失格							
			未设防护信号作业，失格							
			任何东西掉落，一次扣2分							
			作业结束未撤防护扣5分							
			工具使用不当扣2分							
			工件安装不正确扣5分							
			损坏工具，扣10分							
			每项扣分总计							
总评			每项得分							

考评员(签字)： 日期：

课程十三　城市轨道交通车辆电气检修实训

一、实训目的

本次实训的主要目的是提高学生的实操水平，通过理论与实际相结合，使学生能够熟悉城市轨道交通车辆操作技能、电气故障处理技能和车辆电气牵引与控制基础知识，具备基本的车辆电气故障处理能力。通过有针对性的实训，帮助学生强化电控系统等方面的理论知识；基于设备检修的基本程序，应用分析与排除方法，实施故障的判断、分析以及处理，提高学生的综合能力，适应城轨车辆检修岗位的技能需要。

1. 能认识车辆司机室并进行无电检修作业与有电动态试验。
2. 熟悉受电弓主要部件，完成无电检修作业并能根据故障现象进行分析与处理。
3. 熟悉高压箱的主要设备部件并进行检修作业，能根据部件故障进行分析与处理。
4. 能够完成一个单元列车的屏柜检修作业。

二、实训任务

(一)司机室作业

(1)熟悉司机操作台主要部件。

(2)熟练完成司机操作台、司机控制器、设备柜的检修。

(3)掌握紧急停车按钮试验、升降弓与高速断路器试验、停放制动试验、制动试验的操作流程。

(二)受电弓作业

(1)熟悉受电弓主要部件。

(2)熟练完成受电弓弓头组装、平衡杆组装、底架组装及监测器件的检修。

(3)掌握受电弓无法升弓、升弓不能保持、无法降弓等故障的处理方法。

(三)高压箱作业

(1)熟悉高压箱主要部件。

(2)熟练完成三位置开关、熔断器及高速断路器的检查作业。

(3)掌握三位置开关故障、熔断器故障及高速断路器故障的处理方法。

(四)列车屏柜作业

(1)认知车辆屏柜内主要电器元件。

(2)熟悉车辆屏柜的检修作业流程。

(3)掌握电器元件故障的处理措施。

三、实训预备知识

(1)城轨车辆电气检修的常用工具使用方法、技巧及使用注意事项。

(2)城轨车辆常用电器的结构、工作原理及检修维护方法。
(3)城轨车辆常用电气检测仪表的结构原理及使用方法。
(4)车辆电气系统电路图的识读方法,电路故障的判断、分析及处理方法。
(5)车辆司机室作业的标准规范及工艺技术要求。

四、实训仪器仪表使用、实训操作及安全注意事项

1. 实训仪器仪表使用
(1)严禁将仪器仪表未按其用途而当锤击工具使用。
(2)各种仪器仪表在使用过程中必须保持清洁。
(3)仪表、量具使用完毕应当立即装入盒(套)中保存,不能随地乱扔。
2. 实训操作及安全注意事项
(1)实训过程中必须注意检查操作台、架是否安全可靠。
(2)带电作业过程中严禁无关人员靠近操作区域。
(3)不带电作业前确认相应操作台已处于断电状态。
(4)作业过程中出现故障,及时向老师报告,严禁带故障继续作业。

五、实习的组织管理

实习分组安排:12 个小组,每个小组 5 人。

六、实训项目简介与实训步骤指导

项目一(一)　司机室无电作业

作业条件	列车处于静止状态、受电弓降下、分断蓄电池开关。
工具、计量工器具、材料	主控钥匙、抹布、“禁止动车”牌等。
作业准备	(1)确认列车受电弓降下,分断蓄电池开关; (2)在车辆两端右侧放置“禁止动车”牌。
安全、注意要点	(1)穿好劳动防护用品,戴好安全帽; (2)非作业人员在安全距离外。
作业流程图	司机操作台 ➡ 司机控制器 ➡ 设备柜 ➡ 继电器柜

续上表

步骤	作业内容及相关实物图片	
司机操作台检修	(1)从左至右检查司机操作台面板1、面板2、面板3,确保紧固螺栓安装紧固,防松线清晰无错位。 (2)从左至右检查司机操作台上各按钮、旋钮、指示灯,确保外观完好,无破损,开关门按钮无损坏,如损坏则更换。 (3)检查HMI屏,确保外观良好,紧固件防松线无错位,使用无纺布擦拭HMI表面,擦拭后无污渍。 (4)检查司机操作台速度里程表和双针压力表,确保外观良好,无破损。 (5)检查CCTV触摸屏,确保外观完好,安装紧固。 (6)检查广播控制盒,确保外观完好,按键无受损、无卡滞,安装紧固。	
司机控制器检修	(1)主控钥匙转动灵活、无卡滞、无异响。 (2)检查司机控制器的零部件,要求无变形、松动,电气连接可靠、无过热痕迹,钢丝绳无断股。 (3)警惕按钮转动灵活,动作无卡滞。 (4)司机控制器方向手柄包含“向前”“0”“向后”三个挡位,控制手柄包含“牵引”“0”“制动”“快制”四个挡位,其标识符号应齐全、完整、清晰、正确。 (5)控制手柄和方向手柄在各个挡位之间应转动灵活,无机械卡滞现象。 (6)互锁状态检查。当方向手柄在“0”位时牵引手柄被锁定;当方向手柄在“向后”或者“向前”位置时,控制手柄可以在“牵引”“制动”和“快制”位移动;当方向手柄在“0”位时,机械锁应转动灵活且在锁定位置时主控钥匙方可拔出;当主控钥匙在断开位时,方向手柄和控制手柄均不能动作;方向手柄在非“0”位时,主控钥匙不能拔出。	 司机控制器结构图
设备柜检修	(1)检查司机室设备柜柜门锁闭,确保状态良好,方孔锁转动灵活无卡滞。 (2)检查司机室设备柜柜门外观,表面脱漆面积应不超过900 mm^2,无裂纹、无破损。	
继电器柜检修	(1)检查司机室继电器柜柜门锁闭,确保状态良好,方孔锁转动灵活无卡滞。 (2)检查司机室继电器柜柜门外观,表面脱漆面积应不超过900 mm^2,无裂纹、无破损。	 司机室设备检修位置图
	作业完成后清理现场,确认所携带的检修工具、材料齐全,未遗留在作业现场。	

项目一(二)　司机室有电作业

作业条件	列车处于有电静止状态、合蓄电池开关。	
工具、计量工器具、材料	主控钥匙、抹布、“禁止动车”牌等。	
作业准备	(1)合蓄电池开关； (2)在车辆两端右侧放置“禁止动车”牌。	
安全、注意要点	(1)穿好劳动防护用品，戴好安全帽，注意用电安全； (2)非作业人员在安全距离外。	
作业流程图	紧急停车按钮试验 → 升弓与高速断路器试验 → 停放制动试验 → 制动试验	
步骤	作业内容	实物操作图片
紧急停车按钮试验	(1)合“主控钥匙”开关，确认车辆 HMI 屏无故障显示。 (2)将方向手柄推至“前”位，将控制手柄拉至“制动”位，拍下司机操作台左侧紧急停车按钮，制动缸压力由 300 kPa 上升到 360 kPa，复位紧急停车按钮。 (3)拍下司机操作台右侧紧急停车按钮，制动缸压力由 300 kPa 上升到 360 kPa，复位紧急停车按钮，将方向手柄拉回“0”位。	 司机操作台面板 1
升降弓与高速断路器试验	(1)鸣笛，确认安全，按压“升弓”按钮，在车辆显示屏确认受电弓升起，网压正常，“升弓”按钮指示绿灯亮。按压“降了”按钮，“降了”按钮指示灯红灯亮。 (2)按压“HSCB 合”按钮，“HSCB 合”绿灯亮，“HSCB 分”红灯灭；按压“HSCB 分”按钮，“HSCB 分”红灯亮，“HSCB 合”绿灯灭；在车辆屏上确认高速断路器图标状态，保持高速断路器在“分”位。	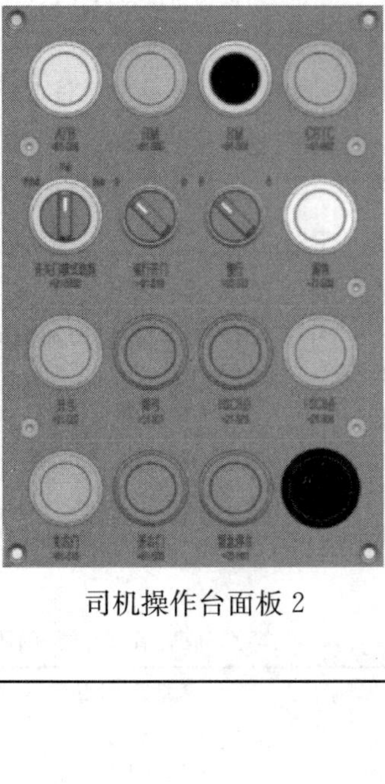 司机操作台面板 2

续上表

步骤	作业内容	实物操作图片
停放制动试验	(3)按压“停放制动缓解”按钮,“停放制动缓解”绿灯亮,“停放制动施加”红灯灭,停放制动缓解;按压“停放制动施加”按钮,“停放制动施加”红灯亮,“停放制动缓解”绿灯灭,停放制动施加;再次按压“停放制动缓解”按钮,保留停放制动在缓解状态。	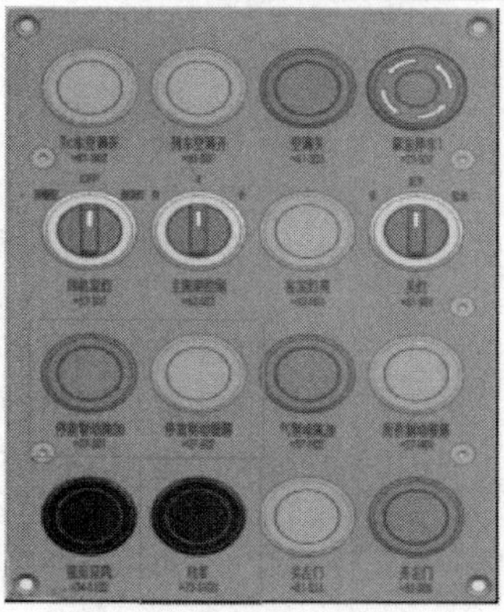 司机室操作台面板 3
制动试验	(1)将方向手柄推至“向前”位,按下警惕按钮,将控制手柄从“0”拉至“制动”位,确认制动缸压力为 300 kPa;拉至“快制”位,确认制动缸压力为 340 kPa;将控制手柄推回“0”位,确认制动缸压力为 220 kPa。 (2)将方向手柄推至“0”位,确认制动缸压力为 360 kPa。 (3)将方向手柄拉至“向后”位,按下警惕按钮,将控制手柄从“0”拉至“制动”位,确认制动缸压力为 300 kPa;拉至“快制”位,确认制动缸压力为 340 kPa;将控制手柄推回“0”位,确认制动缸压力为 220 kPa。 (4)将控制手柄、方向手柄恢复至“0”位。(标准用语:手指口呼制动缸压力值并确认符合技术要求,“制动功能良好”)。 (5)将控制手柄和方向手柄置“0”位,关主控钥匙。	 司机操作台仪表面板
	作业完成后清理现场,确认所携带的检修工具,材料齐全,未遗留在作业现场。	

项目二(一)　受电弓无电作业

作业条件	列车处于静止状态、受电弓降下、分断蓄电池开关。
工具、计量工器具、材料	主控钥匙、抹布、“禁止动车”牌等。
作业准备	(1)确认列车受电弓降下,分断蓄电池开关; (2)在车辆两端右侧放置“禁止动车”牌。
安全、注意要点	(1)穿好劳动防护用品,戴好安全帽; (2)非作业人员在安全距离外。
作业流程图	弓头组装检修 → 平衡杆组装检修 → 底架组装检修 → 监测器件检修

续上表

<table>
<tr><th>步骤</th><th colspan="2">作业内容及相关实物图</th></tr>
<tr><td>弓头组装检修</td><td colspan="2">(1)检查碳滑板摩擦面,确保光滑无缺损,检查碳滑板凹槽,槽深度超过 5 mm。
(2)检查弓角外观,要求紧固完好,无损坏,无裂纹,8 个紧固件无错位。
(3)检查碳滑板 8 个安装螺栓安装情况,要求紧固无松动,划线清晰无错位,碳滑板与铝座无脱胶。
(4)检查弓头与弓头悬挂装置 4 个紧固螺栓,要求紧固良好,划线清晰无错位。
(5)弓头悬挂装置和上框架横管间的 4 个紧固螺栓连接无松动,无错位。
(6)检查碳滑板连接气管 2 个接头,要求无松动,划线清晰无错位,气管外观状态良好无变形和老化。
(7)检查弓头电流连接组装外观及其紧固螺栓的紧固状态,要求 8 个螺栓紧固,接线头及连接导线无损坏。

受电弓结构图</td></tr>
<tr><td>平衡杆组装检修</td><td>(1)检查弓头橡胶止挡、平衡杆止挡是否托住弓头和碳滑板托架,4 个紧固件划线是否清晰无错位。
(2)检查降弓位置传感器及感应板,要求外观良好,安装紧固无松动,划线无错位,感应板与感应探头对中。
(3)检查上框架及平衡杆是否无受损、裂纹、缺失或变形,焊缝无裂纹,2 个连接螺栓无松动,划线清晰无错位,无机械干涉。
(4)检查上框架与拉杆,要求外观良好无变形,2 个连接螺栓紧固良好,划线清晰无错位,拉杆外观状态良好,无变形无机械干涉。
(5)检查受电弓下臂杆及其横杆,要求无受损、裂纹、缺失或变形的零件,相互之间无机械干涉,2 个紧固螺栓无松动,划线清晰无错位。
(6)检查升弓气囊外观,要求气囊无裂纹,检查升弓装置钢丝绳及组件,要求钢丝绳 4 个固定螺母划线清晰无错位。</td><td>
橡胶止挡结构图</td></tr>
</table>

续上表

步骤	作业内容及相关实物图
底架组装检修	(1)检查底架四周外观，要求状态良好，无裂纹和变形，4个紧固螺栓无松动。 (2)检查气阀箱，要求外观无损坏，4个螺栓紧固无松动。 (3)检查红色截止阀是否处于连通位。 (4)检查避雷器是否安装紧固，外观无裂纹和缺损，紧固螺栓无松动。 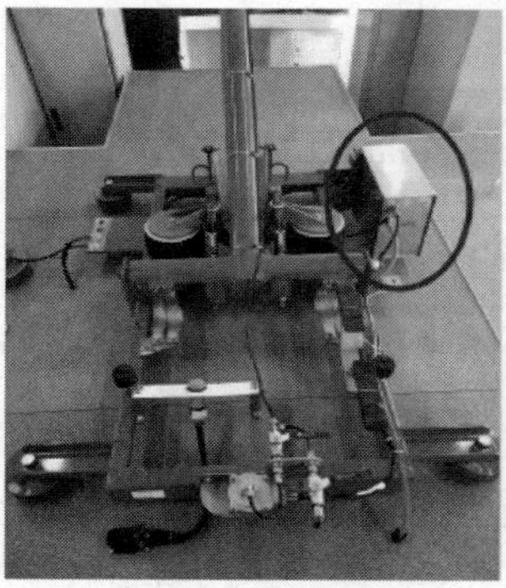 受电弓气阀箱位置图  避雷器结构图
监测器件检修	(1)检查受电弓降弓位置传感器，要求安装紧固无松动。 (2)检查弓网摄像头，要求外观完好，安装紧固，用干净抹布清洁弓网摄像头。  受电弓位置传感器位置图  弓网摄像头位置图
	作业完成后清理现场，确认所携带的检修工具，材料齐全，未遗留在作业现场。

项目二(二)　受电弓故障分析与处理

作业条件	列车处于静止状态。
工具、计量工器具、材料	主控钥匙、抹布、“禁止动车”牌等。
作业准备	在车辆两端右侧放置“禁止动车”牌，合蓄电池开关。
安全、注意要点	(1)穿好劳动防护用品，戴好安全帽，注意用电安全； (2)非作业人员在安全距离外。

续上表

作业流程图	碳滑板磨损过度 → 弓头与接触线产生电弧 → 无法升弓 → 升弓不能保持 → 无法降弓	
故障	直接原因	处理方法/测量/测试
碳滑板磨损过度	(1)均匀磨损显示运行正常	必要时更新滑板
	(2)碳滑板上出现凹槽	由接触线导致,更新碳滑板
	(3)刃部有冲击	由于接触线上的故障,更新碳滑板
弓头与接触线产生电弧	(1)接触压力低	检查受电弓机车供风气压,如果气压低于 0.5 MPa,需重新调整气压值
		气动元件出现故障,检查和更新故障的气动元件
	(2)弓头转动不灵活或变形	检查弓头是否能够灵活摆动,维修或必要时更换弓头
	(3)采用了新的接触线	光整接触线
无法升弓	(1)控制电路故障	检查控制升弓电磁阀的电路是否故障
	(2)气路故障	检查气路各阀开关状态是否正常
		检查气路是否泄漏或堵塞,更换故障的元件
		检查受电弓气路压力和车辆供风压力是否正常
	(3)升弓气囊缺陷	检查升弓气囊和固定装置,必要时修理或更换
	(4)轴承故障	检查轴承,必要时润滑轴承或更新
升弓不能保持	(1)气路故障	检查气路是否泄露
		检查受电弓气路压力和车辆供风压力是否正常,更换故障的元件
	(2)升弓气囊缺陷	检查气囊是否有泄漏现象和固定装置,必要时修理或更换
无法降弓	(1)控制电路故障	检查控制电路是否存在通断故障
	(2)气囊缺陷	检查升弓气囊,必要时更换升弓气囊
	作业完成后清理现场,确认所携带的检修工具,材料齐全,未遗留在作业现场。	

项目三(一) 高压箱作业

作业条件	列车处于断电模式、三位置开关处于接地位
工具、计量工器具、材料	主控钥匙、抹布、“禁止动车”牌等
作业准备	(1)确认两端 Mp 车受电弓在降位。 (2)确认无车间电源供电。 (3)确认两 Mp 车三位置开关处于接地位
安全、注意要点	(1)穿好劳动防护用品,戴好安全帽。 (2)非作业人员在安全距离外

续上表

作业流程图	碳滑板磨损过度 → 三位置开关检查 → 熔断器检查 → 高速断路器检查	
步骤	作业内容	实物操作图片
高压箱外部作业	(1)检查高压箱体及悬挂梁，要求外观良好，箱体无变形、裂纹，箱体油漆破损面积不大于 900 mm^2，检查箱体上各种标志、标签，要求字迹清晰、无损坏。 (2)检查高压箱体，确保安装牢固，外部电气连接插连接紧固，紧固螺钉划线无错位，接地线紧固螺栓无松动。 (3)检查高压箱体，确保内部无积尘，箱体内所有插头、接地连接或插头电缆的底座应牢固，无灼伤、裂纹现象。 (4)高压箱体盖板方孔锁螺母紧固良好无松动，盖板衬垫无破损。 (5)检查并清洁高压箱内的绝缘子无裂纹，无烧焦痕迹，紧固螺栓无松动，划线清晰无错位。	 高压箱结构图
三位置开关检查	(1)检查三位置开关安装座及手柄，确保无松动，各电气连接紧固，三位置开关无磨损或烧坏迹象，三位置开关安装座的绝缘子无开裂掉漆，三位置开关高压电缆不与箱体盖板或接地线干涉。 (2)检查三位置开关高压线排紧固螺栓是否齐全，要求防松线清晰无错位，接线无松动。 (3)检查三位置开关各部件动作情况，向下拉出小手柄大手柄可以操作，转动开关手柄，检查闸刀架转动是否灵活，释放小手柄时手柄端部可在导槽内自由活动，进入限位孔后闸刀架无法转动，检查完成后将三位置开关恢复为接地位。 (4)检查二极管面板及各部件是否齐全无损坏，无放电烧损痕迹，螺栓防松线清晰无错位。	 三位置开关结构图
熔断器检查	(1)检查熔断器面板及各部件，要求接线紧固，熔断器状态良好，无放电痕迹，各紧固螺栓齐全防松线清晰无错位。 (2)检查继电器面板，确保继电器安装紧固，接线牢固无放电、磨破迹象，线插紧固，电阻安装紧固，防松线清晰无错位，无放电裂纹、接线紧固。 (3)检查高压线排，要求接线紧固，防松线清晰无错位，线排与箱体之间无干涉，线排下部箱体内安装的橡胶绝缘层无破损移位迹象。	

续上表

步骤	作业内容	实物操作图片
高速断路器检查	(1)检查高速断路器，确保底座螺栓无松动，防松线清晰无错位。 (2)检查高速断路器辅助触点，确保端盖紧固螺栓无松动，防松线清晰无错位。 (3)检查高速断路器进出线排，确保各紧固螺栓齐全，防松线清晰无错位，无放电灼伤迹象。 (4)目检高速断路器主接触头是否有严重烧伤；检查并清洁灭弧罩，检查高速断路器内部固定触头紧固螺钉是否松动。 (5)拆除灭弧罩，检查灭弧罩，要求无异常、无裂损、无污迹，无烧焦痕迹，检查灭弧隔板，要求无严重磨损。 (6)擦拭灭弧罩表面灰尘后重新安装灭弧罩，紧固螺母需重新画防松线。 (7)检查高速断路器绝缘罩板，确保安装螺栓防松线清晰无错位。	 高速断路器位置图
	作业完成后清理现场，确认所携带的检修工具，材料齐全，未遗留在作业现场	

项目三(二)　高压箱故障分析与处理

作业条件	列车处于通电模式、三位置开关处于运行位。	
工具、计量工器具、材料	主控钥匙、抹布、“禁止动车”牌等。	
作业准备	(1)确认有电源供电； (2)确认两 MP 车三位置开关处于运行位。	
安全、注意要点	(1)穿好劳动防护用品，戴好安全帽，注意用电安全； (2)非作业人员在安全距离外。	
作业流程图	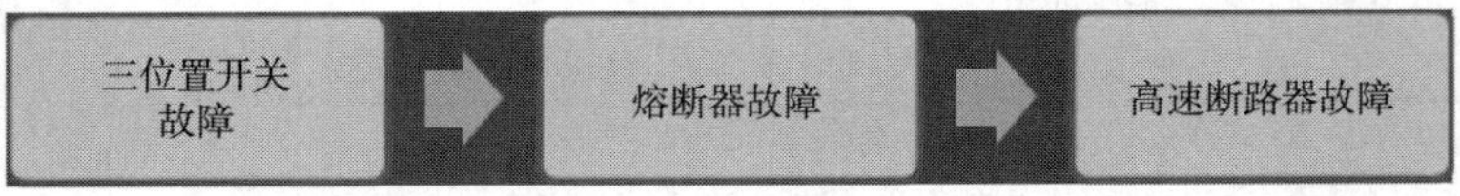	
故障	直接原因	处理方法/测量/测试
三位置开关故障	三位置开关出现故障，受电弓无法升起	检查三位置开关是否打到位，并重新操作三位置开关
熔断器故障	熔断器电阻值偏大	测量熔断器电阻值，有需要就更换

续上表

故障	直接原因	处理方法/测量/测试
高速断路器故障	(1)高速断路器的线圈电阻故障	测量高速断路器的线圈电阻，若线圈电阻不符合标准，则更换线圈
	(2)主断合继电器故障	检查主断合继电器状态
	(3)主断允许继电器故障	检查主断允许继电器状态
	(4)高速断路器灭弧罩、主触头故障	检查高速断路器灭弧罩、主触头情况
	作业完成后清理现场，确认所携带的检修工具，材料齐全，未遗留在作业现场。	

项目四　列车屏柜作业

作业条件	列车处于静止状态、受电弓降下、分断蓄电池开关。
工具、计量工器具、材料	螺丝刀、抹布等。
作业准备	(1)作业前，将电气柜柜门全部打开； (2)确认列车受电弓降下、列车处于无电状态。
安全、注意要点	(1)穿好劳动防护用品，戴好安全帽； (2)非作业人员在安全距离外。
作业流程图	
步骤	作业内容及相关实物图
屏柜外观检修	(1)目视检查各屏柜柜门，要求外观无破损及明显污迹，柜门玻璃完好。 (2)手动开关各屏柜柜门，要求无卡滞，门页无明显裂纹、划痕，方孔锁固定螺母无松动，防松线清晰无错位；转动锁芯，锁芯转动灵活，锁舌跟随转动良好。  直流屏柜

续上表

步骤	作业内容及相关实物图	
屏柜内部电气外观检修	(1)目视检查屏柜内部断路器,确保外观状态正常且处于正常位,如发现跳闸则进行恢复。 (2)目视检查屏柜内各按钮、旋钮外观,要求状态良好,保护盖无破损,位于正常位,如不在正常位则恢复,其中司机室继电器柜内"紧急牵引"旋钮、"警惕旁路"旋钮"停放缓解旁路"旋钮"所有制动缓解旁路"旋钮"允许升弓旁路"旋钮"总风压力可用旁路"旋钮"车钩监视旁路"旋钮"门零速旁路"旋钮"门关好旁路"旋钮铅封完好、无损坏,如损坏则更换并重新打好铅封。 (3)打开继电器柜安装面板,目视检查各继电器的外观,确保状态良好,各触点无烧焦痕迹,屏柜内部无异味。 (4)线束、铜排和导线应清洁,不许有过热、烧损和绝缘老化现象;线号齐全、清晰、正确。线芯断股不得超过原形的10%,单股线芯不许有裂损。铜排应平直光洁,不许有裂损;局部缺损不得超过原形的5%,表面镀层良好,连接处密贴。 (5)检查网压/电池电压表,在无电状态下,网压/电池电压表的指针均应在零位,如果不在零位,将指针调至零位。 (6)自动开关、旋钮、按钮等不许有破损,动作灵活,通断作用可靠。一旦发现自动开关、旋钮或按钮有破损或动作不灵活,必须更换该自动开关、旋钮或按钮。 (7)检查各接触器,确保动作正常,接触器、继电器表面无烧痕。 (8)检查插座及端子排是否清洁、完整,不许有裂损、烧伤,要求导线压接良好,接线紧固;插座插接牢靠,定位作用良好。 (9)检查继电器柜内电源插头、输入输出插头、接地线连接是否牢固、无松动;插头、插座有无损坏、裂纹,插头插接是否牢固、无松动。	 继电器柜内部结构 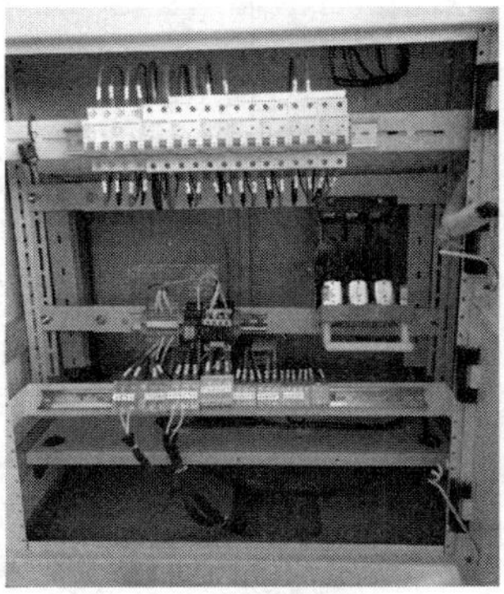 继电器柜内部结构
	作业完成后清理现场,确认所携带的检修工具,材料齐全,未遗留在作业现场。	

七、考核标准

1. 总成绩中实训纪律占10%,实训报告占10%,实训成绩占80%。

2. 考核成绩分为五个等级:优秀(90分以上)、良好(80~89分)、中等(70~79分)、及格(60~69分)、不及格(59分以下)。

城市轨道交通列车电气检修实训考核评分表

班级:__________姓名:__________序号:__________小组:__________

考核项目	序号	考核内容及评分标准	分值	得分
司机室作业(20分)	1	能够正确完成司机台、司控器、设备柜及继电器柜检修,流程正确,操作规范	10	
	2	能够正确完成紧急停车按钮、升弓与高速断路器、停放制动、制动试验,操作正确规范	10	

续上表

考核项目	序号	考核内容及评分标准	分值	得分
司机室作业（20分）	3	能够正确认识双臂直流电桥的工作原理；能够合理选用仪表量程，测量电机的相电阻，读数准确，操作熟练	20	
	考核时间（10 min）	每超过 1 min 扣 5 分		
受电弓作业（30分）	1	能够正确认识受电弓部件结构，熟练完成弓头组装、平衡杆组装、底架组装、监测器件的检修流程	10	
	2	能够根据受电弓故障现象，判别原因，进行分析并提出解决措施	20	
	考核时间（10 min）	每超过 1 min 扣 5 分		
高压箱作业（30分）	1	能够正确完成高压箱外部作业、三位置开关检查、熔断器检查、高速断路器检查，流程正确，操作规范	10	
	2	能够根据高压箱故障现象，判别原因，进行分析并提出解决措施	20	
	考核时间（10 min）	每超过 1 min 扣 5 分		
列车屏柜作业（10分）	1	能够正确完成 Tc1 车、Mp1 车及 M1 车继电器柜与低压柜的检修，流程正确，操作规范	3	
	考核时间（10 min）	每超过 1 min 扣 5 分		
职业素养安全意识（10分）	1	现场操作应符合安全操作规程，具有安全作业意识	2	
	2	工具摆放、包装物品、车辆操作等的处理应符合职业岗位的要求	3	
	3	遵守训练纪律，尊重老师、团结同学，爱惜实训的设备和器材，工位整洁	5	
合计				

考评员（签字）：　　　　　　　　　　　　　　　　日期：

课程十四　城市轨道交通车辆模拟驾驶实训

一、实训目的

城市轨道交通车辆模拟驾驶实训是执行城市轨道交通车辆专业教学大纲计划，实现培养目标的重要教学环节。通过对电客车司机标准化作业进行统一规范，同时也为进一步规范优化电客车司机的日常作业习惯，使学生进一步掌握电客车司机标准化作业统一规范，熟练工艺技术要求，做到理论基础扎实、技术工艺明确，操作熟练，故障检查及判断正确。以达到培养和提高学生专业技能的目的，适应电客车司机标准化作业规范的岗位技能需要。

1. 能按照电客车司机的标准正确执行站姿、走姿、手势、驾驶动作。

2. 能独立完成电客车司机出乘前的整备作业流程及作业内容。

3. 能正确执行出、入厂作业流程及作业内容。

4. 能正确执行正线运行及站台作业流程及作业内容。

5. 熟悉列车救援时，救援与被救援司机的操作内容。

二、实训任务

(一)电客司机通用服务标准

(1)掌握电客车司机通用服务标准的内涵要点。

(2)通过对仪容仪表、服装服饰的培训，使学生掌握电客车司机着装礼仪。

(3)通过对站姿、走姿、手势、驾驶列车动作的培训，使学生掌握电客车驾驶标准。

(二)出乘前检查作业

通过走行部检查、司机室检查、客室检查、动车试验项目的操作训练，使学生掌握列车整备作业的作业流程及内容。

(三)出、入库作业

通过出库作业、入库作业项目的操作训练，使学生掌握出库作业、入库作业的流程及内容。

(四)正线作业

通过正线运行、站台作业项目的操作训练，使学生掌握正线作业的流程、内容及要点。

(五)折返及交接班作业

通过折返作业、交接班作业项目的结合，使学生掌握折返作业、交接班作业的内容及要点。

(六)救援连挂作业

通过对故障情况下列车无法动车，请求救援情况下的项目操作，使学生掌握救援连挂作业的流程及内容。

三、实训预备知识

(1)学习《城市轨道交通概论》《城市轨道交通运用与管理》《城市轨道交通列车行车组织》等城轨车辆专业学生必须学习和掌握的基本专业知识。

(2)熟悉和掌握电客车司机室设备的功能以及各项技术指标的调整规范，并具备相应的理论知识和基础。

四、实训仪器仪表使用、实训操作及安全注意事项

1. 参加实训的学生要服从教师的指导和教育，以确保学生的人身及实训设备的安全。

2. 严格遵守实训纪律，遵守实训的操作规则，上课时间按规定统一着装，不穿极度磨损及露脚趾、脚跟的鞋；女生不得浓妆艳抹、佩戴首饰，不得穿高跟鞋。在教师的指导下按照技术工艺及作业流程完成实训任务，不违章蛮干。

3. 不迟到、不早退、不旷课、不串岗，不在实训场地打闹，不做与实训教学无关的事情。

4. 爱护的维护好教学设施和实训设备，每天的实训教学结束后，实训设备应恢复原样，搞好教室的清洁卫生，关好门、窗、风、水、电。

五、实习的组织管理

实习分组安排：每个小组 3 人，分别轮流承担司机、行调、行车值班员。

六、实训项目简介与实训步骤指导

项目一　电客司机通用服务标准

1. 仪容仪表

(1)上岗时按规定统一着装，要求着装整洁，按规定佩戴领带、胸牌、工号牌等。

(2)男性不得留胡须、留长发、剃光头、染发等奇异发型；女性不得浓妆艳抹和佩戴首饰。

2. 服装服饰

(1)着制服时，应衣着整洁，不缺扣，不立领，不卷袖挽裤。上装要保持干净无皱褶，口袋内不装多余东西，裤子干净，裤线整齐。

(2)衬衣干净无皱纹，领口无污垢，衬衣下沿应束进裤内，衬衣扣不得漏扣或缺扣，系好领带。

(3)男员工应穿黑色或深色的皮鞋，鞋面保持干净，不穿极度磨损及露脚趾、脚跟的鞋。

(4)女员工应穿黑色或深色皮鞋，款式应简洁大方，不得穿高跟鞋上岗。

3. 体态礼仪

(1)标准站姿

①上半身挺胸收腹，收臀直腰，双手自然下垂，双肩平齐，头正，双眼平视前方。

②下半身双腿直立，脚跟并拢，脚掌成 60°的“V”字形分开。

③站立时双手贴于身体两侧，紧贴裤缝。不要无精打采，耸肩，斜靠墙柱、墙壁。

④立岗时，不准有背手、抱臂、握拳、玩手指、把手插进口袋或搭在其他物品上等其他现象。

(2)标准走姿

①上身正直不摇摆，两肩相平不摇摆，抬头挺胸，收腹、立腰，肩部放松，两臂自然前后摆动，重心前倾，双目向前平视，嘴微闭。

②双腿直而不僵，步幅适中均匀。

③走路时，不可弯腰驼背，大摇大摆，左右摇晃或左顾右盼。

(3)标准手势

①无名指、小指贴于掌心，大拇指压在无名指第二关节处，食指与中指并拢伸直；手臂不弯曲，抬起与肩同高，指向待确认的要素或条件。

②列车静止时左手拿 400M 无线有持合呼唤，右手手指；列车运行时，用左手手指。

(4)驾驶列车动作标准

①列车运行中司机工作状态应保持：坐姿端正，双眼平视前方，不间断瞭望，左手自然放在主台上，ATO 驾驶右手放在主控手柄旁边(ATP 驾驶右手紧握主控手柄)。

②列车进站时，进行不间断的瞭望，发现危及行车安全时，及时采取有效措施。

③采用人工驾驶模式时，不得“急推快拉”，采取“早拉、少拉”，保持列车平稳运行，集中精神，防止列车紧急制动，控制好速度，准确对标，避免列车再次启动。

④采用人工模式驾驶列车停稳后，司机应保持主控手柄在“全常用制动”位。

项目二　出乘前检查作业(整备作业)

1. 司机到达指定列车股道后，确认股道和车体号与列车状态卡相符并打钩确认，两侧无异物侵限、车底无作业人员后上车，用车载台报信号楼值班员开始出乘前检查。

2. 列车出乘前检查包括车上和车下两大部分(检列车下部时降弓，不分蓄电池，注意轮对下有无铁鞋、轨面有无异物、有无禁动牌)。

3. 严格按照运营客车出乘前检查流程和出乘前检查程序，采用眼看、手指、口呼的方式，进行车辆检查和试验，确保车辆在投入服务前，技术状态良好，如发现故障及时处理并报告车厂调度员，并按照《电客车故障应急处理指南》进行处理，直至检修人员到位后交其处理或按车厂调度员的指示执行。

4. 司机在出厂前填写好里程表的公里数。

(1)走行部检查

走行部检查的考核，要求按照检查线路从非出库端向出库端进行，且仅要求对车体右侧进行检查(左侧检查与右侧完全一致)，具体线路下图所示，具体内容见表1。

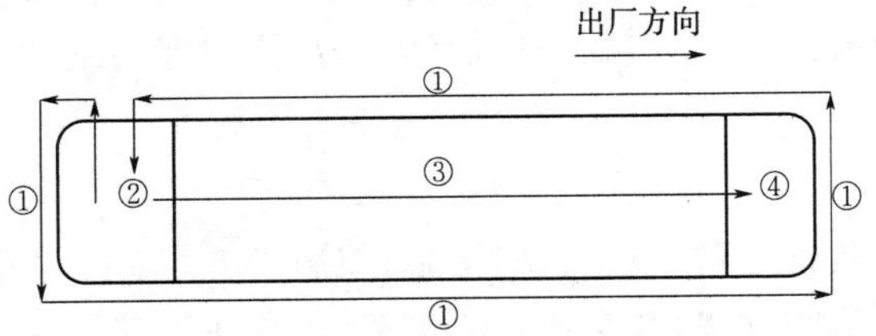

①—走行部检查；②—非出厂端驾驶室检查；③—客室检查；④—出厂端驾驶室检查

图14-1　电客车检查走行路线图

表1　出乘前检查—走行部检查

序号	检查内容	执行标准
1	第6节车:运行灯	眼看、手指被检查的设备，口呼:“运行灯良好(或异常)。”
2	第6节车:头灯/尾灯	眼看、手指被检查的设备，口呼:“头灯/尾灯良好(或异常)。”
3	第6节车:自动车钩	眼看、手指被检查的设备，口呼:“自动车钩良好(或异常)。”
4	第6节车:车体外观	眼看、手指被检查的设备，口呼:“车体外观良好(或异常)。”
5	第6节车:后端线路	眼看、手指被检查的设备，口呼:“轨面无异物(或轨面有异物)。”
6	第6节车:后端转向架	眼看、手指被检查的设备，口呼:“转向架良好(或异常)。”
7	第6节车:网关阀	眼看、手指被检查的设备，口呼:“网关阀良好(或异常)。”
8	第6节车:后端附加风缸	眼看、手指被检查的设备，口呼:“附加风缸良好(或异常)。”

续上表

序号	检查内容	执行标准
9	第 6 节车:制动电阻	眼看、手指被检查的设备,口呼:“制动电阻良好(或异常)。”
10	第 6 节车:牵引逆变器	眼看、手指被检查的设备,口呼:“牵引逆变器良好(或异常)。”
11	第 6 节车:辅助逆变器	眼看、手指被检查的设备,口呼:“辅助逆变器良好(或异常)。”
12	第 6 节车:前端附加风缸	眼看、手指被检查的设备,口呼:“附加风缸良好(或异常)。”
13	第 6 节车:前端线路	眼看、手指被检查的设备,口呼:“轨面无异物(或轨面有异物)。”
14	第 6 节车:前端转向架	眼看、手指被检查的设备,口呼:“转向架良好(或异常)。”
15	5、6 节车连接处:半永久车钩	眼看、手指被检查的设备,口呼:“半永久车钩良好(或异常)。”
16	第 5 节车:车体外观	眼看、手指被检查的设备,口呼:“车体外观良好(或异常)。”
17	第 5 节车:后端线路	眼看、手指被检查的设备,口呼:“轨面无异物(或轨面有异物)。”
18	第 5 节车:后端转向架	眼看、手指被检查的设备,口呼:“转向架良好(或异常)。”
19	第 5 节车:智能阀	眼看、手指被检查的设备,口呼:“智能阀良好(或异常)。”
20	第 5 节车:后端附加风缸	眼看、手指被检查的设备,口呼:“附加风缸良好(或异常)。”
21	第 5 节车:辅助逆变器	眼看、手指被检查的设备,口呼:“辅助逆变器良好(或异常)。”
22	第 5 节车:蓄电池箱	眼看、手指被检查的设备,口呼:“蓄电池箱良好(或异常)。”
23	第 5 节车:风源模块	眼看、手指被检查的设备,口呼:“风源模块良好(或异常)。”
24	第 5 节车:高压箱	眼看、手指被检查的设备,口呼:“高压箱良好(或异常)。”
25	第 5 节车:前端附加风缸	眼看、手指被检查的设备,口呼:“附加风缸良好(或异常)。”
26	第 5 节车:前端线路	眼看、手指被检查的设备,口呼:“轨面无异物(或轨面有异物)。”
27	第 5 节车:前端转向架	眼看、手指被检查的设备,口呼:“转向架良好(或异常)。”
28	4、5 节车连接处:半永久车钩	眼看、手指被检查的设备,口呼:“半永久车钩良好(或异常)。”
29	第 4 节车:车体外观	眼看、手指被检查的设备,口呼:“车体外观良好(或异常)。”
30	第 4 节车:后端线路	眼看、手指被检查的设备,口呼:“轨面无异物(或轨面有异物)。”
31	第 4 节车:后端转向架	眼看、手指被检查的设备,口呼:“转向架良好(或异常)。”
32	第 4 节车:智能阀	眼看、手指被检查的设备,口呼:“智能阀良好(或异常)。”
33	第 4 节车:后端附加风缸	眼看、手指被检查的设备,口呼:“附加风缸良好(或异常)。”
34	第 4 节车:制动电阻	眼看、手指被检查的设备,口呼:“制动电阻良好(或异常)。”
35	第 4 节车:牵引逆变器	眼看、手指被检查的设备,口呼:“牵引逆变器良好(或异常)。”
36	第 4 节车:辅助逆变器	眼看、手指被检查的设备,口呼:“辅助逆变器良好(或异常)。”
37	第 4 节车:前端附加风缸	眼看、手指被检查的设备,口呼:“附加风缸良好(或异常)。”
38	第 4 节车:前端线路	眼看、手指被检查的设备,口呼:“轨面无异物(或轨面有异物)。”

续上表

序号	检查内容	执行标准
39	第 4 节车：前端转向架	眼看、手指被检查的设备，口呼："转向架良好（或异常）。"
40	3、4 节车连接处：半自动车钩	眼看、手指被检查的设备，口呼："半自动车钩良好（或异常）。"
41	第 3 节车：车体外观	眼看、手指被检查的设备，口呼："车体外观良好（或异常）。"
42	第 3 节车：后端线路	眼看、手指被检查的设备，口呼："轨面无异物（或轨面有异物）。"
43	第 3 节车：后端转向架	眼看、手指被检查的设备，口呼："转向架良好（或异常）。"
44	第 3 节车：网关阀	眼看、手指被检查的设备，口呼："网关阀良好（或异常）。"
45	第 3 节车：后端附加风缸	眼看、手指被检查的设备，口呼："附加风缸良好（或异常）。"
46	第 3 节车：辅助逆变器	眼看、手指被检查的设备，口呼："辅助逆变器良好（或异常）。"
47	第 3 节车：牵引逆变器	眼看、手指被检查的设备，口呼："牵引逆变器良好（或异常）。"
48	第 3 节车：主风缸（制动模块）	眼看、手指被检查的设备，口呼："主风缸良好（或异常）。"
49	第 3 节车：低压箱	眼看、手指被检查的设备，口呼："低压箱良好（或异常）。"
50	第 3 节车：前端附加风缸	眼看、手指被检查的设备，口呼："附加风缸良好（或异常）。"
51	第 3 节车：前端线路	眼看、手指被检查的设备，口呼："轨面无异物（或轨面有异物）。"
52	第 3 节车：前端转向架	眼看、手指被检查的设备，口呼："转向架良好（或异常）。"
53	2、3 节车连接处：半永久车钩	眼看、手指被检查的设备，口呼："半永久车钩良好（或异常）。"
54	第 2 节车：车体外观	眼看、手指被检查的设备，口呼："车体外观良好（或异常）。"
55	第 2 节车：后端线路	眼看、手指被检查的设备，口呼："轨面无异物（或轨面有异物）。"
56	第 2 节车：后端转向架	眼看、手指被检查的设备，口呼："转向架良好（或异常）。"
57	第 2 节车：智能阀	眼看、手指被检查的设备，口呼："智能阀良好（或异常）。"
58	第 2 节车：后端附加风缸	眼看、手指被检查的设备，口呼："附加风缸良好（或异常）。"
59	第 2 节车：低压箱	眼看、手指被检查的设备，口呼："低压箱良好（或异常）。"
60	第 2 节车：主风缸（制动模块）	眼看、手指被检查的设备，口呼："主风缸良好（或异常）。"
61	第 2 节车：风源模块	眼看、手指被检查的设备，口呼："风源模块良好（或异常）。"
62	第 2 节车：蓄电池箱	眼看、手指被检查的设备，口呼："蓄电池箱良好（或异常）。"
63	第 2 节车：辅助逆变器	眼看、手指被检查的设备，口呼："辅助逆变器良好（或异常）。"
64	第 2 节车：前端附加风缸	眼看、手指被检查的设备，口呼："附加风缸良好（或异常）。"
65	第 2 节车：前端线路	眼看、手指被检查的设备，口呼："轨面无异物（或轨面有异物）。"
66	第 2 节车：前端转向架	眼看、手指被检查的设备，口呼："转向架良好（或异常）。"
67	1、2 节车连接处：半永久车钩	眼看、手指被检查的设备，口呼："半永久车钩良好（或异常）。"
68	第 1 节车：车体外观	眼看、手指被检查的设备，口呼："车体外观良好（或异常）。"

续上表

序号	检查内容	执行标准
69	第1节车:后端线路	眼看、手指被检查的设备,口呼:“轨面无异物(或轨面有异物)。”
70	第1节车:后端转向架	眼看、手指被检查的设备,口呼:“转向架良好(或异常)。”
71	第1节车:智能阀	眼看、手指被检查的设备,口呼:“智能阀良好(或异常)。”
72	第1节车:后端附加风缸	眼看、手指被检查的设备,口呼:“附加风缸良好(或异常)。”
73	第1节车:辅助逆变器	眼看、手指被检查的设备,口呼:“辅助逆变器良好(或异常)。”
74	第1节车:牵引逆变器	眼看、手指被检查的设备,口呼:“牵引逆变器良好(或异常)。”
75	第1节车:主风缸(制动模块)	眼看、手指被检查的设备,口呼:“主风缸良好(或异常)。”
76	第1节车:低压箱	眼看、手指被检查的设备,口呼:“低压箱良好(或异常)。”
77	第1节车:前端附加风缸	眼看、手指被检查的设备,口呼:“附加风缸良好(或异常)。”
78	第1节车:前端线路	眼看、手指被检查的设备,口呼:“轨面无异物(或轨面有异物)。”
79	第1节车:前端转向架	眼看、手指被检查的设备,口呼:“转向架良好(或异常)。”

(2)司机室检查

司机室检查的考核,仅要求对出库端司机室进行(非出库端与出库端检查内容一致),具体内容见表2。

表2　出乘前检查—司机室检查

序号	检查内容	执行标准
1	司机控制器	眼看、手指“司机控制器”,口呼:“司控器完整无缺,动作灵活无卡滞现象,警惕按钮作用良好。”
2	无线电面板(车载电台)	眼看、手指“无线电面板(车载电台)”,口呼:“无线电良好。”
3	ATC显示屏	眼看、手指“ATC显示屏”,口呼:“ATC显示屏良好。”
4	车辆显示屏	眼看、手指“车辆显示屏”,口呼:“车辆显示屏良好。”
5	仪表面板	眼看、手指“仪表面板”,口呼:“仪表外罩完整、无破裂,显示正确。”
6	主控面板	眼看、手指“主控面板”,口呼:“指示灯、开关,外罩完整、显示正确、位置正确。”
7	驾驶面板	眼看、手指“驾驶面板”,口呼:“指示灯、开关,外罩完整、显示正确。”
8	PIDS显示屏	眼看、手指“PIDS显示屏”,口呼:“PIDS显示屏良好。”
9	左侧车门面板	眼看、手指“左侧车门面板”,口呼:“指示灯、开关,外罩完整、显示正确。”
10	右侧车门面板	眼看、手指“右侧车门面板”,口呼:“指示灯、开关,外罩完整、显示正确。”

续上表

序号	检查内容	执行标准
11	驾驶台备品柜	眼看、手指"驾驶台备品柜",口呼:"备品柜备品齐全,功能良好。"
12	灭火器	眼看、手指"灭火器",口呼:"灭火器良好。"
13	前窗玻璃	眼看、手指"前窗玻璃",口呼:"清洁,无损坏,刮雨器完整,遮光板良好。"
14	司机室左侧门	眼看、手指"司机室左侧门",口呼:"侧门锁闭良好,动作灵活。"
15	司机室右侧门	眼看、手指"司机室右侧门",口呼:"侧门锁闭良好,动作灵活。"
16	司机室继电器柜	眼看、手指继电器柜,口呼:"继电器柜内所有开关位置正确(或继电器柜内有开关位置错误)。" 若有开关未在正确位置,需将其打至正确位置,然后再次眼看、手指继电器柜,口呼:"继电器柜内所有开关位置正确。"
17	司机室设备柜	眼看、手指设备柜,口呼:"设备柜良好。"
18	司机室通道门	眼看、手指司机室通道门,口呼:"通道门锁闭良好,动作灵活。"

(3)客室检查

客室检查的考核,仅要求对第一节车客室进行(其他客室与第一节客室检查内容一致),具体线路如图 14-2 所示,具体内容见表 3。

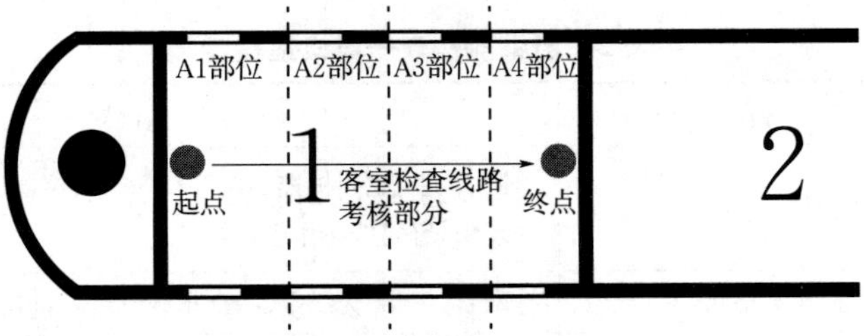

图 14-2 客室检查线路图

表 3 出乘前检查——客室检查

序号	检查内容	执行标准
1	A 车:天花板	眼看、手指被检查的设备,口呼:"天花板良好(或异常)。"
2	A 车:地板	眼看、手指被检查的设备,口呼:"地板良好(或异常)。"
3	A 车:门窗玻璃	眼看、手指被检查的设备,口呼:"门窗玻璃良好(或异常)。"
4	A 车:照明	眼看、手指被检查的设备,口呼:"照明良好(或异常)。"
5	A1 部位车门(左侧)	眼看、手指被检查的设备,口呼:"车门良好(或异常)。"
6	A1 部位车门(右侧)	眼看、手指被检查的设备,口呼:"车门良好(或异常)。"
7	A1 部位紧急开门装置(左侧)	眼看、手指被检查的设备,口呼:"紧急开门装置良好(或异常)。"
8	A1 部位紧急开门装置(右侧)	眼看、手指被检查的设备,口呼:"紧急开门装置良好(或异常)。"
9	A1 部位动态地图(左侧)	眼看、手指被检查的设备,口呼:"动态地图良好(或异常)。"

续上表

序号	检查内容	执行标准
10	A1 部位动态地图(右侧)	眼看、手指被检查的设备,口呼:“动态地图良好(或异常)。”
11	A1 部位 LCD 屏(左侧)	眼看、手指被检查的设备,口呼:“LCD 屏良好(或异常)。”
12	A1 部位 LCD 屏(右侧)	眼看、手指被检查的设备,口呼:“LCD 屏良好(或异常)。”
13	A1 部位拉手(中部)	眼看、手指被检查的设备,口呼:“拉手良好(或异常)。”
14	A1 部位座椅(左侧)	眼看、手指被检查的设备,口呼:“座椅良好(或异常)。”
15	A1 部位座椅(右侧)	眼看、手指被检查的设备,口呼:“座椅良好(或异常)。”
16	A1 部位灭火器(座椅下)	眼看、手指被检查的设备,口呼:“灭火器良好(或异常)。”
17	A1 部位紧急通话器	眼看、手指被检查的设备,口呼:“紧急通话器良好(或异常)。”
18	A2 部位车门(左侧)	眼看、手指被检查的设备,口呼:“车门良好(或异常)。”
19	A2 部位车门(右侧)	眼看、手指被检查的设备,口呼:“车门良好(或异常)。”
20	A2 部位紧急开门装置(左侧)	眼看、手指被检查的设备,口呼:“紧急开门装置良好(或异常)。”
21	A2 部位紧急开门装置(右侧)	眼看、手指被检查的设备,口呼:“紧急开门装置良好(或异常)。”
22	A2 部位动态地图(左侧)	眼看、手指被检查的设备,口呼:“动态地图良好(或异常)。”
23	A2 部位动态地图(右侧)	眼看、手指被检查的设备,口呼:“动态地图良好(或异常)。”
24	A2 部位 LCD 屏(左侧)	眼看、手指被检查的设备,口呼:“LCD 屏良好(或异常)。”
25	A2 部位 LCD 屏(右侧)	眼看、手指被检查的设备,口呼:“LCD 屏良好(或异常)。”
26	A2 部位拉手(中部)	眼看、手指被检查的设备,口呼:“拉手良好(或异常)。”
27	A2 部位座椅(左侧)	眼看、手指被检查的设备,口呼:“座椅良好(或异常)。”
28	A2 部位座椅(右侧)	眼看、手指被检查的设备,口呼:“座椅良好(或异常)。”
29	A2 部位 B05 盖板(座椅下)	眼看、手指被检查的设备,口呼:“B05 盖板良好(或异常)。”
30	A3 部位车门(左侧)	眼看、手指被检查的设备,口呼:“车门良好(或异常)。”
31	A3 部位车门(右侧)	眼看、手指被检查的设备,口呼:“车门良好(或异常)。”
32	A3 部位紧急开门装置(左侧)	眼看、手指被检查的设备,口呼:“紧急开门装置良好(或异常)。”
33	A3 部位紧急开门装置(右侧)	眼看、手指被检查的设备,口呼:“紧急开门装置良好(或异常)。”
34	A3 部位动态地图(左侧)	眼看、手指被检查的设备,口呼:“动态地图良好(或异常)。”
35	A3 部位动态地图(右侧)	眼看、手指被检查的设备,口呼:“动态地图良好(或异常)。”
36	A3 部位 LCD 屏(左侧)	眼看、手指被检查的设备,口呼:“LCD 屏良好(或异常)。”
37	A3 部位 LCD 屏(右侧)	眼看、手指被检查的设备,口呼:“LCD 屏良好(或异常)。”
38	A3 部位拉手(中部)	眼看、手指被检查的设备,口呼:“拉手良好(或异常)。”
39	A3 部位座椅(左侧)	眼看、手指被检查的设备,口呼:“座椅良好(或异常)。”
40	A3 部位座椅(右侧)	眼看、手指被检查的设备,口呼:“座椅良好(或异常)。”
41	A3 部位灭火器(座椅下)	眼看、手指被检查的设备,口呼:“灭火器良好(或异常)。”
42	A3 部位紧急通话器(右侧)	眼看、手指被检查的设备,口呼:“紧急通话器良好(或异常)。”

续上表

序号	检查内容	执行标准
43	A4 部位车门(左侧)	眼看、手指被检查的设备,口呼:“车门良好(或异常)。”
44	A4 部位车门(右侧)	眼看、手指被检查的设备,口呼:“车门良好(或异常)。”
45	A4 部位紧急开门装置(左侧)	眼看、手指被检查的设备,口呼:“紧急开门装置良好(或异常)。”
46	A4 部位紧急开门装置(右侧)	眼看、手指被检查的设备,口呼:“紧急开门装置良好(或异常)。”
47	A4 部位动态地图(左侧)	眼看、手指被检查的设备,口呼:“动态地图良好(或异常)。”
48	A4 部位动态地图(右侧)	眼看、手指被检查的设备,口呼:“动态地图良好(或异常)。”
49	A4 部位行李架(左侧)	眼看、手指被检查的设备,口呼:“行李架良好(或异常)。”
50	A4 部位行李架(右侧)	眼看、手指被检查的设备,口呼:“行李架良好(或异常)。”
51	A4 部位微机柜	眼看、手指被检查的设备,口呼:“微机柜良好(或异常)。”
52	A4 部位空调柜	眼看、手指被检查的设备,口呼:“空调柜良好(或异常)。”
53	A4 部位贯通道检查(中部)	眼看、手指被检查的设备,口呼:“贯通道良好(或异常)。”

(4)动车试验

动车试验的考核,具体内容见表 4。

表 4　出乘前检查—动车试验

序号	执行内容	执行标准
	一、列车激活	
1	激活列车	将“列车激活旋钮”置“合”位。
2	检查确认“列车激活旋钮”绿灯亮	眼看、手指设备,口呼:“‘列车激活旋钮’绿灯亮。”
3	检查确认“蓄电池电压表”表值为 110 V(不低于 85 V)	眼看、手指设备,口呼:“蓄电池电压 110 V。”
4	检查确认“气压表”主风压力不低于 0.4 MPa	眼看、手指设备,口呼:“主风压力不低于 0.4 MPa。”
5	检查确认“信号选择”开关在“有效”位	眼看、手指设备,口呼:“信号选择”开关,位置正确。”
6	将“关门模式选择”开关置“手动”位	眼看、手指设备,口呼:“关门模式置手动位。”并将“关门模式选择”开关置“手动”位。
	二、司机台激活	
7	激活司机台	闭合“主控钥匙”开关
8	检查确认受电弓“降”灯亮	眼看、手指设备,口呼:“受电弓‘降’灯亮。”
9	检查确认停放制动“施加”灯亮	眼看、手指设备,口呼:“停放制动‘施加’灯亮。”
10	检查确认气制动“施加”灯亮	眼看、手指设备,口呼:“气制动‘施加’灯亮。”
11	检查确认主断“分”灯亮	眼看、手指设备,口呼:“主断‘分’灯亮。”
12	检查确认左门“关”灯亮	眼看、手指设备,口呼:“左门‘关’灯亮。”

续上表

序号	执行内容	执行标准
13	检查确认右门“关”灯亮	眼看、手指设备，口呼：“右门‘关’灯亮。”
14	检查确认“司机显示屏”激活	眼看、手指设备，口呼：“司机显示屏激活。”
	三、试灯	
15	按压“试灯”按钮，确认驾驶室所有指示灯亮	按下“试灯”按钮，眼看、手指设备，口呼：“驾驶室所有指示灯亮。”
	四、紧急按钮试验	
16	将驾驶模式置 RM 位	手指设备，口呼：“驾驶模式置 RM 位”，并将“驾驶模式选择开关”置 RM 位
17	检查“气压表”确认制动缸压力约 0.2 MPa	眼看、手指设备，口呼：“制动缸压力 0.2 MPa。”
18	按压右侧“紧急制动”按钮	按下司机操纵台右侧“紧急制动”按钮
19	检查“气压表”确认制动缸压力约 0.3 MPa	眼看、手指设备，口呼：“制动缸压力 0.3 MPa。”
20	尝试升弓	按压受电弓“升”按钮
21	检查确认受电弓“升”灯，确认受电弓未升起	眼看、手指车辆显示屏受电弓图标，口呼：“受电弓未升起。”
22	恢复右侧“紧急制动”按钮	恢复司机操纵台右侧“紧急制动”按钮
23	按压左侧“紧急制动”按钮	按下司机操纵台左侧“紧急制动”按钮
24	检查“气压表”确认制动缸压力约 0.3 MPa	眼看、手指设备，口呼：“制动缸压力 0.3 MPa。”
25	尝试升弓	按压受电弓“升”按钮
26	检查受电弓“升”灯，确认受电弓未升起	眼看、手指车辆显示屏受电弓图标，口呼：“受电弓未升起。”
27	恢复左侧“紧急制动”按钮	恢复司机操纵台左侧“紧急制动”按钮
	五、升弓程序	
28	升弓	按压受电弓“升”按钮
29	检查确认受电弓“升”绿灯亮	眼看、手指设备，口呼：“受电弓‘升’绿灯亮。”
30	检查确认受电弓“降”红灯灭	眼看、手指设备，口呼：“受电弓‘降’红灯灭。”
31	检查“车辆显示屏”确认受电弓标志升起、线路网压约为 1 500 V	眼看、手指车辆显示屏受电弓图标，口呼：“受电弓升起，线路网压 1 500 V。”
	六、开关门试验	
32	检查“车辆显示屏”确认各车门在关闭状态且无故障	眼看、手指车辆显示屏车门状态界面，口呼：“所有车门关闭。”

续上表

序号	执行内容	执行标准
33	确认“关门模式选择”开关在“手动”位	眼看、手指设备，口呼：“关门模式手动位。”
34	打开左侧车门	按下左侧“强制开门”按钮，按压左侧开门按钮，将左侧车门打开
35	检查确认显示屏所有车门状态显示为“门开”状态图标，车门已经开启	眼看、手指车辆显示屏车门状态界面，口呼：“左侧所有车门开启。”
36	检查确认左侧关门指示灯灭	眼看、手指设备，口呼：“左侧关门指示灯灭。”
37	关闭左侧车门	按压左侧关门按钮，确认车门关闭警示声音响起，车门关闭
38	确认显示屏显示所有车门“门关”的图标，所有车门已经关闭良好	眼看、手指车辆显示屏车门状态界面，口呼：“所有车门关闭。”
39	检查确认左侧关门指示灯亮，“所有车门关闭”指示灯亮	眼看、手指设备，口呼：“左侧关门指示灯亮、所有车门关闭指示灯亮。”
40	打开右侧车门	按下右侧“强制开门”按钮，按压右侧开门按钮，将右侧车门打开
41	检查确认显示屏所有车门状态显示为“门开”状态图标，车门已经开启	眼看、手指车辆显示屏车门状态界面，口呼：“右侧所有车门开启。”
42	检查确认右侧关门指示灯灭	眼看、手指设备，口呼：“右侧关门指示灯灭。”
43	关闭右侧车门	按压右侧关门按钮，确认车门关闭警示声音响起，车门关闭
44	确认显示屏显示所有车门“门关”的图标，所有车门已经关闭良好	眼看、手指车辆显示屏车门状态界面，口呼：“所有车门关闭。”
45	检查确认右侧关门指示灯亮，“所有车门关闭”指示灯亮	眼看、手指设备，口呼：“右侧关门指示灯亮、所有车门关闭指示灯亮。”
	七、重开门按钮试验	
46	按压左侧开门按钮打开车门	按压左侧开门按钮，将左侧车门打开
47	按压左侧关门按钮，确认车门正在关闭	按压左侧关门按钮
48	马上按压左侧的“重开门按钮”，确认未完全关闭的车门正在重新打开	在车门未完全关闭好前，按压左侧的“重开门按钮”
49	检查确认显示屏所有车门状态显示为“门开”状态图标，车门已经开启	眼看、手指车辆显示屏车门状态界面，口呼：“左侧所有车门开启。”
50	按压左侧关门按钮，将打开的车门关闭	按压左侧关门按钮，确认车门关闭警示声音响起，车门关闭

续上表

序号	执行内容	执行标准
51	确认显示屏显示所有车门“门关”的图标，所有车门已经关闭良好	眼看、手指车辆显示屏车门状态界面，口呼：“所有车门关闭。”
52	检查确认左侧关门指示灯亮，“所有车门关闭”指示灯亮	眼看、手指设备，口呼：“左侧关门指示灯亮、所有车门关闭指示灯亮。”
53	按压右侧开门按钮打开车门	按压右侧开门按钮，将右侧车门打开
54	按压右侧关门按钮，确认车门正在关闭	按压右侧关门按钮
55	马上按压右侧的“重开门按钮”，确认未完全关闭的车门正在重新打开	在车门未完全关闭好前，按压右侧的“重开门按钮”
56	检查确认显示屏所有车门状态显示为“门开”状态图标，车门已经开启	眼看、手指车辆显示屏车门状态界面，口呼：“右侧所有车门开启。”
57	按压右侧关门按钮，将打开的车门关闭	按压右侧关门按钮，确认车门关闭警示声音响起，车门关闭
58	确认显示屏显示所有车门“门关”的图标，所有车门已经关闭良好	眼看、手指车辆显示屏车门状态界面，口呼：“所有车门关闭。”
59	检查确认右侧关门指示灯亮，“所有车门关闭”指示灯亮	眼看、手指设备，口呼：“右侧关门指示灯亮、所有车门关闭指示灯亮。”
	八、停放制动试验：	
60	缓解停放制动	按压“停放制动缓解”按钮
61	检查确认停放制动“缓解”绿色指示灯亮，“施加”红色指示灯灭，列车停放制动缓解	眼看、手指设备，口呼：“停放制动‘缓解’绿色指示灯亮，‘施加’红色指示灯灭，列车停放制动缓解。”
62	检查确认车辆显示屏制动图标无停放制动标志‘P’	眼看、手指车辆显示屏制动状态界面，口呼：“无停放制动标志‘P’。”
63	按压“停放制动施加”按钮	按压“停放制动施加”按钮
64	检查确认停放制动“施加”红色指示灯亮，停放制动“缓解”绿色指示灯灭，列车停放制动施加	眼看、手指设备，口呼：“停放制动‘施加’红色指示灯亮，停放制动‘缓解’绿色指示灯灭，列车停放制动施加。”
65	检查确认车辆显示屏制动图标有停放制动标志“P”	眼看、手指车辆显示屏制动状态界面，口呼：“有停放制动标志‘P’。”
66	按压“停放制动缓解”按钮，保持停放制动缓解状态	按压“停放制动缓解”按钮，缓解停放制动

续上表

序号	执行内容	执行标准
	九、警惕按钮试验	
67	检查警惕按钮是否灵活	按压几下警惕按钮，确认警惕按钮无卡滞现象。
68	选择运行方面向前	将方向手柄置“前”位。
69	尝试牵引	无须按压警惕按钮，将主控手柄推向牵引位最小位。
70	检查确认车辆显示屏出现“牵引封锁/无人警惕”字样	眼看、手指车辆显示屏，口呼：“牵引封锁/无人警惕”。
71	主控手柄回“零”位	将主控手柄拉回“零”位。
72	检查确认车辆显示屏“牵引封锁/无人警惕”字样消失	眼看、手指车辆显示屏，口呼：“牵引封锁/无人警惕消失”。
	十、牵引/制动试验	
73	合高速断路器	按压主断“合”按钮。
74	检查确认主断“分”红色指示灯灭，主断“合”绿色指示灯亮	眼看、手指设备，口呼：“主断‘分’红色指示灯灭，主断‘合’绿色指示灯亮。”
75	检查确认，网压显示在 1 000 V～1 800 V之间	眼看、手指车辆显示屏受电弓界面，口呼：“线路网压1 500 V。”
76	确认驾驶模式在 RM 位	手指设备，口呼：“驾驶模式 RM 位。”
77	检查确认车辆显示屏上的“制动屏”，确认列车制动状态正常	眼看、手指车辆显示屏制动状态界面，口呼：“列车制动状态正常。”
78	检查确认车辆显示屏上的“牵引状态屏”，确认牵引电机正常	眼看、手指车辆显示屏牵引状态界面，口呼：“牵引电机正常。”
79	将主控手柄拉至“快速制动”位	将主控手柄拉至“快速制动”位。
80	检查确认车辆显示屏显示“快速制动”字样	眼看、手指车辆显示屏，口呼：“快速制动。”
81	将主控手柄拉回“零”位	将主控手柄拉回“零”位。
82	检查确认车辆显示屏“快速制动”字样消失	眼看、手指车辆显示屏，口呼：“快速制动字样消失。”
83	主控手柄推向“牵引”区，但不得超过 20%	主控手柄推向“牵引”区，但不得超过 20%。
84	检查确认驾驶台“所有气制动缓解”指示灯亮	眼看、手指设备，口呼：“所有气制动缓解指示灯亮。”
85	待客车刚移动，立即将主控手柄拉回“制动”区 100%处	立即将主控手柄拉回“制动”区 100%处。

续上表

序号	执行内容	执行标准
86	列车停车，确认驾驶台“气制动施加”指示灯亮	眼看、手指设备，口呼：“气制动施加指示灯亮。”
87	检查列车显示屏应无故障显示	眼看、手指车辆显示屏，口呼：“显示屏无故障显示。”
	十一、RM 模式选择试验	
88	进入信号屏中的菜单，选择 RM60 后回到主页确认 RM60 选择成功	进入信号屏中的菜单，选择 RM60 后回到主页，口呼：“RM60 选择成功。”
89	进入信号屏中的菜单，选择 RM25 后回到主页确认 RM25 选择成功	进入信号屏中的菜单，选择 RM25 后回到主页，口呼：“RM25 选择成功。”

项目三　出入库作业

1. 出库作业

出库作业的标准作业流程具体内容见表 5。

表 5　出库作业

序号	执行内容	执行标准
1	出乘前检查完毕后，司机与信号楼联系出厂	司机联控信号楼：“信号楼，××车××道×段出乘前检查完毕。”
2	信号楼回复司机	信号楼回复司机：“××车×道×段出乘前检查完毕，信号楼明白。”
3	信号楼通知司机可以动车	待出库信号开放后，信号楼通知司机：“××车，××道往 CD1 列车信号黄灯好，司机可以动车。”
4	司机复诵	司机回复信号楼：“××车，××道往 CD1 列车信号黄灯好，司机可以动车，司机明白。”
5	确认出库信号机黄灯好	手指出库信号机，口呼：“列车信号黄灯好”
6	启动列车，以 RM(25 km/h)模式驾驶列车	按照标准流程启动列车，并以 RM25 模式驾驶列车，库内限速 5 km/h(列车限速到达第一个道岔岔心处)
7	在平交道口前一度停车	在平交道口前(10 m 范围内)一度停车
8	确认平交道口无人、无障碍	确认平交道口无人、无障碍，司机眼看、手指道口，口呼：“道口安全。”
9	启动列车，以 RM(25 km/h)模式驾驶列车	再次启动列车，并以 RM25 模式驾驶列车
10	途中遇道岔，需手指、口呼	眼看、手指道岔，口呼：“道岔位置正确。”(若干次)
11	CD1(出段信号机)前一度停车	在 CD1 信号机前(10 m 范围内)一度停车

续上表

序号	执行内容	执行标准
12	汇报行调	司机呼叫行调:“行调,××次在CD1信号机前停稳。”
13	行调回复	行调回复司机:“××次在CD1信号机前停稳,行调收到。××次凭信号显示出厂。”
14	司机复诵	司机复诵:“××次凭信号显示出厂,司机明白。”
15	确认信号	确认信号,司机眼看、手指信号机,口呼:“列车信号黄灯好。”
16	启动列车,以RM(25 km/h)模式驾驶列车	再次启动列车,并以RM25模式驾驶列车
17	进入转换轨后,严格控制列车速度,按照规定速度运行并且安全停车	列车完全进入转换轨后,在前方信号机前(10 m范围内)停车
18	确认显示屏收到列车“投入服务”小车图标	司机眼看、手指信号屏,口呼:“列车投入服务小车图标有。”
19	将驾驶模式转为PM	手指模式选择开关,口呼:“转PM”后,将驾驶模式选择开关打至PM位。
20	司机汇报行调	司机呼叫行调:“行调,××次在转换轨停稳,已转PM模式。”
21	行调回复司机	行调回复司机:“××次在转换轨停稳,已转PM模式,行调收到。××次凭信号显示动车。”
22	司机复诵	司机复诵:“××次凭信号显示动车,司机明白。”
23	确认前方信号机“信号正确”,显示屏收到速度码	眼看、手指信号机,口呼:“信号正确。”眼看、手指ATC显示屏,口呼:“推荐速度有。”
24	启动列车,以ATP模式运行	再次启动列车,以ATP模式运行
25	途中遇到信号机及道岔,需确认道岔位置及信号状态	眼看、手指信号机/道岔,口呼:“信号正确。”“道岔位置正确。”(若干次)

2. 入库作业

入库作业的标准作业流程具体内容见表6。

表6 入库作业

序号	执行内容	执行标准
1	进站停稳,车门打开	参照上下客监护作业执行
2	通过预置的清客广播清客	通过车辆显示屏,选择预置的“终点站清客”广播,进行清客
3	确认清客完毕,准备关门	确认车站给出清客“好了”口呼:“好了信号有。”
4	关闭车门	参照上下客监护作业执行
5	确认出站信号、道岔	列车到达终点站清客退出运营后,眼看、手指信号机/道岔,口呼:“信号正确、道岔位置正确,推荐速度有。”

续上表

序号	执行内容	执行标准
6	启动列车，以 ATP 模式运行	按照标准启车流程启动列车；以 ATP 模式运行，驾驶列车时严格控制列车速度
7	列车进入转换轨后，在进段信号机前一度停车	列车完全进入转换轨后，在进段信号机前(10 m 范围内)停车
8	将驾驶模式转为 RM	手指驾驶模式选择开关，口呼："转 RM"后，将驾驶模式选择开关打至 RM 位
9	司机与信号楼联系入库	司机联控信号楼："信号楼，××车在转换轨×道停稳。"
10	信号楼回复司机	信号楼回复司机："××车在转换轨×道停稳，信号楼明白。"
11	信号楼通知司机可以动车	待入厂信号开放后，信号楼通知司机："××车，转换轨×道往××道列车信号黄灯好，司机可以动车。"
12	司机复诵	司机回复信号楼："××车，转换轨×道往××道列车信号黄灯好，可以动车，司机明白。"
13	确认入厂信号机黄灯好	手指进段信号机，口呼："列车信号黄灯好。"
14	启动列车，以 RM(25 km/h)模式驾驶列车	按照标准流程启动列车，并以 RM25 模式驾驶列车
15	途中遇道岔，需手指、口呼	"道岔位置正确"(若干次)
16	在平交道口前一度停车	在平交道口前(10 m 范围内)一度停车
17	确认平交道口无人、无障碍	确认平交道口无人、无障碍，司机眼看、手指道口，口呼："道口安全。"
18	启动列车，以 RM(25 km/h)模式驾驶列车	再次启动列车，并以 RM25 模式驾驶列车
19	在一度停车标处停车	在一度停车标处停车
20	启动列车限速 5 km/h 运行	列车限速 5 km/h 运行
21	在停车股道末端信号机前停车	在停车股道末端信号机前约 10 m 时停车
22	分主断	按压主断"分"按钮
23	施加停放制动	按压"停放制动施加"按钮
24	确认停放制动施加	眼看、手指按钮，口呼："停放制动'施加'红色指示灯亮，停放制动'缓解'绿色指示灯灭，列车停放制动施加。"
25	汇报信号楼	司机联控信号楼："信号楼，××车已在××道×段停稳，列车已做好防护。"
26	信号楼回复司机	信号楼回复司机："××车已在××道×段停稳，列车已做好防护，信号楼明白。"

续上表

序号	执行内容	执行标准
27	降下受电弓	按压受电弓“降”按钮
28	将驾驶模式转为 OFF	将驾驶模式选择开关打至“OFF”位。
29	关闭主控钥匙	将主控钥匙置“关”位
30	断激活	将激活按钮打至“分”位

项目四　正线作业

1. 正线运行

(1)正线驾驶标准坐姿:ATO 驾驶时右手放在主控手柄旁边,左手自然放在 ATO 按钮灯上方,双眼平视前方;ATP 驾驶时右手紧握警惕手柄,左手自然放在 ATO 按钮灯上方,双眼平视前方。

(2)站名标处,手指确认站线有无异物侵限、有无人员作业等,口呼“××站到,进站注意。”如图 14-3 所示。

(3)列车在区间行驶遇道岔时,确认道岔开通位置正确,并手指口呼“道岔好。”

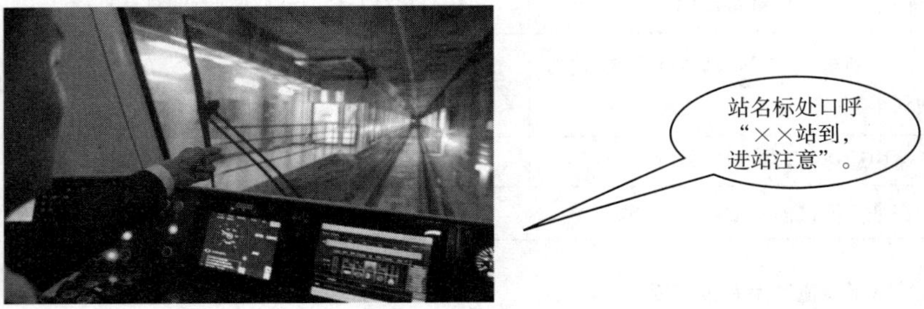

图 14-3　正线运行确认

2. 站台作业

(1)列车 ATO 模式到站停稳,司机确认车辆屏显示所有车门全部打开后将主控手柄置于全制动位呼“开左门/开右门”,到站台确认所有车门、屏蔽门打开,右手斜向下 45°指第一扇屏蔽门及车门并口呼“××站车门、屏蔽门开启”。手动开门时应一只脚踏在司机室、另一只脚踏在站台上。

(2)按运营时刻表和 DTI 掌握停站时间(车门、屏蔽门至少保持打开 10 s)。

(3)关门前先确认绿灯好,(道岔好);严格执行站台标准化作业“四步曲”依次确认手指、口呼:“屏蔽门关好、站台安全、无夹人夹物(查看 3 s 以上)、车门关好”。

(4)进入司机室后,确认司机室人员上齐、侧门关好,口呼“信号好(CBTC 灭灯/黄灯好/绿灯好),道岔好(如果有),推荐速度××”,按压 ATO 按钮列车越过前方信号机后方可松开,并监听出站广播。

项目五　折返及交接班作业

折返及交接班作业的标准作业流程具体内容见表 7。

表 7　自动折返及交接班作业

序号	执行内容	执行标准
	一、交班司机进站开关门及交接作业	
1	进站停稳，车门打开后，确认站台门、车门开启	参照上下客监护作业执行
2	通过预置的清客广播清客	通过车辆显示屏，选择预置的“终点站清客”广播，进行清客
3	待接班司机到达后，与接班司机进行交接作业	交接内容：车次、行调命令、故障 （用语：“××次，车况良好，运行正常。”）
4	接班司机复诵	接班司机复诵：“××次，车况良好，运行正常。”
5	确认清客完毕，准备关门	确认车站给出清客“好了”信号，口呼：“好了信号有。”
6	关闭车门	行为动作参照上下客监护作业执行
	二、交班司机折返作业	
7	驾驶模式转“OFF”位	手指驾驶模式选择开关，口呼：“转 OFF。”将驾驶模式转“OFF”位
8	将主控手柄和方向开关置于“0”位置	将主控手柄和方向开关置于“0”位置
9	激活无人驾驶折返模式	按压“无人驾驶折返模式”按钮
10	确认无人驾驶折返模式激活	眼看、手指折返按钮，口呼：“无人驾驶折返模式黄灯亮，无人驾驶折返模式激活。”
11	关闭主控钥匙并取出	关闭主控钥匙并取出
12	将主控钥匙交给接班司机	将主控钥匙交给接班司机
	三、接班司机自动折返作业	
13	确认交班司机已下车，确认信号、道岔	手指信号机/道岔，口呼：“信号正确、道岔位置正确，推荐速度有。”
14	按压 ATO 启动按钮，启动列车折返	同时按下两个“ATO 启动”按钮，列车开始自动折返
15	携钥匙走到另外一端司机室	携钥匙走到另外一端司机室
16	等待列车自动折返完成	等待列车自动折返完成
17	折返完成后，激活换端后的司机室	将主控钥匙插入主控制器钥匙开关中，将钥匙转至“开”位置
18	方向置前	将方向手柄置“前”位
19	驾驶模式打至 PM 位	驾驶模式打至 PM 位
20	进行站台开关门作业	参照上下客监护作业执行
21	以 ATO 模式启动列车运营	启动列车，以 ATO 模式继续运营

项目六　救援连挂作业

具体救援情景为：故障车在区间突发制动无法缓解故障，司机经排查后确认无法动车，报告行调申请救援；救援车在区间运行过程中接到调度救援命令，进站清客后前往区间救援；连挂成功后，救援车将故障车推进到前方站对标停车，故障车清客；故障车清客完成后，救援车将故障车推进到存车线对标停车，停车后进行解钩。

救援连挂作业的标准作业流程具体内容见表8。

表8　自动折返及交接班作业

序号	作业程序	作业内容
1	故障车司机报行调，申请救援	(1)接通电话，司机手持联控电话，点击“联控显示屏”中的“行调”按键，接通电话。 (2)报告行调，司机在“联控显示屏”中点击选择语句：“行调，10308次列车在××站—××站上/下行区间突发故障停车，列车迫停区间，申请救援。”并口呼，结束后点击“完毕”按钮。 (3)行调回复，行调在“联控显示屏”中点击选择语句：“10308次列车在××站—××站上/下行区间突发故障停车，列车迫停区间，申请救援，行调明白。”并口呼，结束后点击“完毕”按钮。 (4)结束通话，挂断电话。
2	故障车司机广播安抚乘客	紧急广播，通过“车辆显示屏”选择播放预置的“区间故障持续停车”紧急广播
3	故障车司机将信号选择开关打至切除位	将“信号选择”开关打至“信号切除”
4	故障车驾驶模式转RM	将驾驶模式转至RM
5	故障车司机施加停放制动	按压停放制动施加按钮
6	故障车司机断开电钥匙并拔出钥匙	故障车司机关闭当前端司机台，拔出钥匙
7	故障车司机缓解1～5节车制动	故障车司机通过虚拟列车终端按顺序逐一切除第1至5节车B05，缓解制动
8	故障车司机进入连挂端司机室，等候救援车到达	前向视景自动切换到第6节车(后端)司机室视角(计算机自动切换)
9	救援车司机激活列车，打开车门，上下客监护作业	(1)激活司机室，驾驶模式打至PM位。 (2)标准化上下客监护。 (3)关闭车门、站台门
10	ATO启动列车	采用ATO驾驶模式启动列车
11	接收调度命令并复诵	(1)接通电话，行调手持联控电话，点击“联控显示屏”中的“司机”按键，接通电话。 (2)行调通知司机，行调在“联控显示屏”中点击选择语句：“10302次，在解放路上行清客，清客完毕ATO模式动车后报行调。”并口呼，结束后点击“完毕”按钮。 (3)司机复诵，司机在“联控显示屏”中点击选择语句：“10302次，在解放路上行清客，清客完毕ATO模式动车后报行调，司机明白。”并口呼，结束后点击“完毕”按钮。 (4)结束通话，挂断电话

续上表

序号	作业程序	作业内容
12	进站对标停车，广播清客	停车开门后，通过车辆显示屏，选择预置的“运营组织需要列车清客”广播，进行清客
13	清客完毕后，ATO动车	确认清客“好了”信号有，关闭车门，采用ATO驾驶模式启动列车
14	汇报行调	(1)接通电话，司机手持联控电话，点击“联控显示屏”中的“行调”按键，接通电话。 (2)报告行调，司机在“联控显示屏”中点击选择语句：“行调，10302次在解放路上行清客完毕，现已动车。”并口呼，结束后点击“完毕”按钮。 (3)行调回复，行调在“联控显示屏”中点击选择语句：“10302次，联挂解放路到市政府上行区间故障车，联挂好后，推进故障车在×××站对标停车清客，清客完毕后推进至×××站存车线。” (4)司机复诵：司机在“联控显示屏”中点击选择语句：“10302次，联挂解放路到市政府上行区间故障车，联挂好后，推进故障车在×××站对标停车清客，清客完毕后推进至×××站存车线，司机明白。”并口呼，结束后点击“完毕”按钮。 (5)结束通话，挂断电话
15	以ATO模式运行至目标距离为零时停车，转cut-out模式	以ATO模式运行至目标距离为“零”时停车，将“信号选择”开关打至“信号切除”
16	限速25 km/h运行距故障车前1 m处一度停车	将“驾驶模式选择”开关转RM位，限速25 km/h运行距故障车前1 m处一度停车
17	救援车呼叫故障车	(1)救援车呼叫故障车，救援车司机手持对讲机呼叫故障车司机：“救援列车已在故障车1 m处一度停车，是否做好防溜，可否连挂。” (2)故障车回复，故障车司机手持对讲机回复：“故障车已做好防溜，可以连挂。” (3)救援车司机复诵，救援车司机手持对讲机复诵：“故障车已做好防溜，可以连挂，救援车司机明白。”
18	限速3 km/h进行连挂	启动列车，限速3 km/h进行连挂
19	连挂成功后，立即施加制动停车	连挂声响后，手柄立即拉至制动区施加制动停车
20	进行试拉	试拉2 s，不脱钩则口呼：“试拉成功”，并将牵引手柄置于制动区；若试拉脱钩，需再次进行连挂
21	救援车呼叫故障车	(1)救援车呼叫故障车，司机按压司机室对讲按钮，通过司机室对讲呼叫故障车司机：“列车已连挂成功，请缓解制动，确认行车凭证。” (2)故障车回复，故障车通过司机室对讲回复：“列车已连挂成功，缓解制动，确认行车凭证，故障车司机明白。”

续上表

序号	作业程序	作业内容
22	故障车司机切除第6节车B05	司机通过虚拟列车终端切除第6节车B05
23	故障车司机回到前端司机室,激活操纵台	前向视景自动切换到第1节车(前端)司机室视角(计算机自动切换)。 激活前端司机室操纵台
24	故障车司机缓解停放制动	按压停放制动缓解按钮
25	故障车司机通知救援车	(1)故障车呼叫救援车,故障车司机通过司机室对讲通知救援车:"故障车所有制动已缓解,行车凭证有,可以动车。" (2)救援车回复,救援车司机通过司机室对讲回复:"故障车所有制动已缓解,行车凭证有,可以动车,救援车司机明白。"
26	限速35 km/h推进列车	启动列车,限速35 km/h推进
27	故障车实时联控救援车前方线路安全	故障车呼叫救援车,每隔5～10 s,故障车司机通过按压司机室对讲按钮告知救援车司机前方线路情况,用语标准:"前方线路安全。"
28	故障车司机通知救援车即将进站	故障车到达×××站名标附近时,通过司机室对讲通知救援车:"列车即将进站",救援车回复:"列车即将进站,救援车司机明白。"
29	待故障车到达×××站名标后限速25 km/h推进列车	限速25 km/h推进
30	故障车司机与救援车司机实时联控配合,控制故障车对标停车	(1)接近停车位置三车距离时,按限速8 km/h运行。 (2)接近停车位置二车距离时,按限速5 km/h运行。 (3)接近停车位置一车距离时,按限速3 km/h运行。 (4)控制列车对标停车。 故障车司机与救援车司机实时联控配合,控制列车对标停车;联控用语标准:"列车进站""三车距离""二车距离""一车距离""10 m""5 m""1 m""对标停车"
31	对标成功后,故障车通知救援车	(1)故障车通知救援车,故障车司机通过司机室对讲呼叫救援车司机:"故障车对位正确。" (2)救援车回复,救援车司机回复:"故障车对位正确,救援车司机明白。"
32	故障车对标成功后打开车门、站台门清客	(1)使用强制开门方式打开车门 (2)使用PSL打开站台门
33	故障车广播清客	广播清客,通过"车辆显示屏"选择播放预置的"设备故障列车清客"紧急广播

续上表

序号	作业程序	作业内容
34	故障车司机待看到清客好了信号后，关闭站台门、车门	(1)使用 PSL 关闭站台门。 (2)关闭车门
35	故障车司机待清客完成后，通知救援车	(1)故障车通知救援车，故障车司机通过司机室对讲通知救援车司机："故障车已清客完毕，车门站台门已关好，行车凭证有，可以动车。" (2)救援车回复，救援车司机回复："故障车已清客完毕，车门站台门已关好，行车凭证有，可以动车，救援车司机明白。"
36	救援车限速 25 km/h 推进列车	启动列车，限速 25 km/h 推进
37	故障车实时联控救援车前方线路安全	故障车呼叫救援车，每隔 5～10 s，故障车司机通过按压司机室对讲按钮告知救援车司机前方线路情况，用语标准："前方线路安全。"
38	故障车司机与救援车司机实时联控配合，控制故障车对标停车	(1)接近停车位置三车距离时，按限速 8 km/h 运行。 (2)接近停车位置二车距离时，按限速 5 km/h 运行。 (3)接近停车位置一车距离时，按限速 3 km/h 运行。 (4)控制列车对标停车。 实时联控用语标准："进入存车线""三车距离""二车距离""一车距离""10 m""5 m""1 m""对标停车"
39	对标成功后，故障车通知救援车	(1)故障车通知救援车，故障车司机通过司机室对讲呼叫救援车司机："故障车对位正确，请等候解钩指令。" (2)救援车回复，救援车司机回复："故障车对位正确，请等候解钩指令，救援车司机明白。"
40	故障车司机施加停放制动	按压停放制动施加按钮
41	故障车司机恢复第 1 节车 B05	司机通过虚拟列车终端恢复第 1 节车 B05
42	待列车做好防护后，故障车通知救援车	(1)故障车通知救援车，故障车司机通过司机室对讲通知救援车司机："故障车已做好防护，可以解钩。" (2)救援车回复，救援车司机回复："故障车已做好防护，可以解钩，救援车司机明白。"
43	故障车司机施加 2～6 节车制动	故障车司机通过虚拟列车终端按顺序逐一恢复第 2 至 6 节车 B05
44	救援车缓解停放制动	救援车按压停放制动缓解按钮，缓解停放制动(与上一步可以同时进行，不存在先后顺序)
45	列车解钩	救援车按压"解钩"按钮，列车解钩

续上表

序号	作业程序	作业内容
46	列车退行	解钩后,退行约 30 cm 后停车(若未解钩或解钩不成功,需要重新进行解钩操作)
47	救援车联控故障车	(1)救援车呼叫故障车,救援车司机手持对讲机呼叫故障车司机:“列车已解钩完毕。” (2)故障车回复,故障车司机手持对讲机回复:“列车已解钩完毕,故障车司机明白。”
48	救援车司机汇报行调	(1)接通电话,司机手持联控电话,点击“联控显示屏”中的“行调”按键,接通电话。 (2)报告行调,司机在“联控显示屏”中点击选择语句:“行调,10302 次已将故障车推至指定位置,现已解钩完毕。”并口呼,结束后点击“完毕”按钮。 (3)行调回复,行调在“联控显示屏”中点击选择语句:“10302 次,停车等候行调指令。” (4)司机复诵,司机在“联控显示屏”中点击选择语句:“10302 次,停车等候行调指令,司机明白。”并口呼,结束后点击“完毕”按钮。 (5)结束通话:挂断电话
49	故障车司机施加停放制动	按压停放制动施加按钮
50	故障车司机汇报行调	(1)接通电话,司机手持联控电话,点击“联控显示屏”中的“行调”按键,接通电话。 (2)报告行调,司机在“联控显示屏”中点击选择语句:“行调,10308 次已被推至指定位置,现已解钩完毕。”并口呼,结束后点击“完毕”按钮。 (3)行调回复,行调在“联控显示屏”中点击选择语句:“10308 次,停车等候行调指令。” (4)司机复诵,司机在“联控显示屏”中点击选择语句:“10308 次,停车等候行调指令,司机明白。”并口呼,结束后点击“完毕”按钮。 (5)结束通话,挂断电话

七、考核标准

1. 总成绩中实训报告占 10%、实训成绩占 90%。

2. 实训成绩中项目实操考核占 90%、职业素质考核占 10%,具体项目评分标准见评分表。

3. 实训报告要求总结自己在各项目中对作业流程的理解情况,以及对相关不合理地方提出修改建议。

4. 实训成绩不足 60 分或者实训报告不及格或缺交者不予评定实训总评成绩。

《城轨轨道交通列车模拟驾驶实训》考核评分表

班级:__________ 姓名:__________ 学号:__________ 得分:__________

考核项目	序号	考核内容及评分标准	分值	得分
动车试验（25分）	1	按照标准流程进行动车试验,操作步骤38项,全部要求按顺序执行,流程正确,操作规范。	20	
	2	试验过程中,需确认设备(或操作)时,要求手指眼看设备,并口呼设备名称及设备状态(或操作)。	5	
	考核时间(8 min),每超过1 min扣2分			
出库作业（15分）	1	按标准流程进行出库作业,操作步骤18项,全部按要求顺序执行,流程正确,操作规范。	10	
	2	作业过程中,需确认设备(或操作)时,要求手指眼看设备。	5	
	考核时间(7 min),每超过1 min扣2分			
入库作业（15分）	1	按标准流程进行入库作业,操作步骤22项,全部按要求顺序执行,流程正确,操作规范。	10	
	2	作业过程中,需确认设备(或操作)时,要求手指眼看设备。	5	
	考核时间(7 min),每超过1 min扣2分			
正线运行及站台作业（10分）	1	工人驾驶运行2个车站,自动驾驶运行2个车站,期间车站要站台作业,流程正确,操作规范。	7	
	2	作业过程中,需确认设备(或操作)时,要求手指眼看设备。	3	
	考核时间(10 min),每超过1 min扣5分			
折返及交接班作业（10分）	1	按标准流程进行折返及交接班作业,操作步骤10项,全部按要求顺序执行,流程正确,操作规范。	7	
	2	作业过程中,联控互动,口呼内容正确。	3	
	考核时间(6 min),每超过1 min扣2分			
救援连挂作业（15分）	1	按标准流程进行折返及交接班作业,操作步骤10项,全部按要求顺序执行,流程正确,操作规范。	10	
	2	作业过程中,联控互动,口呼内容正确。	5	
	考核时间(20 min),每超过1 min扣2分			
职业素养安全意识（10分）	1	现场操作应符合安全操作规程,具有安全作业意识。	5	
	2	工具摆放、包装物品、列车操作等的处理应符合职业岗位的要求	3	
	3	遵守训练纪律,尊重老师、团结同学,爱惜实训的设备和器材,工位整洁。	2	
合计			100	

课程十五　城市轨道交通车辆检查综合实训

一、实训目的

本实训主要目的是提高学生对城市轨道交通车辆日常检修的能力，通过理论与实际相结合，使得学生能够系统地了解城市轨道交通车辆的组成，掌握车辆日常检修及维护常识，为将来的工作岗位打下坚实的基础。

1. 熟悉城市轨道交通车辆检修所使用的常用工具，及其使用方法、技巧和注意事项。
2. 掌握城市轨道交通车辆日常检修的技能。
3. 熟知检修作业中的安全知识。
4. 培养综合职业素养。

二、实训任务

(一)安全知识教育

(1)掌握实训室安全注意事项

(2)熟知实训室安全注意事项和检修过程中的安全知识。

(二)车体外观及车钩检查

(1)车体检查。

(2)熟悉三种车钩的结构。

(3)全自动车钩、半自动车钩、半永久牵引杆的检查。

(4)熟悉车体及三种车钩的常见故障。

(三)司机室内检查

(1)熟悉司机室内检查的流程及内容。

(2)掌握司机室内常见故障。

(3)能够对车辆进行功能测试。

(四)客室内检查

(1)熟悉客室内的布置及主要部件的结构。

(2)熟悉客室内检查的流程及内容。

(3)掌握客室内常见故障。

(五)转向架检查

(1)熟悉转向架的结构。

(2)熟悉转向架检查的流程及内容。

(3)掌握转向架常见故障及处理方法。

(六)车底设备检查

(1)熟悉车底设备布置。

(2)熟悉车底设备的检查内容。

(3)掌握车底设备常见故障。

三、实训预备知识

(1)城市轨道交通列车总体布置专业知识。
(2)客室内日常检修工艺流程。
(3)客室内维护与检修知识。

四、主要仪器设备及使用、操作安全注意事项

1. 实训工具、仪器仪表使用注意事项
(1)严禁将工具未按其用途而当锤击工具使用。
(2)各种量具在使用过程中必须保持清洁。
(3)工具使用完毕应当立即装入盒中保存,不能随地乱扔,保持实训场地整洁。
2. 实训操作安全注意事项
(1)训练过程中必须注意检查并保持工作台、架的牢固性。
(2)拆卸的设备必须放置在专用的台、架或垫子上,并安放牢固。
(3)其他未尽事项应参照《实训室安全注意事项》的具体要求进行。
3. 实训课堂要求
(1)参加实训的学生要服从教师的指导和安排,以确保学生的人身及实训设备的安全。
(2)严格遵守实训纪律,遵守实训的操作规则,穿好劳动安全保护用品,在教师的指导下按照指导书的要求完成实训任务,不违章蛮干。
(3)不迟到、不早退、不旷课,不在实训教室打闹,不做与实训教学无关的事情。
(4)爱护教学设施和实训设备,每天的实训教学结束以后实训设备应摆放整齐,做好教室的清洁卫生,关好门、窗、风、水、电。

五、实训的组织管理

1. 实训分组安排:每组5～6人。
2. 具体时间安排为
第一周

教学时间		项目名称	具体内容	学时数	备注
星期	节次				
一	1～2	安全教育	了解实训现场安全规定,并考核(考核合格方可参加实训操作)	2	
	3～6	车体外观及车钩检查	(1)车体检查。 (2)熟悉三种车钩的结构。 (3)全自动车钩、半自动车钩、半永久牵引杆的检查。 (4)熟悉车体及三种车钩的常见故障	4	

续上表

教学时间		项目名称	具体内容	学时数	备注
星期	节次				
二	1～4	车体外观及车钩检查	(1)车体检查。 (2)熟悉三种车钩的结构。 (3)全自动车钩、半自动车钩、半永久牵引杆的检查。 (4)熟悉车体及三种车钩的常见故障	4	
	5～6	司机室内检查	(1)熟悉司机室内检查的流程及内容。 (2)掌握司机室内常见故障。 (3)能够对车辆进行功能测试	2	
三	1～6	司机室内检查	(1)熟悉司机室内检查的流程及内容。 (2)掌握司机室内常见故障。 (3)能够对车辆进行功能测试	6	
四	1～4	司机室内检查	(1)熟悉司机室内检查的流程及内容。 (2)掌握司机室内常见故障。 (3)能够对车辆进行功能测试	4	
	5～6	客室内检查	(1)熟悉客室内内的布置及主要部件的结构。 (2)熟悉客室内检查的流程及内容	2	
五	1～4	客室内检查	(1)熟悉客室内内的布置及主要部件的结构。 (2)熟悉客室内检查的流程及内容	4	
课时合并				28	

第二周

教学时间		项目名称	具体内容	学时数	备注
星期	节次				
一	1～4	客室内检查	(1)熟悉客室内的布置及主要部件的结构。 (2)熟悉客室内检查的流程及内容	4	

续上表

教学时间		项目名称	具体内容	学时数	备注
星期	节次				
一	5～6	转向架检查	(1)熟悉转向架的结构。 (2)熟悉转向架检查的流程及内容。 (3)掌握转向架常见故障及处理方法	2	
二	1～6	转向架检查	(1)熟悉转向架的结构。 (2)熟悉转向架检查的流程及内容。 (3)掌握转向架常见故障及处理方法	6	
三	1～6	车底设备检查	(1)熟悉车底设备布置。 (2)熟悉车底设备的检查内容。 (3)掌握车底设备常见故障	6	
四	1～6	车底设备检查	(1)熟悉车底设备布置。 (2)熟悉车底设备的检查内容。 (3)掌握车底设备常见故障	6	
五	1～4	车底设备检查	(1)熟悉车底设备布置。 (2)熟悉车底设备的检查内容。 (3)掌握车底设备常见故障	4	
合计				28	

六、实训项目简介与实训步骤指导

项目一　实训室安全知识教育

实训项目简介	通过对操作的安全知识和实训室作业的安全知识及相关的规章制度进行学习，让学生明白检修操作的安全知识及安全的重要性，并初步掌握实训室作业的规章制度	
条件、设备	多媒体、课桌椅	
要求	遵守课堂纪律、熟知安全操作内容和实训室安全规定	
作业步骤	作业内容	作业标准及要求
1	检修过程操作安全知识讲座	操作安全知识讲座，讲座过程中注意做好笔记
2	实训室实训守则解读	对实训室的相关要求进行解读，提出训练要求

项目二　车体外观及车钩检查

实训项目简介	通过此项目，让学生熟悉车钩结构，掌握设置故障和查找故障的方法
工具、计量工器具、材料	城市轨道交通车辆一个单元、“严禁动车”牌、手套、强光手电筒等

续上表

<table>
<tr><td colspan="2" rowspan="2">安全、注意要点</td><td colspan="2">(1)DCC 清点,登记借用列车钥匙、“严禁动车”牌。
(2)在两 TC 车的右侧防爬器装置上挂好“严禁动车”牌。
(3)作业前确认列车已降弓,处于非激活状态。
(4)作业过程中小心地板上的积水、油污、障碍物,防止滑倒、绊倒、踏空。
(5)按照要求穿戴好劳保用品。
(6)作业完成后清理现场,确认所携带的检修工具齐全,未遗留在作业现场</td></tr>
<tr><td colspan="2">规定时间 8 min,每超时 30 s 扣 1 分(不足 30 s 按 30 s 计算),超过 2 min 后停止考试</td></tr>
<tr><td>步骤</td><td colspan="2">作业内容</td><td>实物操作图片</td></tr>
<tr><td rowspan="3">车体外观检查</td><td colspan="2">(1)外部照明模块外观检查
Tc 车近光灯、远光灯、尾灯及灯罩安装紧固无松脱,外观无明显损坏</td><td>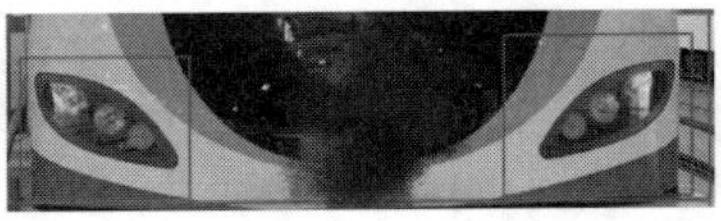</td></tr>
<tr><td colspan="2">(2)刮雨器外观检查
刮雨器外观状态良好,刮雨器底部连接处黑色保护盖无丢失</td><td></td></tr>
<tr><td colspan="2">(3)司机室头罩检查
导流罩、头罩、前窗玻璃及防爬器无明显损坏,外观完好;头罩上所有标识无破损、卷边,字迹清晰,目视无明显脏污</td><td></td></tr>
</table>

续上表

步骤	作业内容	实物操作图片
车体外观检查	(4)登车梯及扶手检查 目视检查登车梯，要求外观完好，安装紧固	 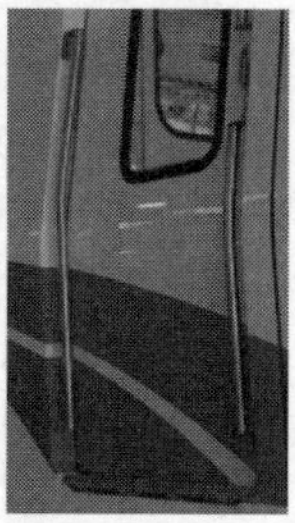
	(5)车体两侧外观检查 车体、客室侧窗外观完好，无明显刮伤及变形	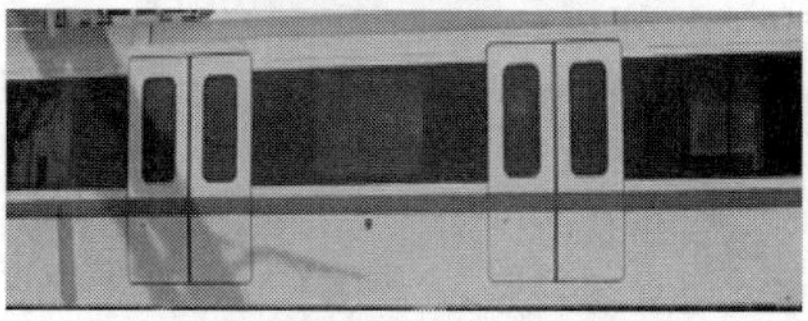
	(6)车体两侧各类标识检查 车外所有标识外观良好，无长度超过 10 mm，面积大于 50 mm^2 的破损、卷边等异常情况，字迹清晰	
	(7)折棚外观检查 检查折棚，要求外观无破损，与车体连接无脱开	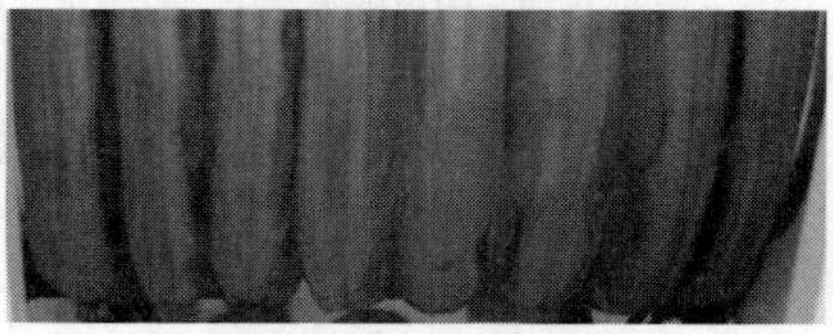
车钩检查	(1)半永久牵引杆检查 半永久牵引杆外观良好，紧固件无丢失，可压溃管红色变形指示器状态正常，无折损、丢失、变形；卡环连接螺栓齐全；车钩支撑弹簧外观状态良好；车钩橡胶垫牵引装置外观状态良好，部件无缺失	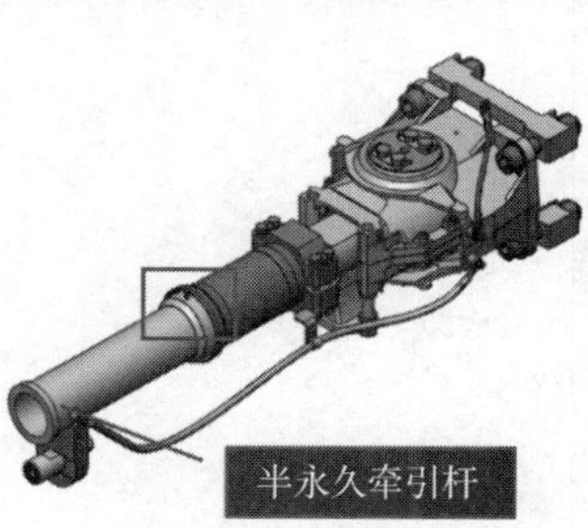

续上表

步骤	作业内容	实物操作图片
车钩检查	(2)半自动车钩检查 半自动车钩卡环连接螺栓齐全；支撑弹簧外观状态良好；车钩对中装置外观状态良好，部件无缺失；橡胶垫牵引装置外观状态良好，部件无缺失；压溃管红色变形指示器状态正常，无折损、丢失、变形	 
	(3)全自动车钩检查 全自动车钩橡胶垫牵引装置外观状态良好，部件无缺失；车钩对中装置外观状态良好，部件无缺失；卡环连接螺栓齐全；支撑弹簧外观状态良好；压溃管红色变形指示器状态正常，无折损、丢失、变形	  

续上表

步骤	作业内容	实物操作图片
车钩检查		
作业完成后清理现场，确认所携带的检修工具齐全，未遗留在作业现场		

项目三　司机室内检查

实训项目简介	通过司机室内检查项目让学生熟悉司机室内设备布置及功能、进行功能测试
工具、计量工器具、材料	城市轨道交通车辆一个单元、“严禁动车”牌、方孔钥匙、主控钥匙手套、强光手电筒等
安全、注意要点	(1)确认车辆两端挂好禁动牌。 (2)升弓前需鸣笛。 (3)开关门时进行人工广播通知客室。 (4)做自检作业时，禁止合高断。 (5)作业完成后确认柜门锁闭到位
	规定时间 12 min，每超时 30 s 扣 1 分(不足 30 s 按 30 s 计算)，超过 2 min 后停止考试

步骤	作业内容	实物操作图片
司机室内作业	(1)挂“严禁动车”牌 在两 Tc 车的右侧防爬器装置上挂好“严禁动车”牌	

续上表

步骤	作业内容	实物操作图片
司机室内作业	(2)司机室继电器柜检查 司机室继电器柜柜门外观状态良好及无明显污迹，柜门玻璃完好，柜门转动灵活无卡滞；柜内微动开关(空开)外观完好，处于正常位；各旁路开关位于正常位，其中“紧急牵引”旋钮、“警惕旁路”旋钮、“停放缓解旁路”旋钮、“所有制动缓解旁路”旋钮、“允许升弓旁路”旋钮、“充电机应急启动”旋钮、“总风压力可用旁路”旋钮、“车钩监视旁路”旋钮、“门零速旁路”旋钮、“门关好旁路”旋钮铅封完好、无损坏；旋转“ATC 切除”旋钮至“合”位，将“列车激活”自复位旋钮旋至“合”位激活列车；网压/电池电压表外观状态良好，指针显示正常，未达到规定送检日期，电压值应大于 96 V	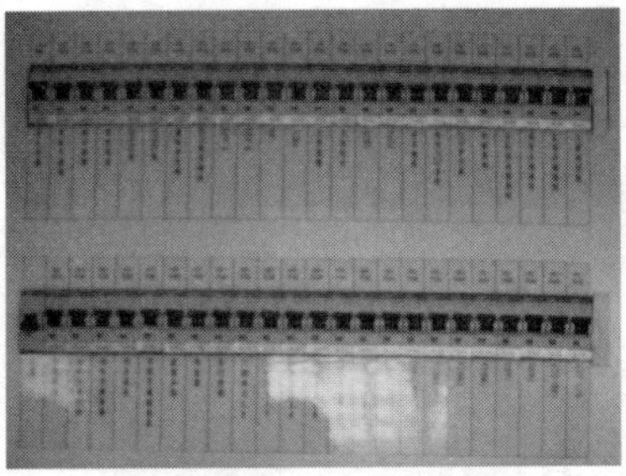  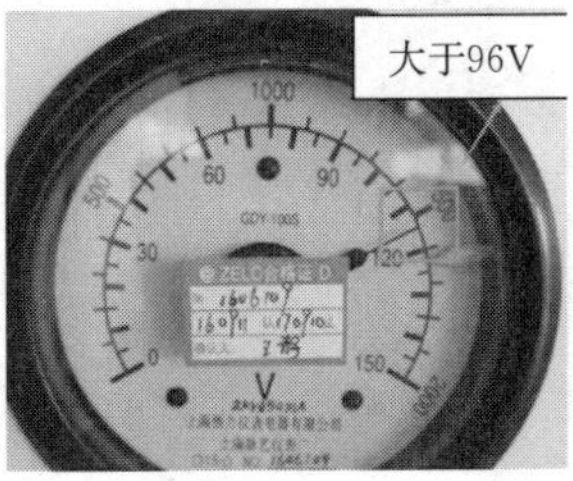
	(3)紧急停车按钮外观及功能检查 司机台“紧急停车 1”按钮和“紧急停车 2”按钮外观状态良好；分别拍下“紧急停车 1”按钮、“紧急停车 2”按钮，查看 HMI 显示屏上紧急制动显示正常	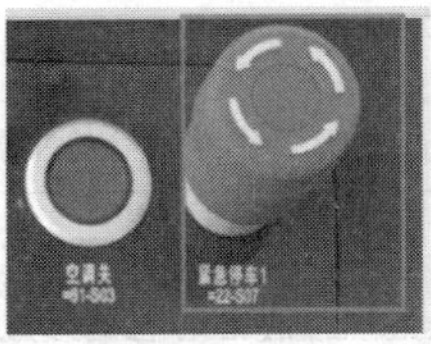
	(4)检查紧急通风功能 按压“Tc 车空调开”按钮，然后至 Tc 车查看列车紧急通风功能正常	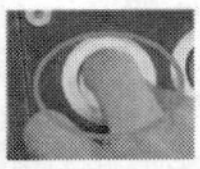 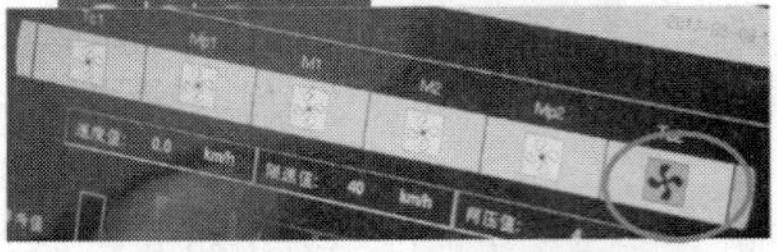
	(5)司机室检查 司控器钥匙转动灵活、无卡滞、无异响，将司控器钥匙打至“合”位	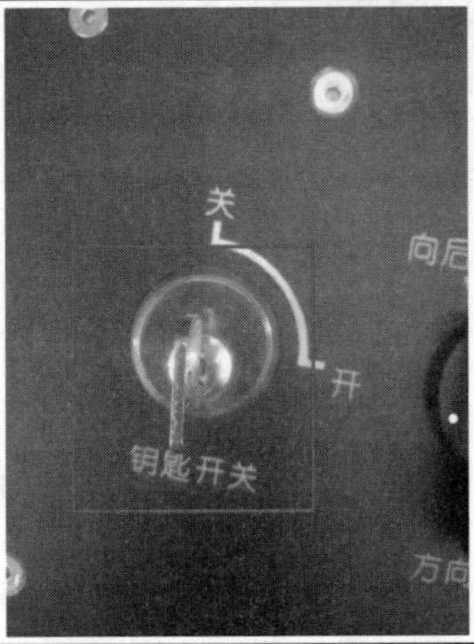

续上表

步骤	作业内容	实物操作图片
	(6)列车升弓 确认 HMI 上三位置开关显示打至“受电弓位”及车底无人后，按压“电笛”按钮鸣笛两次(间隔 1 s)；确认车底无人后，按压“电笛”按钮鸣笛两次，10s 后按压“升弓”按钮，确认受电弓升起	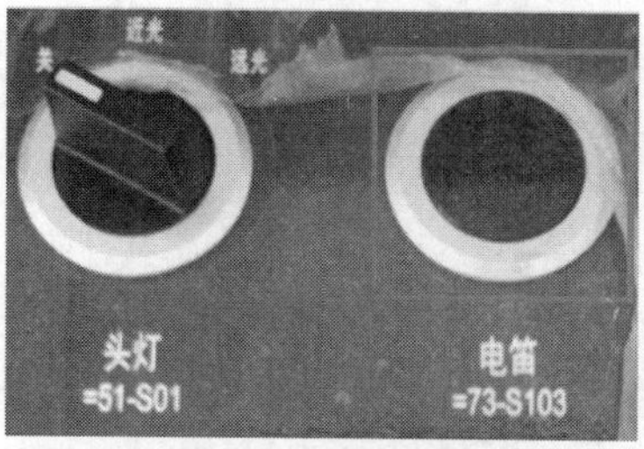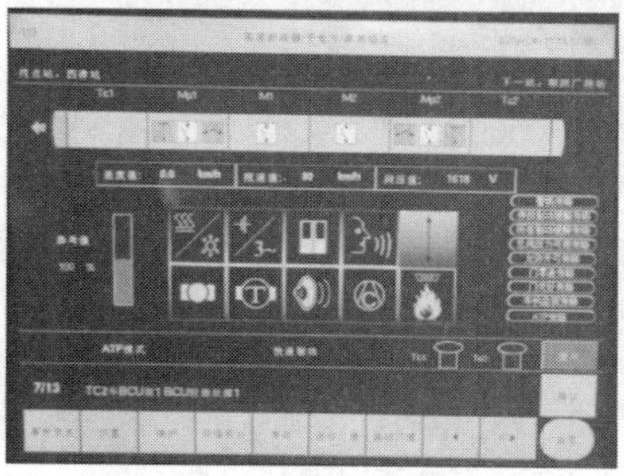
司机室内作业	(7)停放制动状态检查 按压“停放制动施加”按钮，列车停放制动应施加，按钮指示灯亮	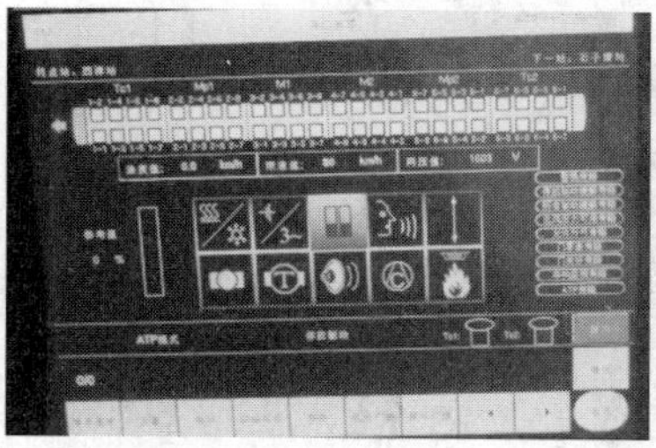
	(8)头灯功能检查 方向手柄置“前”位，操作“头灯”旋钮置于“近光”位，检查近光功能正常，列车前端白色运行灯亮。 操作“头灯”旋钮置于“远光”位，检查远光功能正常，列车前端白色运行灯亮	

续上表

步骤	作业内容	实物操作图片
司机室内作业	(9)司机室照明灯、客室照明外观状态及功能检查 将司机台上“司机室灯”旋钮旋转至“阅读灯”位，查看阅读灯，要求外观状态良好，功能正常；将“司机室灯”旋钮旋转至“顶棚灯”位，检查司机室照明灯外观状态良好，功能正常。 将“主照明控制”旋钮打至“合”位，确定客室照明系统工作正常	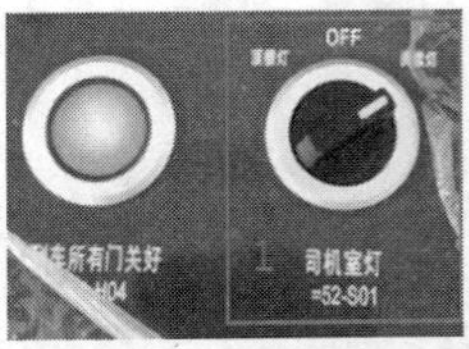 
	(10)司机台按钮、旋钮、指示灯状态功能检查 从左至右检查司机台上各按钮、旋钮、指示灯，要求外观状态良好，开关门按钮及解钩按钮铅封完好，无损坏，如损坏或无铅封则重新打好铅封。 按压“灯测试”按钮，检查司机台上各显示灯及司机室侧门旁的开关门按钮显示灯功能正常，除“ATB”按钮、“RM”按钮、“ATO 启动”按钮外，所有指示灯都能正常点亮	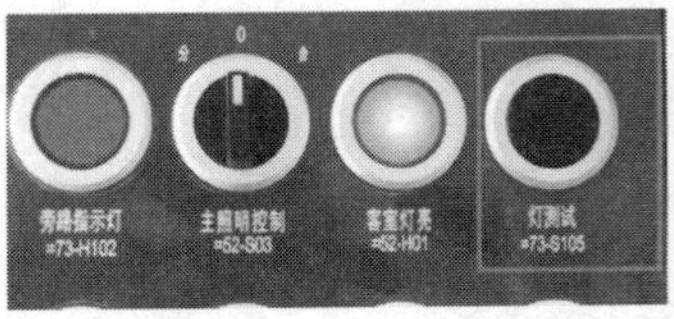
	(11)司机台 HMI 显示屏检查 检查 HMI 屏，确保外观状态良好，正常点亮，图标显示完整、准确。 点击屏幕主界面各系统图标及“事件信息、设置、维护、网络拓扑、帮助、确认、提示”等按钮及其子系统图标，能正常进入，且各状态显示正常、无故障。 HMI“事件信息”界面、“维护一事件信息查询”界面无故障，对有故障的子系统做进一步按钮检查及处理，对影响车辆牵引、制动功能的故障进行分析并报告 DCC	 
	(12)仪器仪表检查 检查网压/电池电压表，网压数与 HMI 上网压数一致，约为 1 500 V。 检查速度里程表，要求外观状态良好，未达到规定送检日期，内部灯照明正常，并记录列车公里数。 检查双针压力表，要求外观状态良好，未达到规定送检日期，内部灯照明正常	 

续上表

步骤	作业内容	实物操作图片
	(13)空调功能检查 按压"Tc 车空调开"按钮，查看 Tc 车空调状态，并且检查司机室通风格栅，确保外观及通风状态良好。 将司机室上顶板上 APT 旋钮旋至"1""2""3"位，确认风量会逐级增加，随后旋至"0"位。 10 s 后按压"空调关"按钮将司机室空调关闭并等待 10 s 后按压"列车空调开"按钮在 HMI 上检查空调运转正常	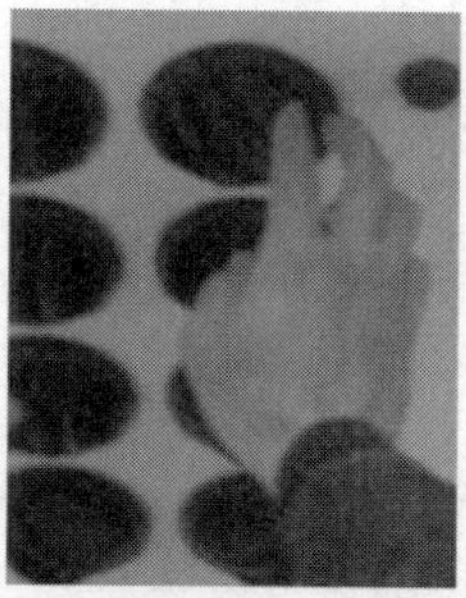 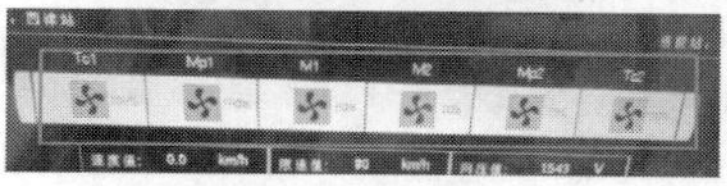
司机室内作业	(14)广播控制盒检查 检查广播控制盒，要求表面完好，按键不受损不卡滞，安装紧固。 检查手持话筒，要求外观良好，PTT 按键动作灵活。 司机对讲功能：激活列车，按下广播控制盒上"司机对讲"按键，两端"司机对讲"按键常亮，两端作业者能建立联系，并且两端扬声器外观完好，发出的声音清晰，点击"音量调节"按钮可调节司机室监听广播音量；再次点击"司机对讲"按键，司机对讲结束。 人工广播功能：激活列车，按下广播控制盒上"人工广播"按键，该端"人工广播"按键常亮，通过手持话筒讲话，客室及异端司机室能播放清晰的广播，再次按下"人工广播"，"人工广播"按键熄灭，人工广播结束	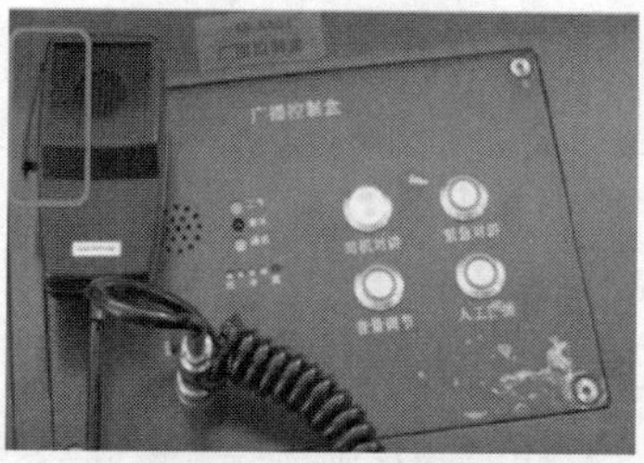 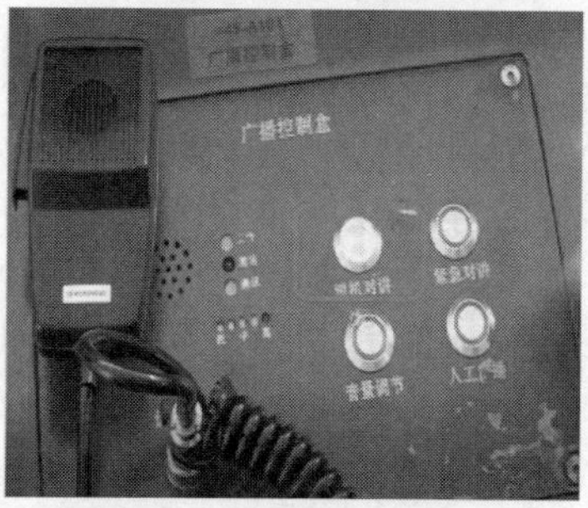 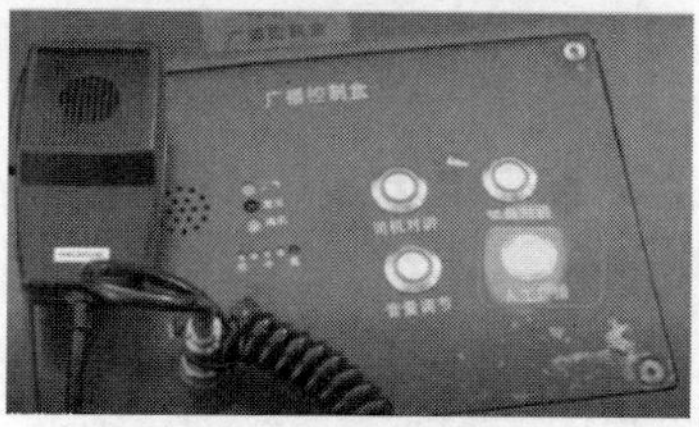 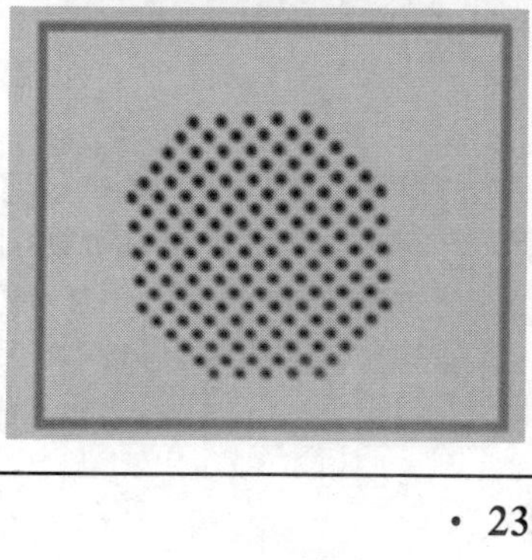

续上表

步骤	作业内容	实物操作图片
	(15)CCTV 触摸屏检查 检查 CCTV 触摸屏，要求外观状态良好，安装紧固。 检查触屏，要求反应灵敏，显示功能正常，显示时间正确。 依次查看整列车的各摄像头状态，确保摄像头功能正常、司机室摄像头及弓网摄像头(仅首两列车)红外功能正常，时间、角度正确	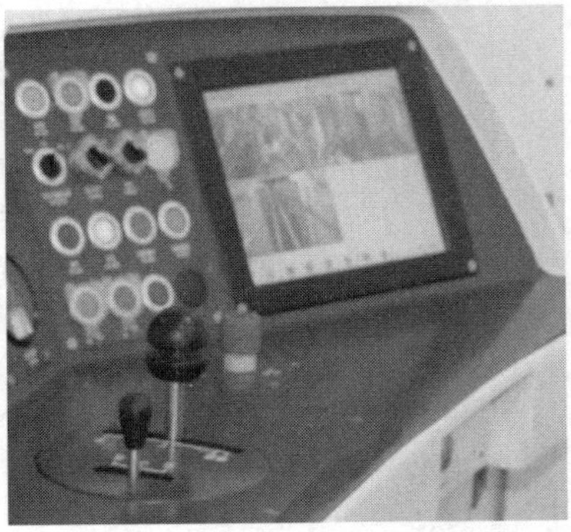
司机室内作业	(16)开关门作业功能检查 用人工广播“开门作业，请不要扶靠车门”3 s 后，按压司机室侧门旁“开右门”按钮(＝81－S01)开右侧客室车门，检查右侧客室车门，要求开门顺畅，无异常声音，HMI 显示开门基本同步，开门时黄色指示灯亮。 用人工广播“关门作业，谨防夹伤”，3 s 后按压司机室侧门旁“关右门”按钮(＝81－S11)，检查右侧客室车门，要求关门顺畅，无异常声音，HMI 显示关门基本同步，且蜂鸣器发出报警声，门关好后持续响声不超过 5 s。 左门作业依次进行	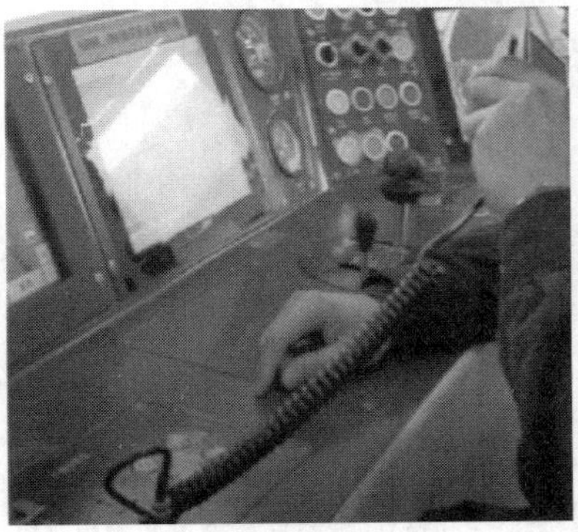  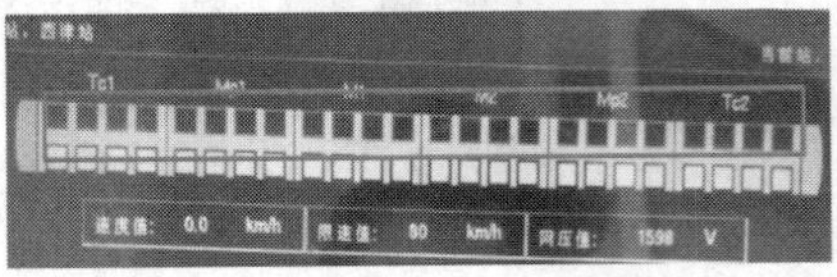
	(17)数字化报站广播功能检查 在 HMI 屏上点击“设置”，然后选择“广播设置”，设为“ON”与“TCMS”。在 HMI 设置起点站、当前站、终点站并点击“确认”。然后在 HMI 点击“进站广播”，确认每节车客室广播内容播报正确，无卡滞、破音现象	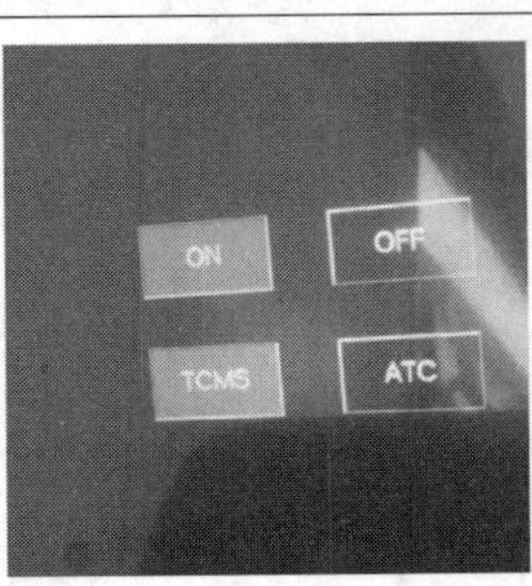

续上表

步骤	作业内容	实物操作图片
司机室内作业	(18)司控器检查 检查司控器所有的固定螺栓，要求紧固状态正常，手柄胶帽外观状态良好，手柄不能相对金属杆有转动，无松动；警惕按钮上、下橡胶块可灵活转动，目视检查下橡胶块内螺母上平面与橡胶块凸台上平面平齐，否则使用专用工具紧固；警惕按钮动作灵活无卡滞；钥匙转动灵活、无卡滞、无异响；司机控制器“向前”“向后”“牵引”“制动”标识符号应齐全、完整、清晰、正确；控制手柄在各个挡位之间应转动灵活，无机械卡滞现象。 互锁状态检查：当方向手柄在“0”位时牵引手柄被锁定；当方向手柄在“向后”或者“向前”位置时，牵引手柄可以在“牵引”“制动”和“快速制动”位移动；当方向手柄在“0”位时，机械锁应转动灵活机械锁在锁定位置的时候钥匙方可拔出；当主控钥匙在断开位时，方向手柄和牵引手柄均不能动作；方向手柄在非“0”位时，主控钥匙不能拔出；操作司控器方向手柄“向前”或“向后”，推动主控制手柄，检查 HMI 上牵引制动级位柱状图随级位改变而正常	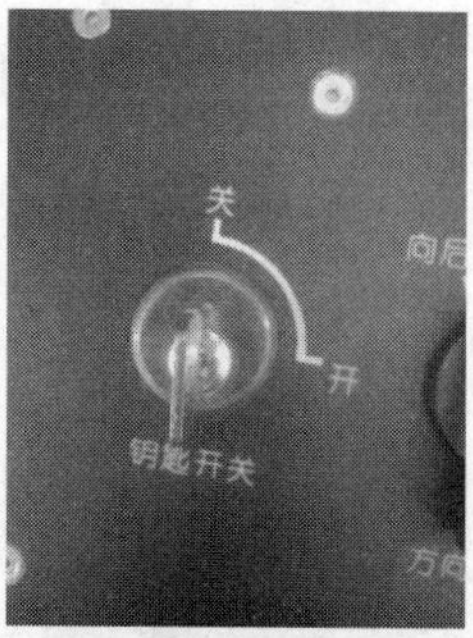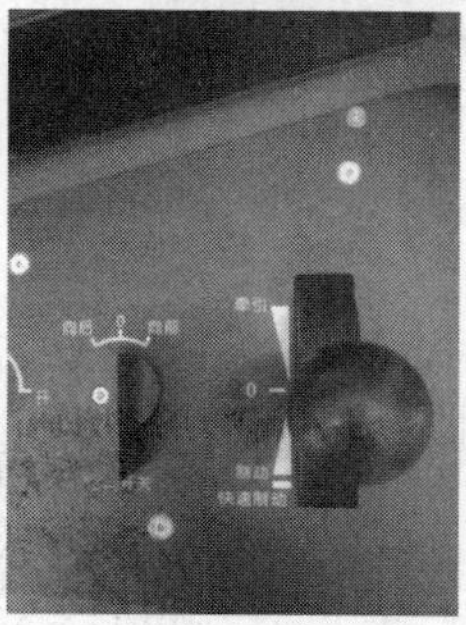
	(19)紧急制动检查 按压紧急制动按钮，确认方向手柄和控制手柄都置于“0”位，HMI 上应显示“紧急制动”，双针压力表红色指针读数显示为(320±40) kPa	
	(20)保持制动检查 将方向手柄置前(后)位，控制手柄置“0”位，HMI 上应显示保持制动，双针压力表红色指针读数为(210±20)kPa	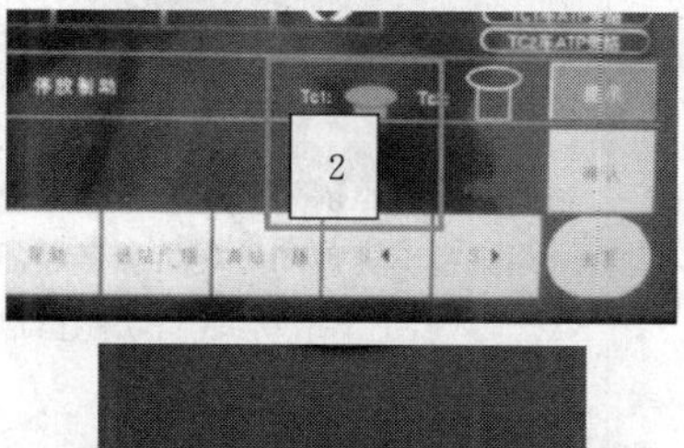
	(21)常用制动检查 操纵控制手柄拉到“100%制动位”，HMI 上显示“制动”，双针压力表红色指针读数为(300±20)kPa	

续上表

步骤	作业内容	实物操作图片
司机室内作业	(22)快速制动检查 操纵控制手柄拉到“快速制动位”，HMI 上显示“快速制动”，双针压力表红色指针读数为(300±50)kPa	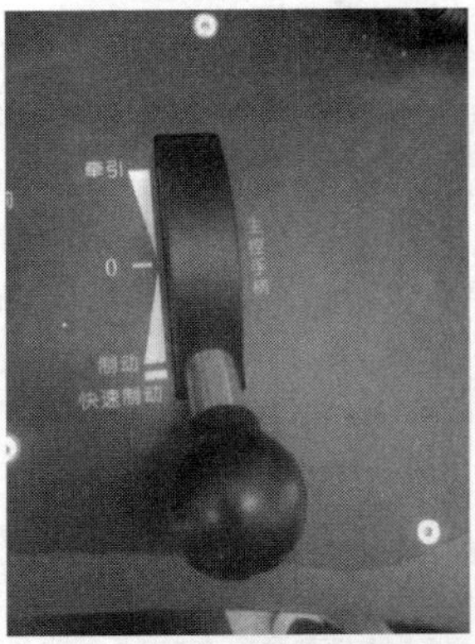
	(23)制动系统自检 激活 EP2002 制动系统自检程序，进行自检作业。 确认自检完成后，操作方向手柄和控制手柄分别置于“0”位	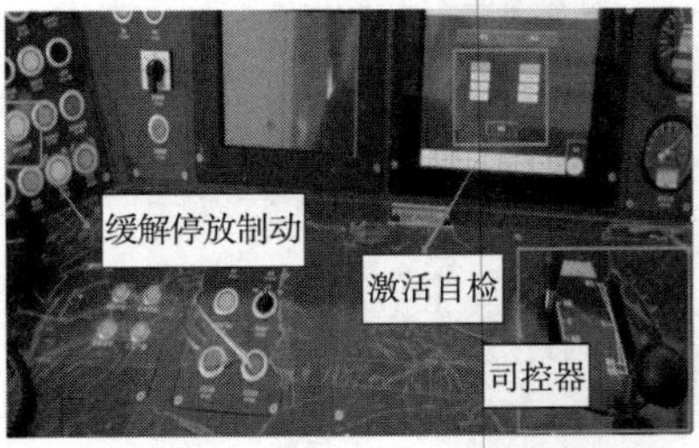
	(24)司机室前窗玻璃及遮阳帘检查 司机室前窗玻璃外观状态良好，手动检查遮阳帘外观状态良好，上下滑动灵活，功能正常	
	(25)司机室设备柜、天花板、墙面检查	

续上表

步骤	作业内容	实物操作图片
	(26)司机室侧门外观状态检查 司机室左侧侧门外观状态良好，用司机室侧门钥匙能将侧门正常打开和锁闭，把手锁销及安装座紧固无松动，保险锁能正常锁闭	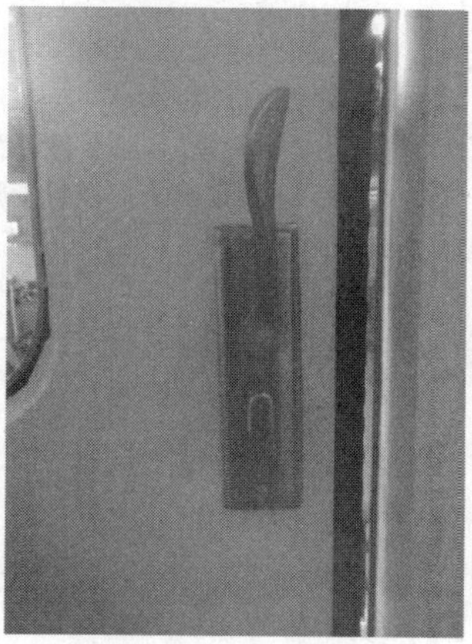
司机室内作业	(27)检查司机台下方灭火器、急救箱、中间检修门、脚踏板、右侧检修门，急救箱、右侧检修门锁闭状态	 
	(28)司机室座椅检查 检查司机室座椅，要求外观状态良好，功能正常	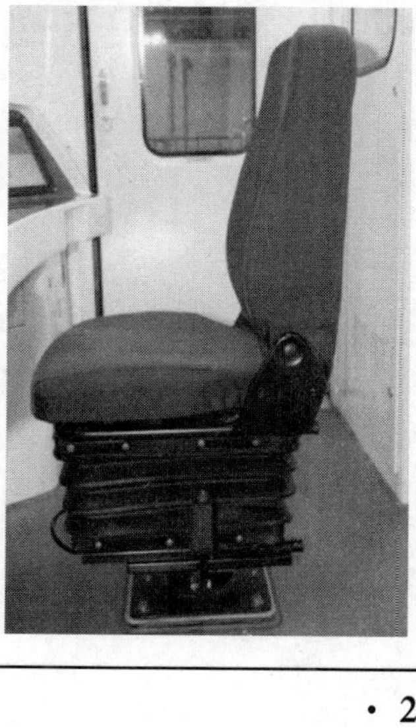

续上表

步骤	作业内容	实物操作图片
司机室内作业	(29)检查司机室间隔门 检查司机室间隔门,要求能正常关闭及打开,门页转动无异响无卡滞,把手及安装座紧固无松动,保险锁能正常锁闭	
	(30)列车停放制动施加 按压“停放制动施加”按钮,按钮指示灯亮,列车停放制动应施加	

项目四　客室内检查工艺卡

实训项目简介	通过客室内检查项目,让学生熟悉客室内设备布置,能够对客室内设备进行检查,掌握常见的客室内设备的故障
工具、计量工器具、材料	城市轨道交通车辆一个单元、“严禁动车”牌、方孔钥匙、主控钥匙、手套、强光手电筒等
安全、注意要点	(1)确认列车两端挂好禁动牌。 (2)列车激活前确认车底无人。 (3)作业完成后确认柜门锁闭到位
	规定时间 12 min,每超时 30 s 扣 1 分(不足 30 s 按 30 s 计算),超过 2 min 后停止考试

步骤	作业内容	实物操作图片
客室内设备日检	(1)设置安全防护 确认在车头处放置“禁止动车”牌	

续上表

步骤	作业内容	实物操作图片
客室内设备日检	(2)客室照明灯检查 在升弓的情况下，检查客室所有照明灯	
	(3)客室两侧检查 同时检查门侧顶盖板、门立柱盖板、侧墙板无明显污迹，检查天花板、地板、侧墙板状态，油漆表面无明显缺块、破损，各类标识无脱落、丢失，无明显卷边、破损现象	
	(4)检查地板布 地板布外观完好，表面清洁干净，地板布连接处完好	
	(5)检查扶手、立柱、吊环 扶手外观完好，光洁无污渍，表面无异物；轻轻拍打扶手杆，检查立柱扶手是否安装紧固，目视检查安装螺栓安装是否紧固；用手拉动吊环，检查吊环无松动，目视检查吊环外观完好，吊环安装紧固无松动	
	(6)检查中顶板、出风格栅、回风格栅 顶板、出风格栅、回风格栅外观完好，无损坏变形，无面积超过[illegible]00 mm^2或长度超过 35 mm 的油漆破损	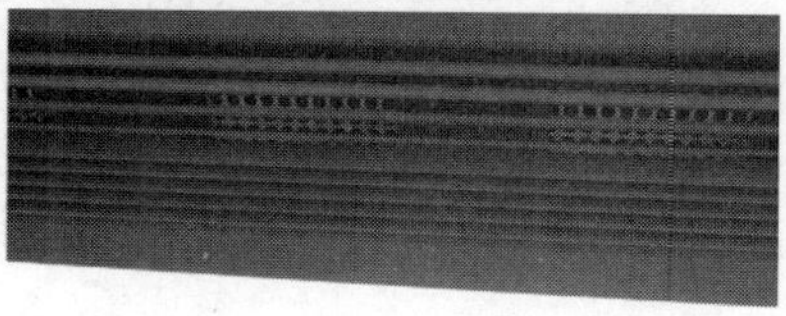

续上表

步骤	作业内容	实物操作图片
客室内设备日检	(7)检查所有标识 所有标识无破损、卷边，字迹清晰，目视无明显脏污，标识卷边长小于 5 mm，面积小于 25 mm^2	
	(8)检查客室内部 LED 显示屏 客室内部 LED 显示屏显示内容正确，防尘堵无丢失	
	(9)隔墙及电气柜柜门检查 检查端墙及电气柜外观完好无明显变形或损伤，电气柜锁闭到位	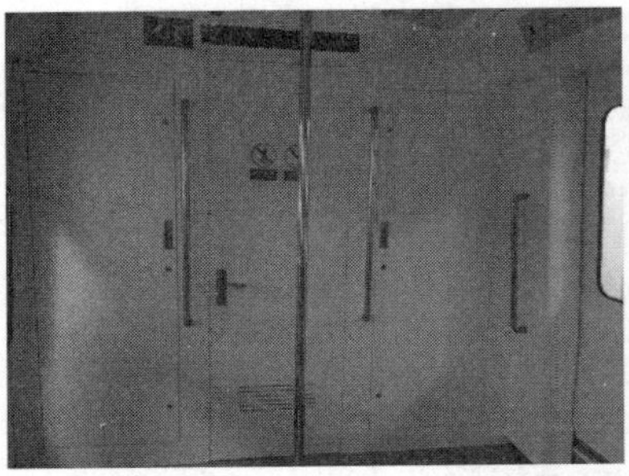
	(10)侧顶板检查 侧顶板外观完好，无面积超过 900 mm^2 或长度超过 35 mm 的油漆破损，侧顶板正常锁闭，方孔锁位于锁闭状态，指示灯外观完好，无破损	
	(11)目视检查侧墙 侧墙外观完好，无损坏、变形等异常情况，无面积超过 900 mm^2 或长度超过 35 mm 的油漆破损	

续上表

步骤	作业内容	实物操作图片
客室内设备日检	(12)目视检查座椅扶手 座椅扶手外观完好，光洁无污渍，表面无异物，轻轻拍打扶手杆，检查座椅扶手是否安装紧固	
	(13)检查门立柱罩、门立柱扶手 门立柱罩安装紧固，外观完好，无明显损坏，无面积超过 900 mm^2 或长度超过 35 mm 的油漆破损，门立柱扶手安装紧固，外观完好无污渍	
	(14)检查客室内门驱侧顶板上动态地图 检查客室内门驱侧顶板上动态地图，确认外观完好，贴膜无卷边、破损，动态地图及其开门侧显示正确	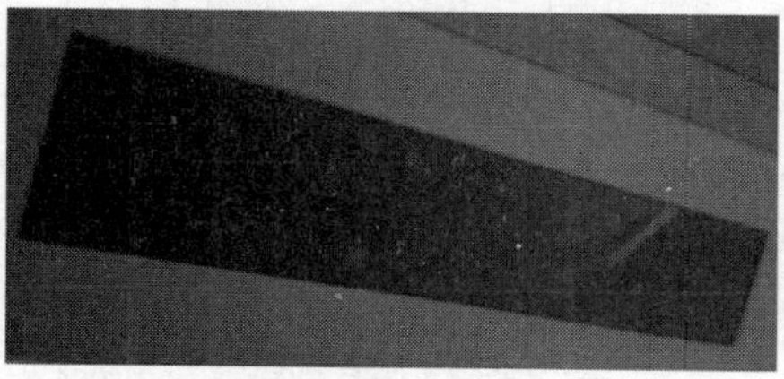
	(15)检查车门、玻璃 外观状态良好，门页下挡销安装状态良好、无丢失	
	(16)目检查客室广告框 客室广告框外观正常，贴纸无卷边、损坏、变形，广告框安装紧固	

续上表

步骤	作业内容	实物操作图片
客室内设备日检	(17)检查灭火器 灭火器外观完好,压力指针指示在绿色区域内,保险插销及铅封完好,灭火器固定牢靠、绑带锁扣牢靠、绑带无打结	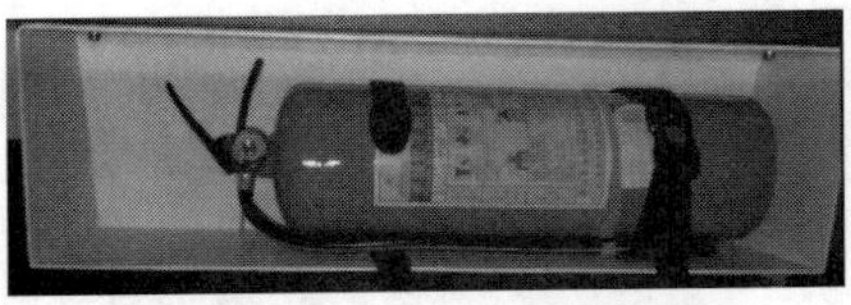 
	(18)检查客室侧窗玻璃外观 客室侧窗玻璃外观完好,表面无明显损伤,橡胶条完好	
	(19)检查紧急解锁装置 紧急解锁装置手柄处于正常位,透明塑料盖外表完好、无丢失	
	(20)检查B05箱 检查客室所有B05的盖板锁闭紧固,外观完好,无脏污,面积超过900 mm^2或长度超过35 mm的油漆破损	
	(21)检查安全锤 打开安全锤盖板,检查安全锤是否丢失,安全锤盖板是否正常锁闭,安全锤防护绳有无断裂、外露	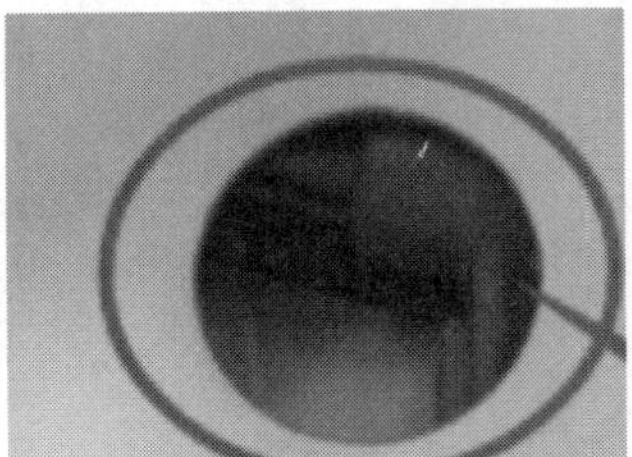

续上表

步骤	作业内容	实物操作图片
客室内设备日检	(22)电器柜检查 检查电器柜外观完好,柜门锁闭良好	
	(23)客室端墙外观检查 检查端部侧墙有无明显变形或损伤	
	(24)残疾人扶手检查 检查残疾人扶手,安装紧固,外观完好,无损坏、变形等异常情况,无面积超过 900 mm^2 或长度超过 35 mm 的油漆破损	
	(25)检查轮椅安全带功能 打开安全带盒盖板,检查轮椅安全带,要求功能正常、无老化、断股等异常现象,轮椅安全带安装螺栓紧固无松动,防松标记无错位,检查完成后关闭安全盒盖板	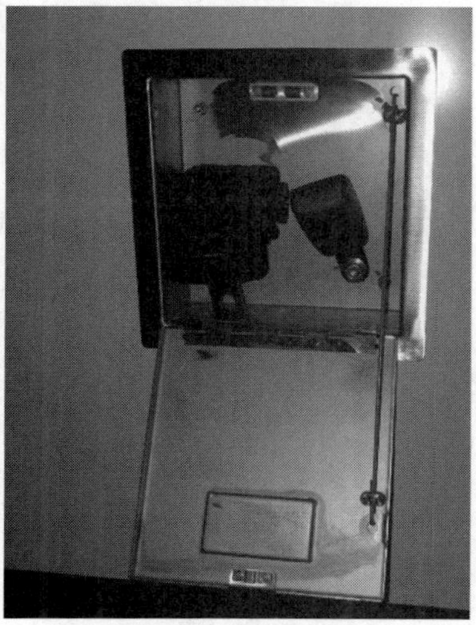
	(26)贯通道的侧护板外观检查 检查贯通道的侧护板,要求外观状态良好,安装紧固,表面光洁无污迹,油漆损坏面积不超过 900 mm^2,侧护板上下挡尘板裂纹长度不超过 40 mm,缺损面积不超过 900 mm^2	

续上表

步骤	作业内容	实物操作图片
客室内设备日检	(27)贯通道的棚板外观检查 贯通道的棚板外观状态良好，安装紧固，表面光洁无污迹，油漆损坏面积不超过 900 mm^2	
	(28)贯通道踏渡板检查 贯通道的踏渡板外观状态良好，安装紧固	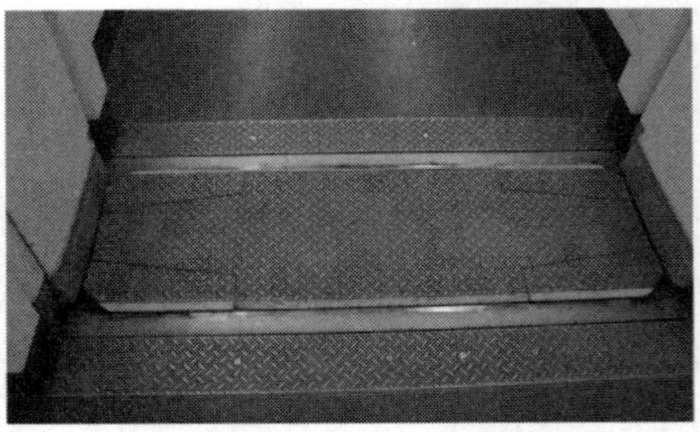
	(29)两端司机室分别进行数字化广播报站	
	作业完成后清理现场，确认所携带的检修工具齐全，未遗留在作业现场	

项目五　转向架检查工艺卡

实训项目简介	通过转向架检查项目，让学生熟悉转向架结构，能够对转向架进行检查，并熟悉转向架常见故障	
工具、计量工器具、材料	城市轨道交通车辆一个单元、禁止动车牌、手套、强光手电筒等	
安全、注意要点	挂好“严禁动车”牌	
	规定时间 10 min，每超时 30 s 扣 1 分(不足 30 s 按 30 s 计算)，超过 2 min 后停止考试	
步骤	作业内容	实物操作图片
转向架日检	(1)一系悬挂装置外观检查 检查钢弹簧、一系垂向减振器、一系垂向止挡和转臂定位关节，要求部件安装可靠、无缺失，外观完好，减振器无漏油	

续上表

步骤	作业内容	实物操作图片
转向架日检	(2)轮对外观检查 检查车轮，要求外观良好，踏面无明显剥离、擦伤，要求踏面擦伤长度<60 mm，深度<0.5 mm，剥离长度一处<30 mm，连续剥离长度<40 mm，深度<0.5 mm	
	(3)轴箱外观状态检查 外端盖外观完好，无润滑油脂渗漏，紧固件无丢失。检查轴端设备及其连线(编码里程计、BECU 装置、接地装置)，要求无损坏、缺失	
	(4)高度调节装置外观检查 检查一位端高度阀各部件无缺失，要求外观完好，连杆无变形，无漏气声，紧固状态良好	
	(5)二系垂向装置外观检查 检查空气弹簧、二系垂向减振器，要求各部件无缺失、紧固状态良好。 检查空气弹簧无漏气声，目视检查气囊确认无明显可见裂纹、无鼓包等损坏现象。 检查二系垂向液压减振器有无漏油	

续上表

步骤	作业内容	实物操作图片
转向架日检	(6)构架外观检查 构架侧梁、各个安装座外观完好,无明显的油漆损坏、锈蚀	
	(7)抗侧滚装置外观检查 抗侧滚装置各个紧固件无丢失,扭杆和垂直连杆无明显变形。	
	(8)踏面制动单元外观检查 踏面制动单元外观完好,闸瓦无裂纹、损伤且未到磨耗极限,闸瓦楔无丢失,开口销完好	
	(9)牵引装置外观检查 牵引座及拉杆外观完好,无明显脱漆	

续上表

步骤	作业内容	实物操作图片
转向架日检	(10)二系横向悬挂装置外观检查 目视检查二系横向减振器、横向止挡，要求各部件无缺失、紧固状态良好。 检查二系横向减振器无漏油。	
转向架日检	(11)驱动装置外观检查 检查齿轮箱节有无渗油。齿轮箱、吊杆、外观完好，各紧固件无丢失。 齿轮箱油位在上下刻度线之间，润滑油颜色要求橙黄、明亮，不准泛黑，无乳化现象。联轴节无渗油，外观完好，各紧固件无丢失	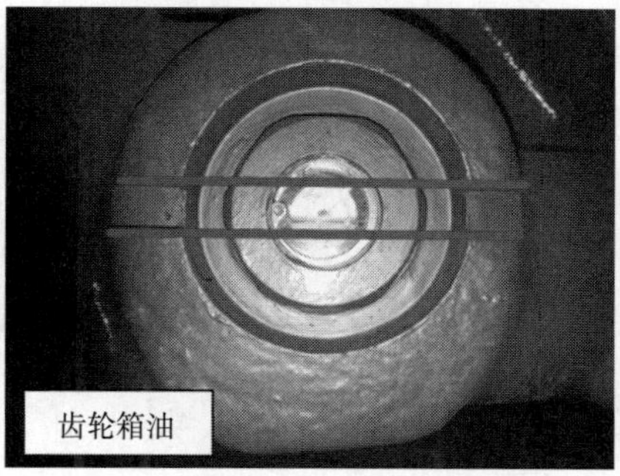
转向架日检	(12)牵引电动机检查 电动机外观完好，连接引线无损坏	
	作业完成后清理现场，确认所携带的检修工具齐全，未遗留在作业现场	

项目六　车底设备检查工艺卡

实训项目简介	通过车底设备检查项目，让学生熟悉车底设备布置，能够对车底设备进行检查，掌握常见的故障
工具、计量工器具、材料	城市轨道交通车辆一个单元、禁止动车牌、手套、强光手电筒等
	工服着装整齐，安全防护用齐全
	规定时间 15 min，每超时 30 s 扣 1 分(不足 30 s 按 30 s 计算)，超过 2 min 后停止考试

续上表

步骤	作业内容	实物操作图片
Tc车车底设备左侧作业	(1)设置安全防护 在两Tc车的右侧防爬器装置上挂好“严禁动车”牌	
	(2)电笛外观检查 电笛外观无异常,连接紧固	
	(3)轮缘润滑装置检查 轮缘润滑装置各部件无缺失、外观良好	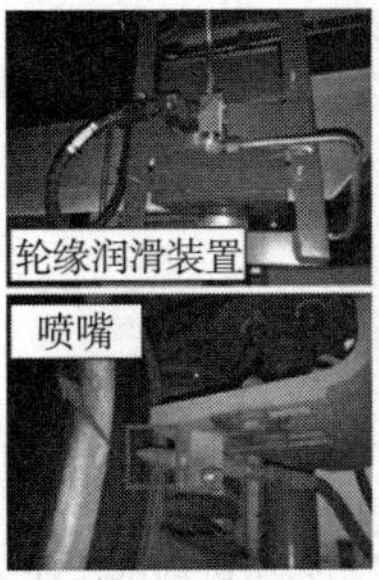
	(4)空簧辅助风缸外观检查 空簧辅助风缸安装状态、外观状态良好,无明显脱漆	
	(5)网关阀箱体外观检查 网关阀外观状态良好,支架安装螺栓紧固无松动,防松线无错位,各气阀在正常位,无漏气声	

续上表

步骤	作业内容	实物操作图片
Tc车车底设备左侧作业	(6)风缸模块外观检查 风缸模块安装紧固无松动，防松线无错位，风缸外观状态良好	
	(7)蓄电池箱外观检查 蓄电池箱外观良好，无明显变形、损坏；蓄电池箱盖板锁闭良好，二次防护销在垂直位；箱体合页外观良好，无开裂现象	
	(8)熔断器箱箱体外观检查 熔断器箱外观良好，无明显变形、损坏、脱漆；熔断器箱盖板锁闭良好；箱体合页外观良好，无开裂现象	
	(9)辅助逆变器箱检查 辅逆箱外观良好，无明显变形、损坏、脱漆；辅逆箱箱方孔锁闭良好，盖板挂耳外观状态良好无虚搭，二次防护销在垂直位；进风滤网卡扣状态良好	
Mp车底设备左侧作业	(1)检查牵引逆变器检查 牵引箱外无异常，警示标语清晰可见，箱体与车底之间的连接紧固；箱体、盖板无变形、箱体各电气连接插外观无破损；盖板与箱体四周的密封良好，手动轻拉盖板下部无明显松动；散热器构架无腐蚀、变形或其他损坏；牵引箱盖板锁闭良好，二次防护销位于垂直位	

续上表

步骤	作业内容	实物操作图片
Mp车底设备左侧作业	(2)高压箱体及支撑架外观检查 高压箱外观无异常无变形；箱体无变形；箱体各电气连接插外观无裂损，电气设备无松动；各盖板、箱体无变形、无裂纹；高压箱盖板锁闭良好，二次防护销安装到位	
M车底设备左侧作业	(1)空压机外观检查 空压机外观状态良好，支架安装螺栓紧固无松动，防松线无错位，无漏气声	
	(2)检查牵引逆变器检查 牵引箱外无异常，警示标语清晰可见，箱体与车底之间的连接是否紧固；箱体、盖板无变形、箱体各电气连接插外观无破损；盖板与箱体四周的密封良好，手动轻拉盖板下部无明显松动；目视检查散热器构架有无腐蚀、变形或其他损坏；牵引箱盖板锁闭良好，二次防护销位于垂直位	
	(3)制动电阻箱体外观检查 检查箱体外观和骨架及风道有无损坏；目视检查电气连接线走线状态是否良好	
	(4)紧急逆变器控制箱检查 紧急逆变器箱外观良好，无明显变形、损坏、脱漆；紧急逆变器箱方孔锁锁闭良好，盖板外观状态良好	

续上表

步骤	作业内容	实物操作图片
M车底设备左侧作业	(5)空簧辅助风缸外观检查 空簧辅助风缸安装状态、外观状态良好，无明显脱漆	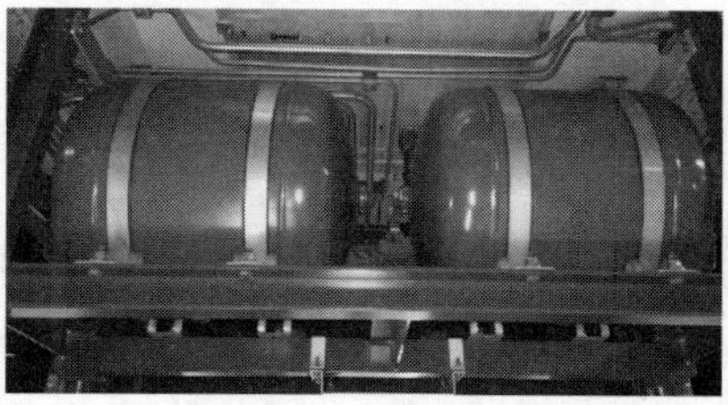
Tc车车底设备右侧作业	(1)轮缘润滑装置检查 轮缘润滑装置各部件无缺失、外观良好	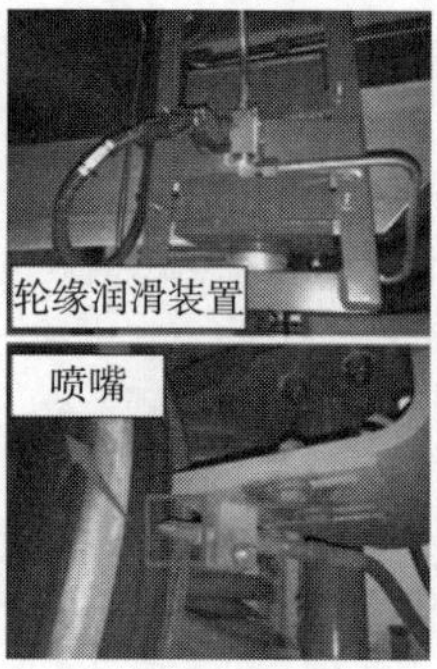
	(2)空簧辅助风缸外观检查 空气弹簧辅助风缸外观状态良好，安装紧固无松动，防松线无错位，无漏气声	
	(3)风缸模块外观检查 风缸模块安装紧固无松动，防松线无错位，风缸外观状态良好	
	(4)蓄电池箱外观检查。 蓄电池箱外观良好，无明显变形、损坏、脱漆；蓄电池箱盖板锁闭良好，二次防护销在垂直位；箱体合页外观良好，无开裂现象	

续上表

步骤	作业内容	实物操作图片
M车底设备左侧作业	(5)辅逆箱外观检查 辅逆箱外观良好，无明显变形、损坏、脱漆；辅逆箱方孔锁锁闭良好，盖板挂耳外观状态良好无虚搭，二次防护销在垂直位；进风滤网卡扣状态良好	
Mp车车底设备右侧作业	(1)牵引逆变器检查 牵引箱外无异常，警示标语清晰可见，箱体与车底之间的连接紧固；箱体、盖板无变形、箱体各电气连接插外观无破损；盖板与箱体四周的密封良好，手动轻拉盖板下部无明显松动；目视检查散热器构架有无腐蚀、变形或其他损坏；牵引箱盖板锁闭良好，二次防护销位于垂直位	
	(2)制动电阻箱体外观检查 制动电阻(车底部分)外观状态良好，安装支架无裂纹，电缆线固定良好，无破损、烧伤痕迹	
M车车底设备右侧作业	(1)空压机外观检查 目测检查空压机吊装框架有无变形、裂纹；检查空压机，要求外观完好，部件无丢失、明显损伤等异常情况	
	(2)引逆变器检查 牵引箱外无异常，警示标语清晰可见，箱体与车底之间的连接紧固；箱体、盖板无变形；箱体各电气连接插外观无破损；盖板与箱体四周的密封良好，手动轻拉盖板下部无明显松动；目视检查散热器构架有无腐蚀、变形或其他损坏；牵引箱盖板锁闭良好，二次防护销安装到位	 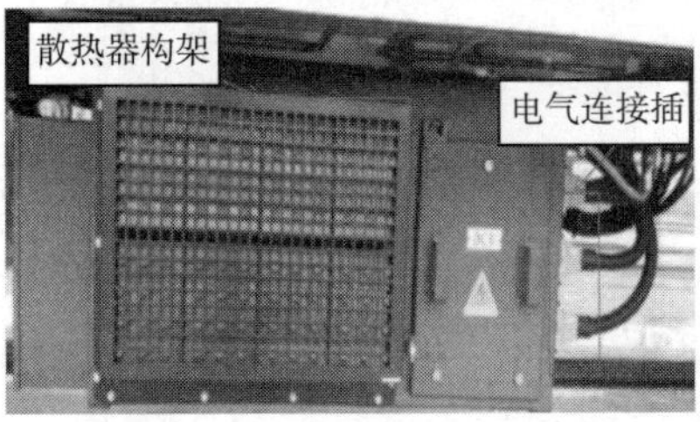

续上表

步骤	作业内容	实物操作图片
M车车底设备右侧作业	(3)制动电阻箱体外观检查 制动电阻外观状态良好，安装支架无裂纹，电缆线固定良，好无破损、烧伤痕迹	
	(4)智能阀箱体外观检查 智能阀安装螺栓及自身螺栓无松动，防松标记无错位，无漏气声，智能阀外观良好	
	(5)空簧辅助风缸外观检查 空簧辅助风缸安装状态、外观状态良好，无明显脱漆，安装支架无裂纹	
	作业完成后清理现场，确认所携带的检修工具齐全，未遗留在作业现场	

七、考核标准

1. 实训报告内容及目的要写全，不能缺项。其中内容必须包含两个部分：一是实训概述；二是收获与体会，说明存在的主要问题及解决方法，不少于 1 000 字。学生须对本次实训提出建议。要求字迹清晰，字体工整，书面整洁。

2. 总成绩中，实训安全占 10%，实训报告占 10%，实训成绩占 80%(答辩和实操)。

3. 考核成绩分为五个等级：优(90 分以上)、良(80～89 分)、中(70～79 分)、及格(60～69 分)、不及格(59 分以下)。

城市轨道交通车辆检查综合实训评分表

班级：__________　　姓名：__________　　序号：__________　　小组：__________

序号	项目	评分		考试内容及评分标准	扣分	得分	备注
1	项目二	10	考核内容	(1)设置防护信号。 (2)能准确认识部件。 (3)能够指出设备检查内容及找出故障。 (4)收工具、撤信号			
			扣分标准	(1)不能认知部件，每个部件扣1分。 (2)检查漏报或报错一次，扣5分。 本项目总分10分，扣完为止			
2	项目三	20	考核内容	(1)设置防护信号。 (2)能准确认识部件。 (3)能够指出设备检查内容及找出故障。 (4)收工具、撤信号			
			扣分标准	(1)不能认知部件，每个部件扣1分。 (2)检查漏报或报错一次，扣5分。 本项目总分20分，扣完为止			
3	项目四	10	考核内容	(1)设置防护信号。 (2)能准确认识部件。 (3)能够指出设备检查内容及找出故障。 (4)收工具、撤信号			
			扣分标准	(1)不能认知部件，每个部件扣1分。 (2)检查漏报或报错一次，扣5分。 本项目总分10分，扣完为止			
4	项目五	20	考核内容	(1)设置防护信号。 (2)能准确认识部件。 (3)能够指出设备检查内容及找出故障。 (4)收工具、撤信号			
			扣分标准	(1)不能认知部件，每个部件扣1分。 (2)检查漏报或报错一次，扣5分。 本项目总分10分，扣完为止			
6	项目六	20	考核内容	(1)设置防护信号。 (2)能准确认识部件。 (3)能够指出设备检查内容及找出故障。 (4)收工具、撤信号			
7	安全	10	(1)未设防护信号作业，失格。 (2)不按规定着装扣5分。 (3)操作过程发生安全问题，失格。 (4)工具、材料未收到位每件扣2分。 (5)出现其他不安全因素每次扣3分。 (6)损坏工具，扣10分。 本项目总分10分，扣完为止				
8	其他	10	PPT汇报及实训报告(团队合作中成绩突出者，可酌情加综合素质分5分)。 本项目总分10分，PPT汇报采用学生互评分形式成绩				
9	合计	100					

考评员(签字)：　　　　　　　　　　日期：